ポイント図解式会計
仕訳と勘定科目入門

公認会計士・税理士
村形 聡 著

「ポイント図解式会計」シリーズについて

当「ポイント図解式会計」シリーズは、旧エクスメディア社から刊行され改訂を重ねていた「超図解会計」シリーズの一部を、当社にて継承・刊行するものです。会計基準など最新の情報をもとに内容を改訂したほか、より分かりやすい入門書を目指して、本文・図版の差し替え、デザインの調整といった改良を加えました。今後は新規書き起こしの本も順次刊行する予定です。会計の基礎を身に付けたいビジネスパーソンの方々に幅広くお読みいただける会計入門シリーズとして、今後も品質向上ならびにラインナップの拡充に努めてまいります。

アスキー・メディアワークス　書籍編集部

はじめに

　昨今、会計に関する書籍はたくさん出ていますが、その多くは財務諸表の基本をやさしく解説した入門書的なものか、限定したテーマによる高度な専門書に分かれてしまっているようで、基礎を理解でき、また、実務にも使えるという書籍がなかなか見当たらないようです。

　そこで本書は、これから経理業務について学びたい方だけでなく、実際に経理の仕事に就かれている方にも、経理の基本というべき仕訳と勘定科目の仕組みをわかりやすく解説するとともに、実務上知っておきたい知識がひととおり身に付くよう配慮しました。

　仕訳と勘定科目は、会計処理を行う上で必ずマスターしておかなければならない非常に重要なものです。ただし、仕訳の対象となる取引は無数にありますし、間違えやすいケースも多々あります。

　本書では、仕訳の基本的なパターンや、会計法規、税法の基礎知識を踏まえたうえで、資産・負債・純資産・経常損益・特別損益、そして特殊な勘定科目まで、各項目ごとにセクションを設けて解説しています。間違えやすいポイントなどもできるだけ盛り込みました。さらに、実務で必要となる最新の諸会計基準にもとづくさまざまな知識もカバーしています。

　この本の大きな特長は、オールカラーで図を多用した、視覚的にもわかりやすい作りです。1つのセクションを2～4ページにまとめ、章ごとに知識を体系的に紹介していますので、忙しいビジネスパーソンでも十分に読みこなせると思います。ご自身の知りたい部分だけを確認するのにも最適です。

　本書により、経理・財務の業務分野を、より身近なものとして感じていただければ幸いです。

2008年7月　　　　　　　　　　　　　　　　　　　　　　　　　　　　村形 聡

本書の見方

本書は、解説するテーマごとにページを区切った、セクション構成になっています。原則として2～4ページ単位で1つのセクションを構成していますので、テンポよく読み進めることができます。
また、各セクションには、カラーの図や表を豊富に配置。重要なポイントが、視覚的に理解できるようになっています。さらに、バリエーション豊かなコラム解説で、内容をより的確につかめるよう、工夫しました。

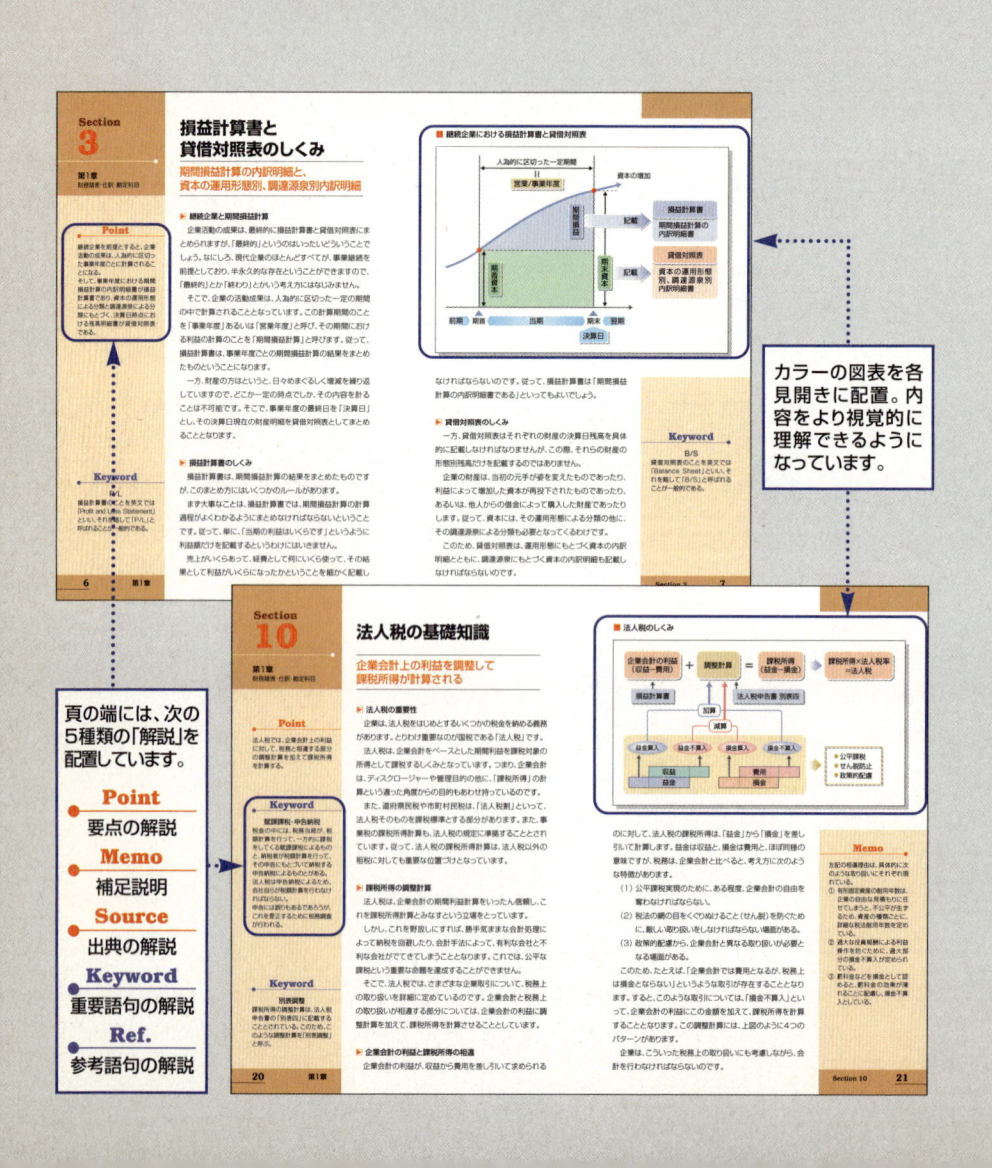

カラーの図表を各見開きに配置。内容をより視覚的に理解できるようになっています。

頁の端には、次の5種類の「解説」を配置しています。

Point
要点の解説

Memo
補足説明

Source
出典の解説

Keyword
重要語句の解説

Ref.
参考語句の解説

本書の構成

第1章

財務諸表・仕訳・勘定科目

第1章では、会計の基礎について解説します。財務諸表は、企業取引の記録と集計によって作成されます。この過程で、取引を5つの会計要素の増減と捉える「複式簿記」という技法が用いられ、「勘定科目」に分類し、「仕訳」と呼ばれる整理方法に従って記録されます。

第2章

資産項目

第2章では、貸借対照表における、資産項目の勘定科目について解説します。資産は、「流動資産」「固定資産」に分類されます。また、「繰延資産」と呼ばれる特殊な資産項目は、期間損益計算の都合から貸借対照表に計上されたものです。

第3章

負債・純資産項目

第3章では、貸借対照表における、負債・純資産項目の勘定科目について解説します。純資産は「自己資本」と呼ばれ、負債は「他人資本」と呼ばれます。「他人資本」である負債は、さらに「流動負債」「固定負債」に分類されます。

第4章

経常損益項目

第4章では、損益計算書における経常損益計算に関する収益・費用項目の勘定科目について解説します。これらは、「売上高」「売上原価」「販管費」といった営業損益項目と、「営業外収益」「営業外費用」といった営業外損益項目から成り立っています。

第5章

特別損益項目と特殊な勘定科目

第5章では、損益計算書における特別損益項目と、税金や利益処分に関する勘定科目について解説します。特別損益項目は、「特別利益」と「特別損失」から成り立っています。また、本章の後半では、特殊な勘定科目についても解説します。

CONTENTS

第1章 財務諸表・仕訳・勘定科目

Section

1. 会計とは何か 2
   ■ 企業活動を貨幣価値によって記録し、その活動成果である利益を計算する

2. 企業会計のゴールとは何か 4
   ■ 損益計算書と貸借対照表の作成が企業会計のゴールである

3. 損益計算書と貸借対照表のしくみ 6
   ■ 期間損益計算の内訳明細と、資本の運用形態別、調達源泉別内訳明細

4. 5つの基本概念 8
   ■ 「資産」「負債」「純資産」「収益」「費用」の5つの概念を確実に覚える

5. 取引の記録と複式簿記 10
   ■ 複式簿記は、会計記録の便利なやり方である

6. 仕訳にまつわるルール 12
   ■ 個々の取引について、2つの会計要素を把握し、記録する作業を「仕訳」という

7. 勘定科目の使い方 14
   ■ 勘定科目によって、仕訳はより簡潔なものとなる

8. 帳簿組織とは何か 16
   ■ 会計伝票または仕訳帳に記録された会計仕訳は、総勘定元帳に転記される

9. さまざまな仕訳パターン 18
   ■ 仕訳パターンの理解は簿記上達の近道

10. 法人税の基礎知識 20
    ■ 企業会計上の利益を調整して、課税所得が計算される

11. 消費税の基礎知識 22
    ■ 法人税、住民税と並び、消費税も企業にとって重要である

第2章 資産項目

Section

12 貸借対照表の構造 … 26
■ 資本の運用形態と調達源泉

13 資産・負債・純資産の分類 … 28
■ 貸借対照表では、「資産」「負債」「純資産」をいくつかのグループに区分する

14 現金 … 32
■ 現金には、紙幣や硬貨だけでなく通貨代用証券も含まれる

15 預金 … 34
■ 預金のさまざまな種類を知っておく

16 当座預金 … 38
■ 当座預金特有の処理について覚えておこう

17 受取手形 … 40
■ 手形は、支払義務を表象し、流通する

18 売掛金 … 44
■ 掛け売りによって発生した営業債権は、不良債権にならないように注意

19 有価証券 … 46
■ 所有目的により評価方法が異なり、原則時価評価とされる

20 商品 … 48
■ 販売することを目的に、外部の取引先から仕入れた品物

21 製品・半製品・仕掛品・原材料 … 50
■ 製造業特有の勘定科目で、原価計算により評価される

22 短期貸付金 … 52
■ 金銭債権である貸付金は、売上債権である売掛金や受取手形と区別する

23 前払費用・未収収益 … 54
■ 期間損益を正しく計算するために、費用の繰延べや収益の見越しを行う

24 前渡金・前払金・仮払金・立替金・未収入金 … 56
■ 立替金と未収入金は債権であるが、仮払金は未精算経費の仮勘定である

25 有形固定資産とは何か … 58
■ 有形固定資産の多くは、長期の費用配分を行う償却資産である

Section			
26	建物・構築物・機械装置		62
	■ 加工設備を処理する科目である機械装置は、特定の業種でのみ使用される		
27	車両運搬具・船舶・航空機・工具器具備品		64
	■ 運搬具や家具、オフィス機器を処理する勘定科目		
28	土地・建設仮勘定		66
	■ 土地と建設仮勘定は減価償却できない		
29	無形固定資産・のれん		68
	■ 物理的実体を有さない権利等も減価償却で費用配分を行う		
30	ソフトウェア		70
	■ ソフトウェア会計の導入により、その会計処理が大きく変わった		
31	出資金・投資有価証券		72
	■ 投資有価証券の評価は3種類の方法に分かれる		
32	長期貸付金・長期性預金		74
	■ ワン・イヤー・ルールにより、固定資産に区分される		
33	差入保証金・長期前払費用		76
	■ 貸事務所を賃借する場合の保証金や礼金をどのように処理するか		
34	その他の投資資産		78
	■ 固定資産として処理されるその他の資産		
35	繰延資産とは何か		80
	■ 将来の期間に影響する特定の費用の繰延べ処理		

第3章 負債・純資産項目

Section			
36	支払手形		86
	■ 支払手形は、どのような取引から発生したかによって、明確な区分が必要		
37	買掛金		88
	■ 主たる営業取引から生ずる債務を処理する		
38	短期借入金		90
	■ 決算日後1年以内に支払期限が到来する金融機関等からの金銭債務		

39	**未払金**	92
	■ 主たる営業取引以外の取引により生ずる債務	
40	**預り金**	94
	■ 預り金は、その内訳ごとに管理することが望ましい	
41	**未払費用・前受収益**	96
	■ 適正な期間損益計算のために、決算整理において計上される	
42	**未払法人税等**	98
	■ 法人税、住民税及び事業税の租税債務を流動負債として計上	
43	**社債**	100
	■ 有価証券の発行を通じて、一般投資家から調達した長期債務	
44	**長期借入金**	104
	■ 決算日後1年を超えて支払期限が到来する借入金をいう	
45	**引当金とは何か**	106
	■ 将来発生するであろう費用や損失にそなえる	
46	**貸倒引当金**	110
	■ 貸倒引当金は、資産の控除項目として表示される	
47	**退職給付引当金**	112
	■ 退職給付会計の導入により、退職給与引当金が生まれ変わった	
48	**資本金**	114
	■ 会社法で定める法定資本の額をいう	
49	**法定準備金と資本剰余金・利益剰余金**	116
	■ 会社法の規定によって積み立てる準備金と法定資本を超える部分の剰余金	
50	**任意積立金**	118
	■ 任意積立金は、株主総会の決議により積み立てられた利益の留保額である	
51	**繰越利益剰余金**	120
	■ 貸借対照表の純資産の部の増減は、株主資本等変動計算書にまとめられる	

第4章 経常損益項目

Section

52 損益計算書の構造 … 124
■ 損益計算書では、収益から費用を差し引くことによって利益を計算する

53 段階利益 … 126
■ 段階利益を計算することによって、利益計算の過程を明瞭に示す

54 売上高 … 130
■ 売上高では、本業から発生する収益のみを処理する

55 商品仕入高 … 134
■ 販売目的の資産の購入代価に付随費用を加算して計算する

56 期首・期末商品棚卸高 … 136
■ 期末の棚卸資産の評価は、売上原価確定のための重要な手続き

57 棚卸減耗損・商品評価損 … 138
■ 商品の数量ロスと品質低下、陳腐化による評価単価の切り下げ

58 役員報酬 … 140
■ 役員に対して支払われる役務の対価には、さまざまな制限が定められている

59 給料手当・雑給 … 142
■ 給料手当として計上する金額は、源泉徴収前の総額である

60 賞与・賞与引当金繰入額 … 144
■ 賞与は、労働対価の後払いと考えられている

61 退職金・退職給付費用 … 146
■ 退職給与規定を定めて、将来の退職金にそなえる

62 法定福利費・福利厚生費 … 148
■ 従業員に対する福利厚生活動は、2つの勘定科目で処理される

63 荷造発送費 … 150
■ 販売された商品の出荷に要する費用。類似の費用に注意

64 外注加工費 … 152
■ 外部業者から役務提供を受けるための費用。源泉徴収を忘れないように

65 広告宣伝費 … 154
■ 広告宣伝活動に要する費用は、効果のおよぶ期間に注意

66	交際費	156
	■ 接待、饗応、慰安、贈答の費用は、損金算入に厳しい制限がある	
67	会議費	160
	■ 会議に要したさまざまな費用のすべてが会議費として処理される	
68	旅費交通費	162
	■ 電車、バス、タクシー、航空機の乗車料金の他、宿泊費や車両費も含む	
69	通信費・消耗品費	164
	■ 切手と消耗品は、期末の未使用残高に注意	
70	減価償却費	166
	■ 固定資産の取得価額を、使用期間にわたって各期に費用配分する手続き	
71	修繕費	170
	■ 修繕費と資本的支出の区分には、注意が必要である	
72	水道光熱費・新聞図書費・支払手数料	172
	■ さまざまな費用の計上方法を覚える	
73	支払保険料	174
	■ 生命保険や損害保険の掛金のうち、掛け捨て部分を費用処理する	
74	地代家賃	178
	■ 土地や家屋の賃借料を支払った場合の費用科目	
75	賃借料	180
	■ リース取引の会計処理に注意が必要	
76	寄附金	182
	■ 見返りを期待しない金銭の贈与をいう	
77	貸倒損失	184
	■ 債権の貸倒れによる損失は、計上時期に注意	
78	貸倒引当金繰入額	186
	■ 翌期以降の貸倒れによる損失にそなえるため、引当金を設定する	
79	租税公課・雑費	188
	■ 会社を取り巻く税金には、実にさまざまな種類がある	
80	受取利息・受取配当金	190
	■ 利息や配当金の受取は、税務処理に注意する	

81	支払利息	192
	■ 借入金利息、保証料は、いずれも借入資本の調達コストである	
82	為替差益・為替差損	194
	■ 取引時と決算時の為替相場をどのように使い分けるか	
83	仕入割引・売上割引・雑収入・雑損失	198
	■ 売上割引、仕入割引は、売掛金、買掛金の早期決済に伴う利息に相当する	
84	有価証券売却損益・有価証券評価損益	200
	■ 時価会計導入により、大幅に変わった有価証券の処理	

第5章 特別損益項目と特殊な勘定科目

Section

85	固定資産売却益・固定資産除売却損	206
	■ 固定資産の処分に伴う損益は、特別損益として取り扱われる	
86	減損損失	208
	■ 固定資産は収益力で資産評価する	
87	償却債権取立益・貸倒引当金戻入益	210
	■ 過年度の貸倒処理の修正は、特別利益として取り扱われる	
88	その他特別損益・固定資産圧縮損	212
	■ 圧縮記帳は、税務上の特別な処理であり、課税繰延の効果がある	
89	法人税、住民税及び事業税	214
	■ 法人税、住民税及び事業税は、会社の所得に対して課税される税金である	
90	製造業の仕訳と勘定科目	216
	■ 製造業では原価計算の勘定処理を行わなければならない	
91	建設業の仕訳と勘定科目	218
	■ 建設業の会計は、製造業の会計と似ている	
92	連結会計に関する仕訳と勘定科目	220
	■ 企業グループを1つの企業とみなすために、特殊な勘定科目が使われる	
93	税効果会計の仕訳と勘定科目	222
	■ 法人税等の期間配分により、利益と税金の対応関係が合理的なものとなる	

第1章

財務諸表・仕訳・勘定科目

Sec.
1 会計とは何か
2 企業会計のゴールとは何か
3 損益計算書と貸借対照表のしくみ
4 5つの基本概念
5 取引の記録と複式簿記
6 仕訳にまつわるルール
7 勘定科目の使い方
8 帳簿組織とは何か
9 さまざまな仕訳パターン
10 法人税の基礎知識
11 消費税の基礎知識

Section 1

第1章
財務諸表・仕訳・勘定科目

Point

会計とは、企業活動を貨幣価値によって記録することである。それによって、企業は財産を管理し、活動成果である利益を計算するとともに、有用な経営情報を手に入れる。

Memo

企業が従業員の健康維持をサポートするのも、従業員の職場環境に気を配るのも、結局は、それによって従業員の仕事の効率を高め、より多くの利益獲得を期待しているのである。

会計とは何か

**企業活動を貨幣価値によって記録し
その活動成果である利益を計算する**

▶ 企業活動を記録する

「会計とはいったい何であるか」

なかなかむずかしい質問です。読者の中にも、現に会計に関する仕事に就かれている方が大勢いらっしゃることと思いますが、果たして、この質問にスラスラと回答できるでしょうか。

会計の主たる目的は企業活動の記録です。企業活動を記録する理由は、次のようにまとめることができます。

（1）企業の財産を管理するためには、その増減を記録しておかなければなりません。
（2）企業活動を、企業の利害関係者に報告するためには、何らかの形で記録しておかなければなりません。
（3）企業活動の記録から、さまざまな経営情報を手に入れて、よりよい経営を目指さなければなりません。

▶ 企業はお金のかたまり

企業活動を記録するというだけであれば、基本的にはどんな方法でも構わないはずです。しかし、会計の仕事では、どうもお金の計算ばかりやらされているような気がします。

実は、企業活動をお金の尺度で記録することには、重大な秘密が隠されています。その秘密というのは、「企業はお金のかたまりである」という事実です。

企業とは、そもそも、事業を通じて利益を上げるために存在しています。汚い言葉を使えば「金儲け」こそが企業の存在意義ということになります。従って、企業活動のすべては、金儲けのためにあり、その成果は「儲けた金」、つまり、「利益」として把握されることとなるのです。

■ 企業活動と会計のテーマ

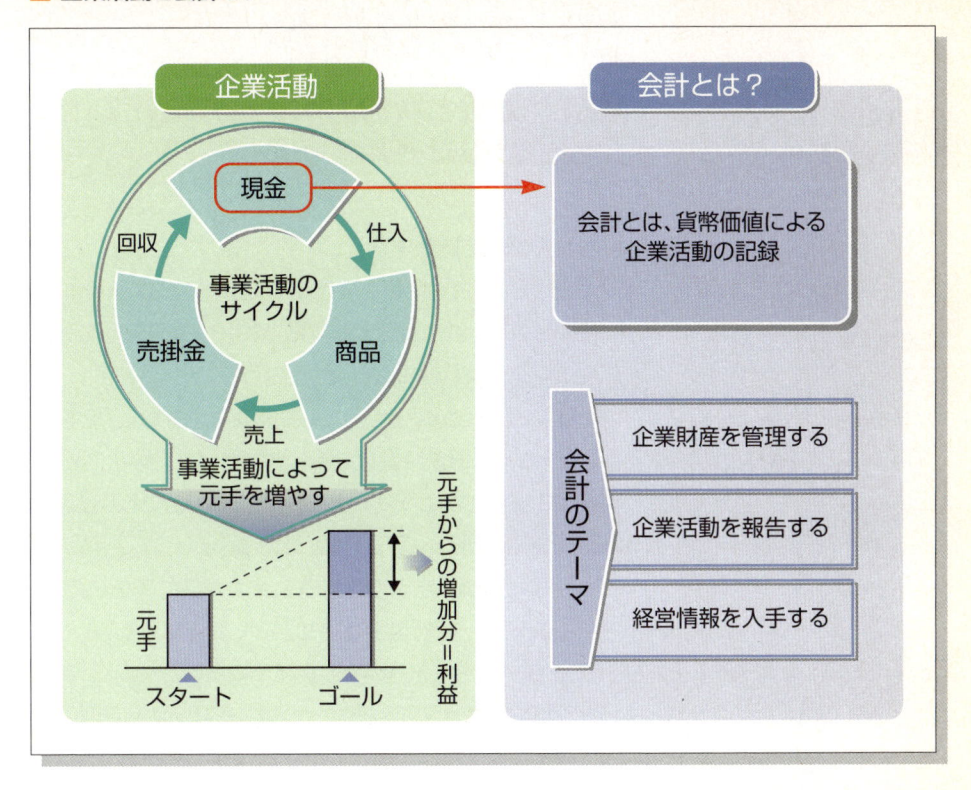

企業活動

事業活動のサイクル: 現金 → 仕入 → 商品 → 売上 → 売掛金 → 回収 → 現金

事業活動によって元手を増やす

スタート（元手）→ ゴール（元手からの増加分＝利益）

会計とは？

会計とは、貨幣価値による企業活動の記録

会計のテーマ:
- 企業財産を管理する
- 企業活動を報告する
- 経営情報を入手する

▶ 利益とは何か

ところで、企業が利益を上げるしくみについて考えてみましょう。企業は、事業を開始するに当たって、いくらかの元手を持って出発します。そして、その元手で事業に必要な支出を行うとともに、売上を通じて資金の回収を行い、それを次の事業に投資するというサイクルを繰り返すこととなります。

このように、企業は元手から出発して、さまざまな活動により、財産を少しずつ増やしていきます。そして、当初の元手より増えた部分のことを「利益」と呼ぶわけです。従って、利益とは、企業財産の増加部分ということになるのです。

ここで企業会計とは、企業活動をお金の尺度、すなわち、「貨幣価値」によって記録し、その活動成果である、財産の増加部分を利益として計算することである、と説明できるのです。

Keyword

資本
企業の運用財産のことを「資本」という。従って、利益は資本の増加分であり、また、資本の増殖サイクルこそが、企業活動そのものであるといえる。

Section 2

第1章
財務諸表・仕訳・勘定科目

Point

企業会計では、財産の増減をもれなく記録するとともに、最終的には「損益計算書」と「貸借対照表」を作成しなければならない。

Memo

企業活動の結果は、資本の運用形態が変化することだけではない。資本そのものの総額が、当然、増えたり減ったりする。この増加分こそが利益であり、この減少分こそが損失に他ならない。

企業会計の
ゴールとは何か

損益計算書と貸借対照表の作成が企業会計のゴールである

▶ 財産の増減を記録する

「会計」とは、企業活動を貨幣価値によって記録し、その活動成果である利益を計算する作業です。さて、具体的には何をどのように記録すればよいのでしょうか。

企業は、いくらかの元手とともに事業を開始して、その元手をさまざまな事業活動に投資していきます。当初、現金や預金であった元手は、その時点でさまざまな形にその姿を変えることになります。

たとえば、事務所を借りれば、保証金や家賃に姿を変え、名刺や広告チラシ、販売用の商品などにも姿を変えることになるでしょう。

そうすると、会計で記録しなければならない取引とは、「これらの財産の増減である」ということになるのです。つまり、この財産の増減が元手の形態の変化を意味しているといえるわけです。

▶ 活動成果に対する2つの視点

会社が事業のために運用する財産のことを「資本」といいます。企業会計では、この資本の運用形態の変化を、それぞれ個々の財産の増減として把握し、記録していくこととなります。

しかしながら、単にそのような記録を続けるだけではなく、その記録を集計して、活動成果としてまとめ上げなくてはなりません。

まずは、「企業はその活動の成果としてどれだけ儲けたか」、すなわち、「利益はいくらか」という視点でまとめることとなります。また、その一方で、「企業はその活動の結果として、ど

■ 会計取引と決算書

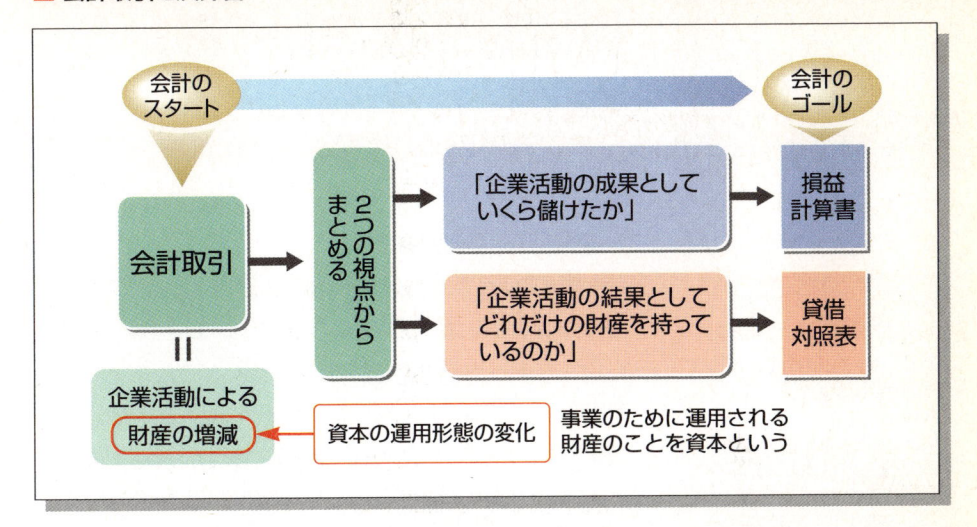

```
会計の                                              会計の
スタート                                             ゴール

                    ┌─→ 「企業活動の成果として   ┐  損益
                    │   いくら儲けたか」         ├→ 計算書
会計取引 → 2つの視点から
          まとめる
   ‖               │   「企業活動の結果として   ┐  貸借
                    └─→ どれだけの財産を持って ├→ 対照表
企業活動による          いるのか」
 財産の増減 ←── 資本の運用形態の変化
                                    事業のために運用される
                                    財産のことを資本という
```

れだけの財産を持っているのか」、すなわち、「資本は全体でいくらになり、それはどのような形態に変化しているのか」という視点でまとめる必要もあるでしょう。

▶ 損益計算書と貸借対照表とは

　企業活動の成果をまとめたものを「決算書」、あるいは「財務諸表」といいます。これらは、基本的に2種類の資料から成り立っています。

　1つが、企業の活動成果である利益に着目し、その具体的な利益計算の過程をわかりやすくまとめたもので、これを「損益計算書」といいます。

　もう1つは、企業活動の結果として資本の現在有高を、それぞれの財産の有高としてまとめたもので、これを「貸借対照表」といいます。

　企業会計の日々の作業は、毎日の財産増減をつぶさに記録していくことです。そして、最終的には、これらの「損益計算書」と「貸借対照表」を作成しなければなりません。従って、企業会計の最終的なゴールは「損益計算書」「貸借対照表」の作成であるということもできます。

Keyword

決算書
企業活動をまとめた報告資料を一般的に「決算書」と呼ぶ。決算書の作成はいくつかの法規によって義務づけられており、決算書は、その適用法規によって、「財務諸表」と呼ばれたり、「計算書類」と呼ばれたりする。

Section 3

第1章
財務諸表・仕訳・勘定科目

損益計算書と貸借対照表のしくみ

期間損益計算の内訳明細と、資本の運用形態別、調達源泉別内訳明細

Point
継続企業を前提とすると、企業活動の成果は、人為的に区切った事業年度ごとに計算されることになる。
そして、事業年度における期間損益計算の内訳明細書が損益計算書であり、資本の運用形態による分類と調達源泉による分類にもとづく、決算日時点における残高明細書が貸借対照表である。

Keyword
P/L
損益計算書のことを英文では「Profit and Loss Statement」といい、それを略して「P/L」と呼ばれることが一般的である。

▶ 継続企業と期間損益計算

　企業活動の成果は、最終的に損益計算書と貸借対照表にまとめられますが、「最終的」というのはいったいどういうことでしょう。なにしろ、現代企業のほとんどすべてが、事業継続を前提としており、半永久的な存在ということができますので、「最終的」とか「終わり」とかいう考え方にはなじみません。

　そこで、企業の活動成果は、人為的に区切った一定の期間の中で計算されることとなっています。この計算期間のことを「事業年度」あるいは「営業年度」と呼び、その期間における利益の計算のことを「期間損益計算」と呼びます。従って、損益計算書は、事業年度ごとの期間損益計算の結果をまとめたものということになります。

　一方、財産の方はというと、日々めまぐるしく増減を繰り返していますので、どこか一定の時点でしか、その内容を計ることは不可能です。そこで、事業年度の最終日を「決算日」とし、その決算日現在の財産明細を貸借対照表としてまとめることとなります。

▶ 損益計算書のしくみ

　損益計算書は、期間損益計算の結果をまとめたものですが、このまとめ方にはいくつかのルールがあります。

　まず大事なことは、損益計算書では、期間損益計算の計算過程がよくわかるようにまとめなければならないということです。従って、単に、「当期の利益はいくらです」というように利益額だけを記載するというわけにはいきません。

　売上がいくらあって、経費として何にいくら使って、その結果として利益がいくらになったかということを細かく記載し

■ 継続企業における損益計算書と貸借対照表

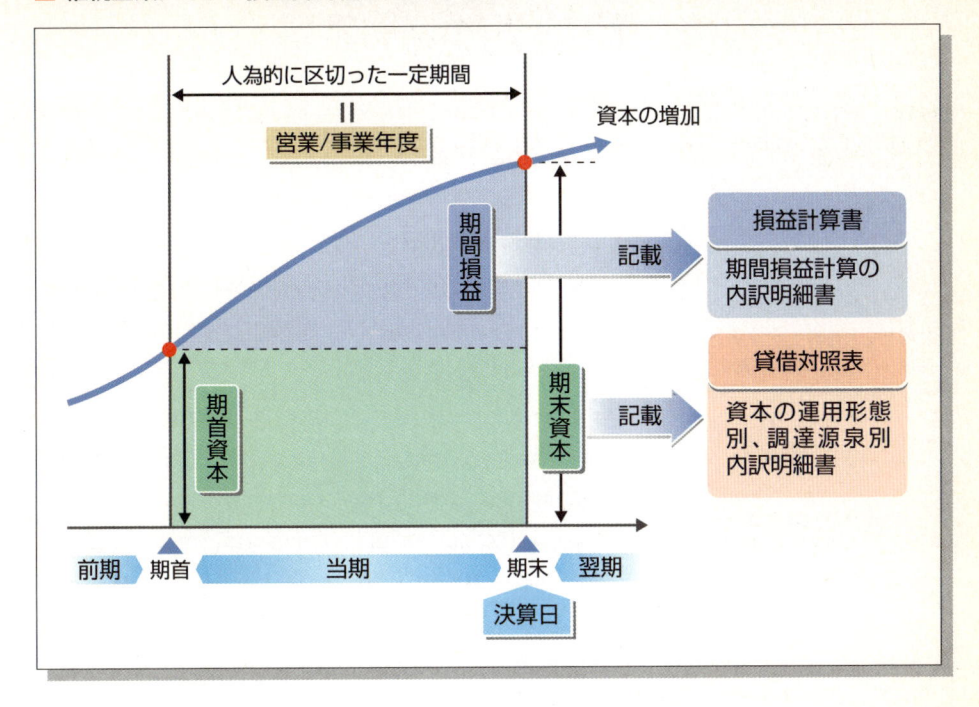

```
人為的に区切った一定期間
    ‖
営業/事業年度

資本の増加
期間損益 → 記載 → [損益計算書] 期間損益計算の内訳明細書
期首資本
期末資本 → 記載 → [貸借対照表] 資本の運用形態別、調達源泉別内訳明細書

前期  期首  当期  期末  翌期
              決算日
```

なければならないのです。従って、損益計算書は「期間損益計算の内訳明細書である」といってもよいでしょう。

▶ 貸借対照表のしくみ

　一方、貸借対照表はそれぞれの財産の決算日残高を具体的に記載しなければなりませんが、この際、それらの財産の形態別残高だけを記載するのではありません。

　企業の財産は、当初の元手が姿を変えたものであったり、利益によって増加した資本が再投下されたものであったり、あるいは、他人からの借金によって購入した財産であったりします。従って、資本には、その運用形態による分類の他に、その調達源泉による分類も必要となってくるわけです。

　このため、貸借対照表は、運用形態にもとづく資本の内訳明細とともに、調達源泉にもとづく資本の内訳明細も記載しなければならないのです。

Keyword

B/S
貸借対照表のことを英文では「Balance Sheet」といい、それを略して「B/S」と呼ばれることが一般的である。

Section 4

第1章
財務諸表・仕訳・勘定科目

5つの基本概念

「資産」「負債」「純資産」「収益」「費用」の5つの概念を確実に覚える

Point
会計のもっとも基本的な概念は、貸借対照表に関する「資産」「負債」「純資産」の3概念と、損益計算書に関する「収益」「費用」の2概念である。

Memo
他人資本とは、第三者に対する債務のことである。債務は、本来であれば直ちに支払わなければならないものを待ってもらっているという点で、資本を調達していることとなる。

Memo
設備資金の借入は、財産との対応を確認できるが、運転資金の借入となると、それが、何に使われているかということをはっきりさせることは多くの場合、不可能である。

▶ 自己資本と他人資本と総資本

前項で貸借対照表のしくみを説明しましたが、ちょっとわかりにくかったかもしれません。そこで、おさらいの意味も含めて、もう一度、解説しましょう。

まず、資本という概念は、これまでは「企業が事業のために運用する財産」と説明してきました。しかし、これは広い意味での資本概念の話です。というのも、企業が長い間事業を続けていると、当初の元手や、それまでに稼いできた利益だけでは、まかないきれないような財産が必要となる場面がやってきます。この場合、企業は金融機関などの第三者から借金をして、事業用財産を購入することとなります。

広い意味で資本といった場合、この借金によって手に入れた事業用の財産も資本に含まれることとなります。しかし、これは自分たちの元手を使って手に入れた財産と、まったく同じとはいい難い面があります。なぜならば、元手の部分は返済する必要がありませんが、借金はいずれ返済しなければならないからです。このため、調達源泉としては、両者をはっきり区別しなければなりません。

そこで、元手と利益による資本を「自己資本」、借金による資本を「他人資本」と区別し、両者を合わせたものを「総資本」と呼びます。資本の運用形態として見れば、長い年月がたてば、事業用財産のひとつひとつは、どれが自己資本によるもので、どれが他人資本によるものか区別ができなくなってしまうため、全部まとめて総資本と呼ばざるをえません。

▶ 資産と負債と純資産

貸借対照表は、資本の運用形態と調達源泉を対照させる

■ 5概念のまとめ

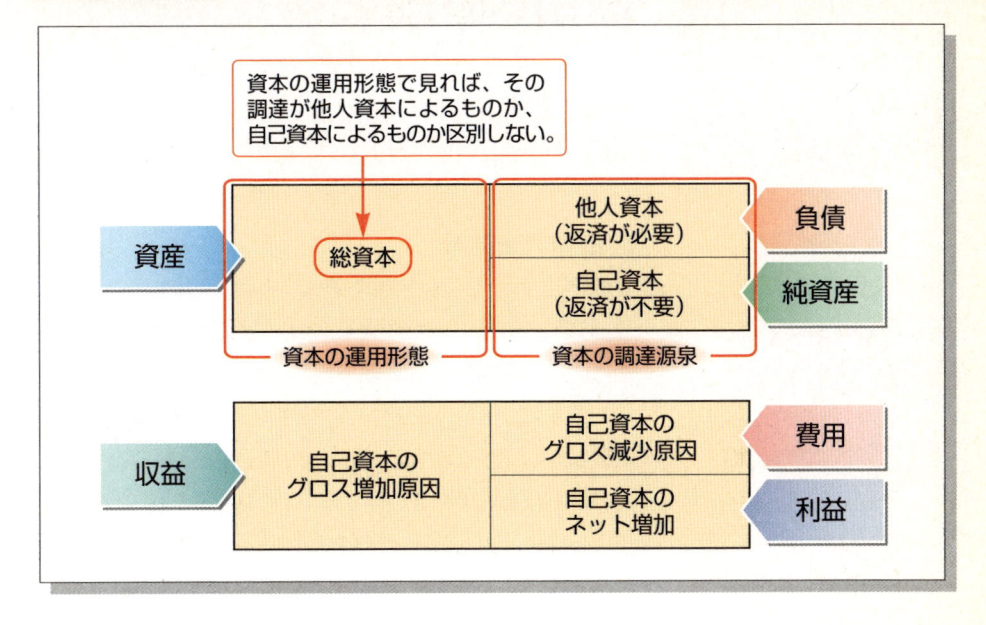

```
                ┌─────────────────────────┐
                │ 資本の運用形態で見れば、その │
                │ 調達が他人資本によるものか、 │
                │ 自己資本によるものか区別しない。│
                └───────────┬─────────────┘
                            ↓
                                    ┌─────────────┐
                                    │  他人資本    │   ▶ 負債
              ┌──────────────┐     │ （返済が必要）│
     資産  ▶ │    総資本    │     ├─────────────┤
              └──────────────┘     │  自己資本    │   ▶ 純資産
                                    │ （返済が不要）│
                                    └─────────────┘
                └─資本の運用形態─┘   └─資本の調達源泉─┘

                                    ┌─────────────┐
                                    │  自己資本の   │   ▶ 費用
                                    │ グロス減少原因 │
              ┌──────────────┐     ├─────────────┤
     収益  ▶ │  自己資本の   │     │  自己資本の   │   ▶ 利益
              │ グロス増加原因 │     │  ネット増加   │
              └──────────────┘     └─────────────┘
```

形で作成されますが、この場合、必ず覚えていただきたい用語があります。それは、資本の運用形態のことを「資産」と呼び、資本の調達源泉のうち、他人資本のことを「負債」と呼びます。また、自己資本のことを「純資産」と呼び、この「純資産」と負債の合計が資産と一致することとなります。

　この「資産」「負債」「純資産」という3つの言葉は、会計上重要な言葉となりますので、忘れないようにしてください。

▶ 収益と費用

　これまでの説明によると、利益とは自己資本の増加部分である、といいかえておかなければなりません。すると、損益計算書では、自己資本の増加と自己資本の減少を相殺せずに、その要因ごとに加減して損益を計算するということになります。

　この、自己資本のグロスの増加原因のことを「収益」、自己資本のグロスの減少原因のことを「費用」といいます。「収益」「費用」も最重要な概念ですから、確実に覚えておいてください。

Memo

単に「資本」といった場合、自己資本を指すのか、総資本を指すのかという区別はむずかしい。また、最近では会社の所有者である株主に気を使って、自己資本と呼ばず、「株主資本」と呼ぶ場面が増えてきた。

Section 5

第1章
財務諸表・仕訳・勘定科目

Point
損益計算書と貸借対照表の作成を前提とすると、取引の記録はなかなか面倒な作業となる。これを簡単に行うための記録技術が複式簿記である。

Memo
「お小遣い帳」には、会計記録のエッセンスが詰め込まれている。財産の増減を記録すること、その原因を記録しておくことなどである。
しかし、残念ながらお小遣い帳は、現金という単一の財産についてしか記録できない。
家計簿も同様であるが、こちらは預金についても記録できる。

取引の記録と複式簿記

複式簿記は会計記録の便利なやり方である

▶ 取引の記録方法

　会計とは、企業活動を貨幣価値によって記録することであり、その記録の対象は、財産の増減の事実でした。ただこれだけのことであれば、簡単な方法がいくつもありそうです。
　たとえば、「得意先を接待して銀座のスナックで現金5万円を支払った」というのであれば、「現金 5万円（銀座スナック）」という記録でも構わないはずです。これであれば、皆さんが子どもの頃に使っていた「お小遣い帳」よりも簡単ですから、何も本書のような書籍まで買う必要はないわけです。
　ところが、最後に損益計算書と貸借対照表を作らなければならないとなると話は別です。
　貸借対照表では、資本の運用形態である「資産」と資本の調達源泉である「負債」「純資産」という3つのジャンルについて、内訳明細を作成しなければならないわけですから、ちょっと大変です。
　さらに、損益計算書では、自己資本の増加原因である「収益」と、自己資本の減少原因である「費用」についても明細を作成しなければならないのです。これらを全部やろうというのは、かなり大変な作業となってきます。
　先の例でいえば、現金という「資産」が5万円減ったという記録の他に、その原因として「銀座スナックで得意先接待により自己資本5万円減少」という記録が必要となるわけです。

▶ 複式簿記とは

　損益計算書と貸借対照表の作成を前提とすれば、会計記録は、1つの取引について、「資産」「負債」「純資産」の具体的な増減内訳と、その原因として「収益」「費用」の具体

■ 複式簿記のしくみと仕訳

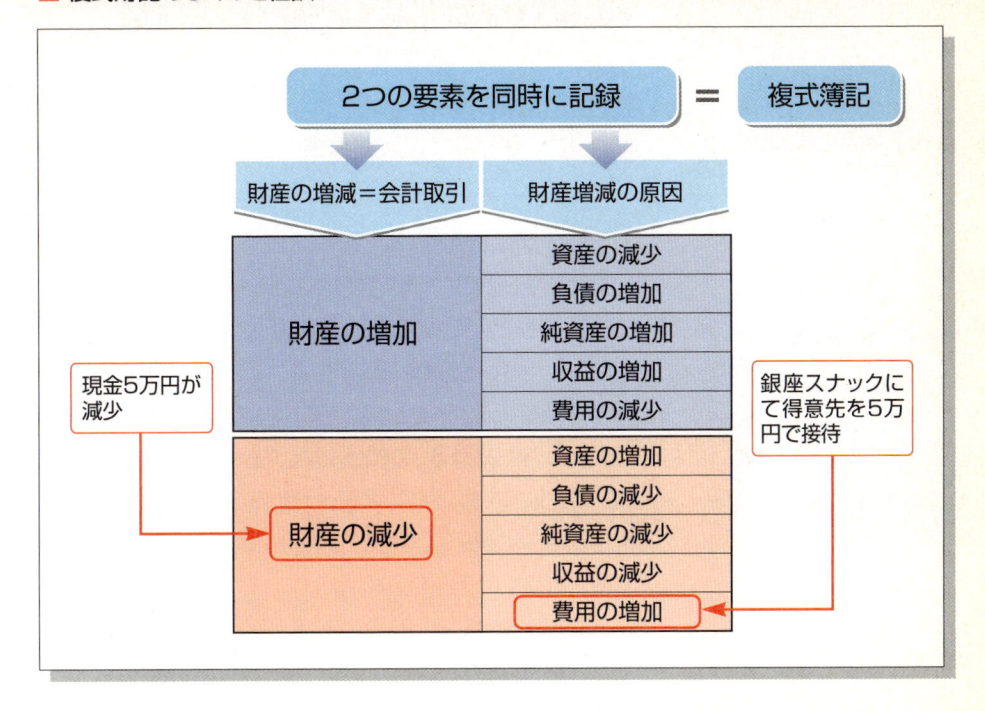

```
         ┌─────────────────┐   ┌─────────┐
         │ 2つの要素を同時に記録 │ = │ 複式簿記 │
         └─────────────────┘   └─────────┘
              ↓           ↓
        財産の増減＝会計取引   財産増減の原因
```

財産の増加	資産の減少
	負債の増加
	純資産の増加
	収益の増加
	費用の減少
財産の減少	資産の増加
	負債の減少
	純資産の減少
	収益の減少
	費用の増加

- 現金5万円が減少 → 財産の減少
- 銀座スナックにて得意先を5万円で接待 → 費用の増加

な内訳という2つの要素を記録しなければならないということです。これを別々に行うのは二度手間となり、なかなか面倒な作業となってしまいます。

　事業活動におけるひとつひとつの取引について、資本の増減の具体的な内訳と、その原因とを同時に記録することによって、少しでも楽をしようと考えるのは、自然の成り行きというものかもしれません。

　そして、そこで考え出されたのが「複式簿記」なのです。複式簿記では、1つの取引について、上記の2つの要素に分解し、これらを同時に記録することができます。複式簿記の「複式」という意味は、同時に2つの要素を記録するという意味なのです。

　従って、複式簿記は、損益計算書と貸借対照表の作成を前提とした会計記録にとって、非常に便利なやり方ということになるわけです。

Ref.

正規の簿記
「企業会計原則」第1 一般原則の二では「企業会計は、すべての取引につき、正規の簿記の原則に従って、正確な会計帳簿を作成しなければならない」と規定されている。
ここでいう「正規の簿記」こそが、「複式簿記」なのである。

Section 6

第1章
財務諸表・仕訳・勘定科目

仕訳にまつわるルール

個々の取引について、2つの会計要素を把握し、記録する作業を「仕訳」という

▶ 仕訳とは

　複式簿記とは、1つの会計取引について2つの要素を同時に記録する手法でした。そして、そのような記録を行うためには、ひとつひとつの会計取引について、そのつど、資本の増減とその原因という2つの要素を把握しなければなりません。この作業を「仕訳」と呼びます。

　たとえば、前項の例で、得意先を銀座のスナックで接待し、現金5万円を支払ったというのであれば、
　（1）現金という資産の減少。
　（2）現金減少の原因として銀座スナックで得意先接待という費用の発生。
という2つの要素を把握することとなります。

　ところが、いちいちこのような書き方をしていたのでは、面倒ですし、まとまりもありません。もっと簡潔に記録する方法を考えたいところです。

▶ 仕訳のひと工夫

　この点について、複式簿記はグッド・アイデアを持っています。それぞれの要素を左右に並べて書くこととし、しかも、左右どちらに書くかということに意味を持たせているのです。たとえば、先の例でいうと仕訳表記は、

　銀座スナックで得意先接待50,000／現金50,000

となります。これは、右側で、現金という資産が5万円減少したことを示し、左側で、「銀座スナックで得意先接待」という費用が5万円増加したことを示しています。もしも逆に、現金を左側に書いたとすれば、それは現金の増加を示すこととなります。

Point

複式簿記で、1つの取引について2つの要素を把握し、それぞれを記帳する作業を仕訳という。実際の仕訳では、借方と貸方が、それぞれの勘定科目の増加、減少のどちらかを表すという便利なルールによって、簡潔な処理を実現している。

Memo

仕訳の左右の間に「/」（スラッシュ）を記入するのは、簿記特有の記載方法である。また、左右それぞれに金額を記載するのも、1つのルールである。

■ 仕訳ルール

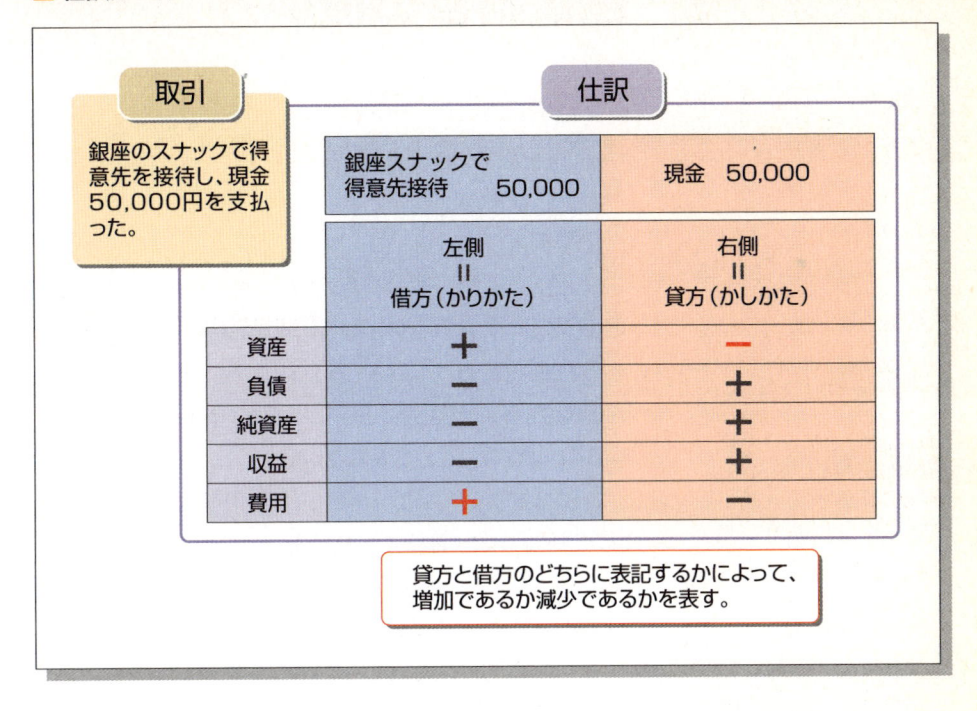

取引	仕訳	
銀座のスナックで得意先を接待し、現金50,000円を支払った。	銀座スナックで得意先接待　50,000	現金　50,000
	左側＝借方（かりかた）	右側＝貸方（かしかた）
資産	＋	−
負債	−	＋
純資産	−	＋
収益	−	＋
費用	＋	−

貸方と借方のどちらに表記するかによって、増加であるか減少であるかを表す。

　つまり、複式簿記では、記録の左右に、一方は増加、一方は減少というルールを設けているわけです。左右のどちらが増加を表し、どちらが減少を表すかということは、上図のように、資産、負債、純資産、収益、費用というそれぞれに応じて、あらかじめルールとして決まっていますので、覚えなければなりません。

▶ **借方と貸方**
　複式簿記の偉大なる発明は、1つの取引について左右2カ所に記録させ、左右それぞれに増加もしくは減少という意味をあらかじめ与えているという点でした。
　この場合、仕訳の左側のことを「借方（かりかた）」と呼び、右側のことを「貸方（かしかた）」と呼びます。大昔には、この呼び方に意味がありましたが、今は、意味を考えずに使っています。決まり事の1つとして覚えてしまうことをおすすめします。

Memo
複式簿記の誕生は、大航海時代にさかのぼる。当時の銀行業で行われていた記帳技術が複式簿記に発展した。
借方、貸方といういい方は、その時代の名残であるといわれている。

Section 7 勘定科目の使い方

第1章
財務諸表・仕訳・勘定科目

勘定科目によって、仕訳はより簡潔なものとなる

Point
仕訳は勘定科目に従って行えばよいが、それぞれの取引について、どの勘定科目を使用するかというルールは覚えなければならない。
勘定科目は、損益計算書と貸借対照表の表示科目に準拠して設定されている。

Memo
収益、費用科目は、その内容がわかりやすいように名称を付ければよく、「交際費」としても「接待交際費」としても構わない。

▶ 勘定科目

前項の仕訳を思い出してください。

　銀座スナックで得意先接待50,000／現金50,000

というものでした。ここで感じることは、借方と貸方にそれぞれ増減のルールを決めたとはいえ、その内容をどの程度詳しく記録しておかなければならないのかということです。

たとえば、その前に行った店が銀座の寿司屋で、この後に行った店が新橋の高級クラブだったとしたら、それらをまとめるわけにはいかないものでしょうか。

実は、複式簿記で記録すべき資産、負債、純資産、収益、費用の内訳については、後々の集計の便宜を図るために、あらかじめ主だったものを区分するルールが用意されています。これを「勘定科目」といいます。

先の例でいえば、銀座の寿司屋に行こうが、銀座のスナックに行こうが、新橋の高級クラブに流れようが、自己資本の減少原因としては、得意先接待という費用であるという点で、ひとまとめにできます。そして、これらの費用に対して「交際費」という勘定科目が用意されているわけです。

同様に資産、負債などについても勘定科目が設定されており、「社長のベンツ」「専務（社長の息子）のポルシェ」などといちいち記録せずに、「車両運搬具」としてひとまとめで処理できます。

▶ 勘定科目の設定

ひとまとめにできるとはいっても、まとめ方にも限度があります。もともと、複式簿記による記録を行うのは、財務諸表を作成するためですから、この勘定科目の設定は、財務諸表の表示科目に準拠しています。財務諸表の表示科目にはさ

■ 勘定科目の意義と設定方法

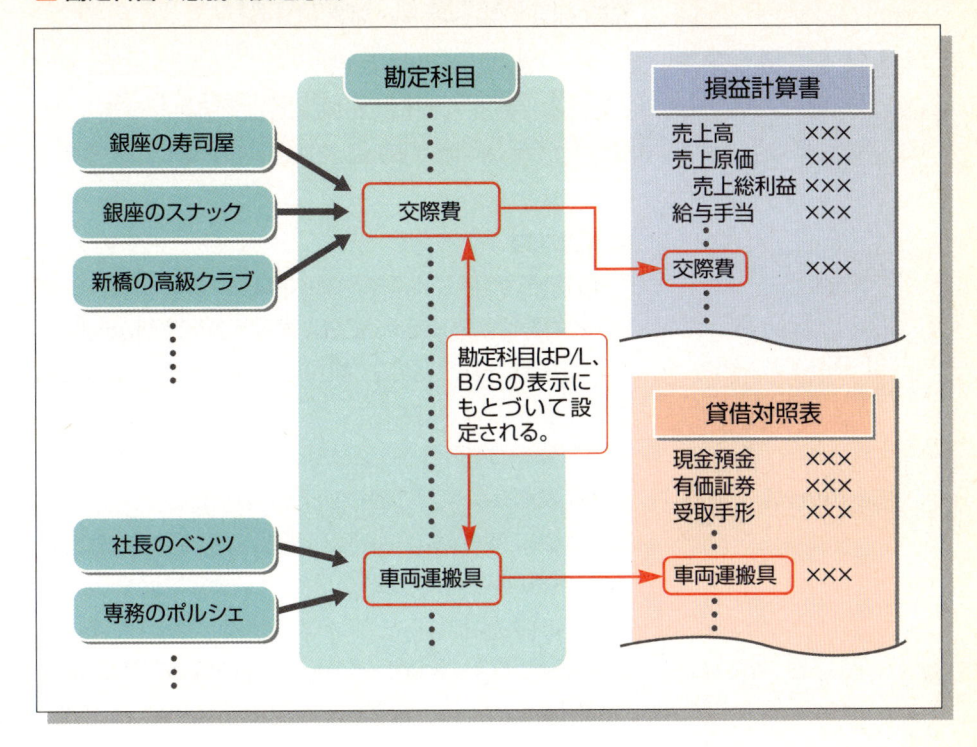

```
[銀座の寿司屋]　┐
[銀座のスナック] ─→ [交際費] ──→ [交際費  ×××]（損益計算書）
[新橋の高級クラブ]┘

損益計算書
売上高      ×××
売上原価    ×××
　売上総利益 ×××
給与手当    ×××
交際費      ×××

勘定科目はP/L、B/Sの表示にもとづいて設定される。

貸借対照表
現金預金    ×××
有価証券    ×××
受取手形    ×××
車両運搬具  ×××

[社長のベンツ]　┐
              ─→ [車両運搬具]
[専務のポルシェ]┘
```

まざまなルールがありますので、結局、それらのルールに従って勘定科目が設定されることとなるわけです。

　仕訳によって把握された各要素の増減が、勘定科目ごとに集計されれば、勘定科目とその勘定残高を並べて貸借対照表や損益計算書を自動的に作成できます。

▶ **勘定科目をマスターしよう**

　勘定科目のおかげで、処理も集計も楽になりますが、その反面、それぞれの取引をどの勘定科目で処理するのかというルールを覚えなくてはならなくなってしまいました。

　勘定科目には、それぞれ、ひとめでその内容がわかるような科目名が付けられていますので、それほどむずかしいことはありません。しかし、取引の種類は無数ですし、間違えやすいものもありますので、それなりに勉強しなければなりません。

Memo

損益計算書と貸借対照表は、表示方法について「財務諸表等規則」「会社計算規則」の規定によるものとされている。ただし、両者には異なる点もあるため、勘定科目の設定を、決算書の表示科目と完全に一致させるのは、困難な部分もある。

Memo

本書の第2章では資産、第3章では負債・純資産の勘定科目について、第4、5章では収益、費用の勘定科目について、詳細に解説する。

Section 8

第1章
財務諸表・仕訳・勘定科目

帳簿組織とは何か

会計伝票または仕訳帳に記録された会計仕訳は、総勘定元帳に転記される

Point

企業が最低限作成しなければならない会計帳簿は、会計伝票もしくは仕訳帳と総勘定元帳の2種だけである。

Keyword

企業会計原則

「一般に公正妥当と認められる会計慣行」を企業会計の基準としてまとめたもの。法的拘束力はないものの、すべての企業が遵守すべき会計の基本指針として位置づけられている。

Keyword

伝票会計

総勘定元帳を作成する代わりに、3枚複写式の会計伝票を使用し、そのうちの2枚をそれぞれの勘定科目ごとにたばねておくしくみ。

▶ **帳簿組織**

　複式簿記が、損益計算書と貸借対照表を作成する上で、非常に優れた記帳方法であることは理解できたと思います。そして、「企業会計原則」でも、複式簿記にもとづいて記録された会計帳簿の作成を義務づけています。
　ところで、損益計算書と貸借対照表を作成するために必要な会計帳簿とはどのようなものなのでしょうか。
　基本的に、複式簿記による企業会計で作成すべき会計帳簿は、「会計伝票」もしくは「仕訳帳」と、「総勘定元帳」の2つだけです。実際には、これらに加えて「補助元帳」を作成するのが一般的です。そして、これらの会計帳簿の相互関連を「帳簿組織」と呼ぶことがあります。

▶ **会計伝票と仕訳帳**

　「会計伝票」とは、ひとつひとつの会計取引に対して、仕訳を記録した伝票のことです。会計の出発点は、個々の取引を仕訳の形で記録することですから、会計伝票が帳簿類の出発点ということになります。
　会計伝票を作成しない企業では、仕訳帳を作成しなければなりません。会計伝票が1つの取引につき、1枚作成されるのに対して、仕訳帳はノート形式で仕訳を記録しておくものです。
　仕訳の記録票、あるいは仕訳の記録帳として、両者は同じ機能を持っています。

▶ **総勘定元帳**

　「総勘定元帳」とは、勘定科目ごとの増減を記録するための帳簿です。会計伝票、もしくは仕訳帳に記録された会計仕

■ 帳簿組織

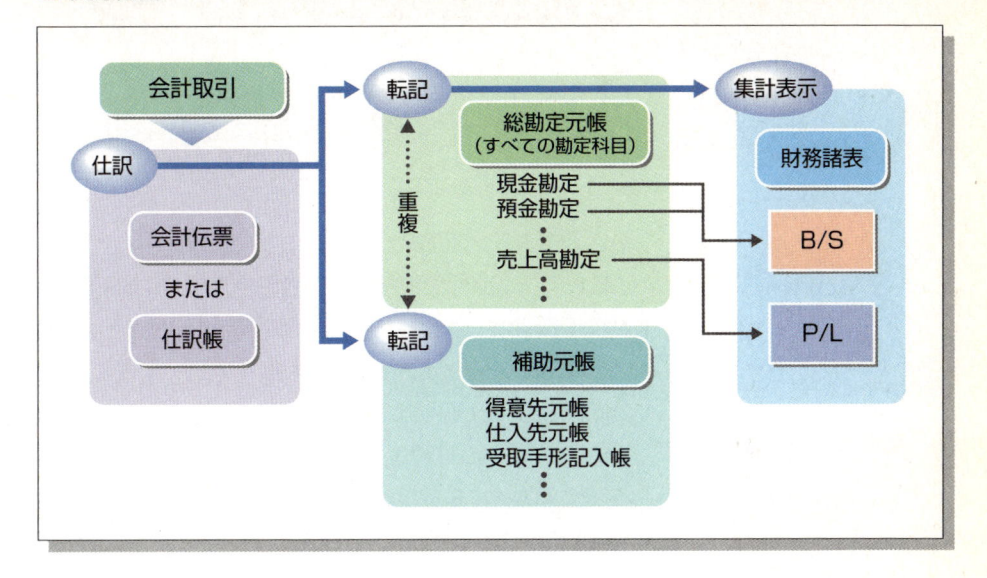

```
会計取引 ──┐         ┌→ 転記 ─────────────────→ 集計表示
          │         │      総勘定元帳
仕訳 ─────┤   重複   │    (すべての勘定科目)       財務諸表
          │         │      現金勘定 ─────────┐
  会計伝票│         │      預金勘定 ─────────┼──→ B/S
    または│         │      売上高勘定 ───────┤
  仕訳帳  │         │         ⋮              └──→ P/L
          │         └→ 転記
          │                補助元帳
          │                得意先元帳
          │                仕入先元帳
          │                受取手形記入帳
          │                   ⋮
```

訳にもとづいて、各勘定科目ごとに増減を記録していきます。これを仕訳の「転記」といいます。

　総勘定元帳では、すべての勘定科目の増減が記録され、つねに、その勘定残高が計算されています。従って、損益計算書と貸借対照表を作成する場合には、総勘定元帳のそれぞれの勘定科目残高を使用することになります。

▶ 補助元帳

　総勘定元帳の勘定科目には、その内訳を別に把握すべきものもあります。たとえば、「売掛金」勘定は、その内訳として得意先別の売掛金残高を把握しなければ、十分な債権管理が実施できません。

　そこで、総勘定元帳の勘定科目について、任意で内訳を記録するための帳簿を設けることとなります。これを「補助元帳」といいます。補助元帳も会計伝票や仕訳帳の会計仕訳を転記して作成することとなります。総勘定元帳への仕訳転記と、補助元帳への仕訳転記は、作業的に重複することとなりますが、管理のためにはやむを得ません。

Memo

会計伝票には、借方が現金の場合のみ使用する「入金伝票」、貸方が現金の場合のみ使用する「出金伝票」、どんな場合にも使用できる「振替伝票」の3種類が一般的。企業によって、作業のしやすいしくみを工夫し、それに対応して独自の会計伝票を作成し、使用している。

Memo

パソコンの普及に伴って、会計ソフトも普及し、今や、手書きの会計帳簿類には、お目にかかれなくなってきた。
会計ソフトの最大の強みは、転記の手間が不要なことと、転記ミスがありえないことである。

Section 9

第1章
財務諸表・仕訳・勘定科目

さまざまな仕訳パターン

仕訳パターンの理解は簿記上達の近道

Point
仕訳にはさまざまなパターンがある。これらをマスターすることが、簿記上達の近道である。

▶ **仕訳パターンの基本分類**

　これまでの説明から、複式簿記は、一方で貸借対照表項目の記録を行い、もう一方で損益計算書項目の記録を行うように理解されると思いますが、実際の複式簿記には、それ以外の仕訳パターンがいくつかあります。
　仕訳のパターンを理解するために、会計取引を分類するとすれば、基本的に2つの種類への区分が考えられます。
　（1）自己資本の増減取引
　（2）自己資本は増減しないが、資産、負債の残高内訳に増減のある取引

▶ **自己資本の増減する取引**

　これまでは、自己資本の増減原因を収益・費用として認識し、これによって損益計算を行うという説明をしてきました。厳密にいえば、もう1つ重要な話をしておかなければなりません。（1）の取引を、さらに次のように分類しましょう。
　（1）-1　収益・費用による自己資本の増減取引
　（1）-2　自己資本の調達取引
　このうち、（1）-1の取引は、これまで説明してきたとおり、資本の増減によって収益・費用を認識する取引です。従って、仕訳のパターンとしては、貸借対照表項目と損益計算書項目の組み合わせとなります。
　たとえば、商品を販売して手形をもらったという場合には、「受取手形」という資産の増加を通じて、自己資本の増加を認識します。その増加理由として、「売上高」という収益を増加させるように記録することとなります。
　ところが、（1）-2の取引は、増資などの手続きによって直

Memo
新株式の発行などによる自己資本の追加調達を「増資」という。一方、株式の消却などによる自己資本の減額を「減資」という。また、配当金の支払いによる自己資本の減少を「利益処分」という。いずれも、自己資本を直接的に増減させる取引であり、「資本取引」と呼ばれる。

■ 仕訳パターン

会計取引の分類		仕訳パターン
(1) 自己資本の 増減取引	(1)-1 収益、費用による 自己資本の増減取引	資産/収益　負債/収益 費用/資産　費用/負債 など
	(1)-2 自己資本の調達取引	資産/純資産 など
(2) 自己資本は増減し ないが、資産、負債 の残高内訳に増減 のある取引	(2)-1 単なる運用形態の 変更	資産/資産 など
	(2)-2 他人資本の調達、 返済取引	資産/負債　負債/資産

接、自己資本を増やす取引で、損益とは一切関係のない、いうなれば元手の追加を意味します。(1)-1と(1)-2は、自己資本の増減という点でよく似ていますが、両者は明確に区別しなければなりません。

▶ **自己資本の増減しない取引**

一方、(2)の取引は、さらに次のように分類されます。

(2)-1　単なる運用形態の変更

(2)-2　他人資本の調達、返済取引

現金の増減を例にとれば、預金の引き出しや預け入れのように、現金以外の資産の増減を伴うものがありますが、これは、(2)-1の単なる運用形態の変更にすぎません。自己資本の増減は一切ありませんので、資産項目同士の仕訳となります。

同じ現金の増減でも、借入金による現金の増加と、その返済による現金の減少の場合は、(2)-2の他人資本の調達、返済取引です。その場合、自己資本の増減は一切ありませんので、資産項目と負債項目の組み合わせによる仕訳となります。

Keyword

**資本取引・損益取引
区分の原則**

「企業会計原則」の一般原則において、「資本取引と損益取引とを明瞭に区別し、特に資本剰余金と利益剰余金とを混同してはならない」と規定されている。

Section 10

第1章
財務諸表・仕訳・勘定科目

法人税の基礎知識

企業会計上の利益を調整して課税所得が計算される

Point
法人税では、企業会計上の利益に対して、税務と相違する部分の調整計算を加えて課税所得を計算する。

Keyword
賦課課税・申告納税
税金の中には、税務当局が、税額計算を行って、一方的に課税をしてくる賦課課税によるものと、納税者が税額計算を行って、その申告にもとづいて納税する申告納税によるものとがある。法人税は申告納税によるため、会社自らが税額計算を行わなければならない。
申告には誤りもあるであろうが、これを是正するために税務調査が行われる。

Keyword
別表調整
課税所得の調整計算は、法人税申告書の「別表四」に記載することとされている。このため、このような調整計算を「別表調整」と呼ぶ。

▶ 法人税の重要性
　企業は、法人税をはじめとするいくつかの税金を納める義務があります。とりわけ重要なのが国税である「法人税」です。
　法人税は、企業会計をベースとした期間利益を課税対象の所得として課税するしくみとなっています。つまり、企業会計は、ディスクロージャーや管理目的の他に、「課税所得」の計算という違った角度からの目的もあわせ持っているのです。
　また、道府県民税や市町村民税は、「法人税割」といって、法人税そのものを課税標準とする部分があります。また、事業税の課税所得計算も、法人税の規定に準拠することとされています。従って、法人税の課税所得計算は、法人税以外の租税に対しても重要な位置づけとなっています。

▶ 課税所得の調整計算
　法人税は、企業会計の期間利益計算をいったん信頼し、これを課税所得計算とみなすという立場をとっています。
　しかし、これを野放しにすれば、勝手気ままな会計処理によって納税を回避したり、会計手法によって、有利な会社と不利な会社がでてきてしまうこととなります。これでは、公平な課税という重要な命題を達成することができません。
　そこで、法人税では、さまざまな企業取引について、税務上の取り扱いを詳細に定めているのです。企業会計と税務上の取り扱いが相違する部分については、企業会計の利益に調整計算を加えて、課税所得を計算させることとしています。

▶ 企業会計の利益と課税所得の相違
　企業会計の利益が、収益から費用を差し引いて求められる

■ 法人税のしくみ

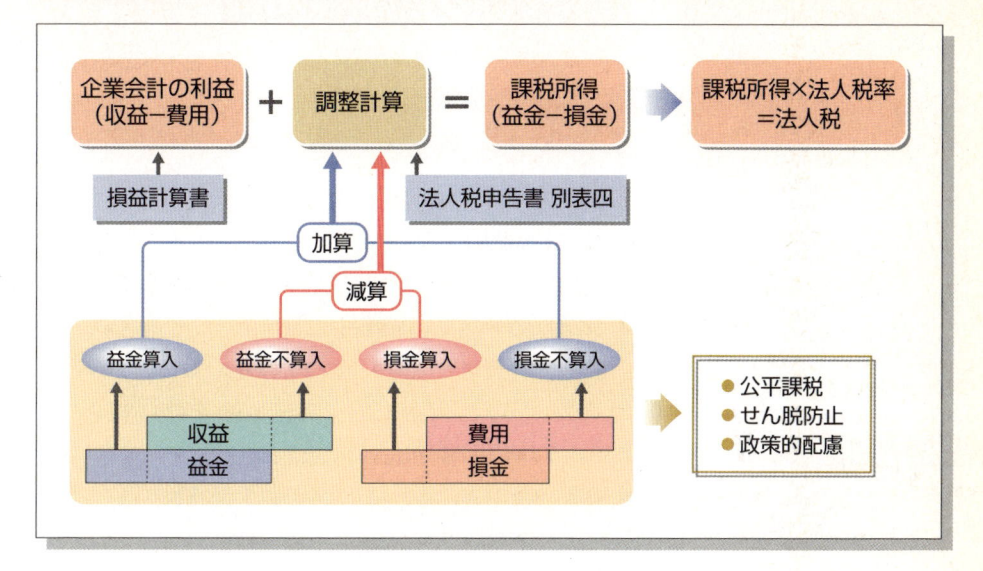

```
企業会計の利益        調整計算    =   課税所得         →   課税所得×法人税率
（収益－費用）  ＋                     （益金－損金）          ＝法人税
     ↑                                    ↑
  損益計算書                          法人税申告書 別表四
            加算
            減算

  益金算入  益金不算入  損金算入  損金不算入      ● 公平課税
    ↑        ↑         ↑         ↑           ● せん脱防止
  収益                 費用                     ● 政策的配慮
  益金                 損金
```

のに対して、法人税の課税所得は、「益金」から「損金」を差し引いて計算します。益金は収益と、損金は費用と、ほぼ同様の意味ですが、税務は、企業会計と比べると、考え方に次のような特徴があります。

（1）公平課税実現のために、ある程度、企業会計の自由を奪わなければならない。
（2）税法の網の目をくぐりぬけること（せん脱）を防ぐために、厳しい取り扱いをしなければならない場面がある。
（3）政策的配慮から、企業会計と異なる取り扱いが必要となる場面がある。

このため、たとえば、「企業会計では費用となるが、税務上は損金とならない」というような取引が存在することとなります。すると、このような取引については、「損金不算入」といって、企業会計の利益にこの金額を加えて、課税所得を計算することとなります。この調整計算には、上図のように4つのパターンがあります。

企業は、こういった税務上の取り扱いにも考慮しながら、会計を行わなければならないのです。

Memo

左記の相違理由は、具体的に次のような取り扱いにそれぞれ現れている。
① 有形固定資産の耐用年数は、企業の自由な見積もりに任せてしまうと、不公平が生ずるため、資産の種類ごとに、詳細な税法耐用年数を定めている。
② 過大な役員報酬による利益操作を防ぐために、過大部分の損金不算入が定められている。
③ 罰科金などを損金として認めると、罰科金の効果が薄れることに配慮し、損金不算入としている。

Section 11

第1章
財務諸表・仕訳・勘定科目

Point

消費税は、国内における財、サービスの移転で、事業として対価を得て行われる取引に対して課税され、企業は受け取った消費税額と支払った消費税額の差額を納税する。

Ref.

非課税取引・不課税取引
非課税取引とは、消費税になじまない取引や、政策的な配慮から課税しない取引のことで、不課税取引とは、課税取引の4要件を満たしていない取引のこと。

Memo

土地や有価証券の譲渡、貸付、利子、保証料、保険料、商品券やプリペイドカードの譲渡、行政手数料や税金などは、根本的に非課税取引とされている。

Memo

社会保険医療、介護保険サービス、助産、埋葬、火葬、一定の身体障害者用物品の譲渡、住宅の貸付、一定の学校の入学金、教科書などは、政策的な配慮から、非課税取引とされている。

消費税の基礎知識

法人税、住民税と並び 消費税も企業にとって重要である

▶ 企業と消費税

　経理の仕事にたずさわっている方にとって、法人税と同じように重要な税金に「消費税」があります。

　企業は、消費税を負担するわけではなく、実際の負担者は消費者ということになっています。そして、それを取りまとめて納税するという義務が企業に課せられています。すなわち、企業は、売上などによる収入に含まれた消費税を、いったん預かり、これを納付するというしくみなのです。

　従って、消費税を正しく経理しておかなければ、正しい納税ができず、思わぬ損をしかねないということとなります。しかも、消費税法は個々の取引ごとに本体価格と消費税額とを区分した経理を求めていますので、経理担当者にとっては面倒な話となってしまいます。

▶ 消費税の課否区分

　消費税を経理する上で重要なことは、個々の取引について、消費税の課税取引であるか否かを判別していかなければならないということです。消費税の税率は国税4％、地方消費税1％と一律に定められていますので、この「課否区分」さえ取引ごとに正しく行われればよいこととなるのです。

　まず、基本的に消費税は、①国内における、②財、サービスを移転する取引であって、③事業として、④対価を得て行われる取引に対して課税されます。このため、財やサービスが移転しない取引や国外取引などには課税は行われません。

　ただし、政策的な配慮によって課税が差し控えられている取引もありますので、注意が必要です。また、輸出取引については免税扱いとなっています。

■ 消費税額の計算

```
仕訳                          仕訳
現金×××  売上      ×××      仕入    ×××  現金×××
         仮受消費税×××      仮払消費税×××
```

仮受消費税 − 仮払消費税 = 納付税額
                                    国税＝4％
                                    地方消費税＝1％

- 収益に伴って預かっている消費税
- 費用に伴って支払った消費税
- 仕入税額控除：課税売上割合が95％以上の場合、課税売上100％とみなして全額控除できるが、課税売上割合が95％未満の場合には課税売上に対応する部分のみ控除の対象となる。

課税取引の4要件
① 国内における
② 財・サービスを移転する取引であって
③ 事業として
④ 対価を得て行われる取引であること

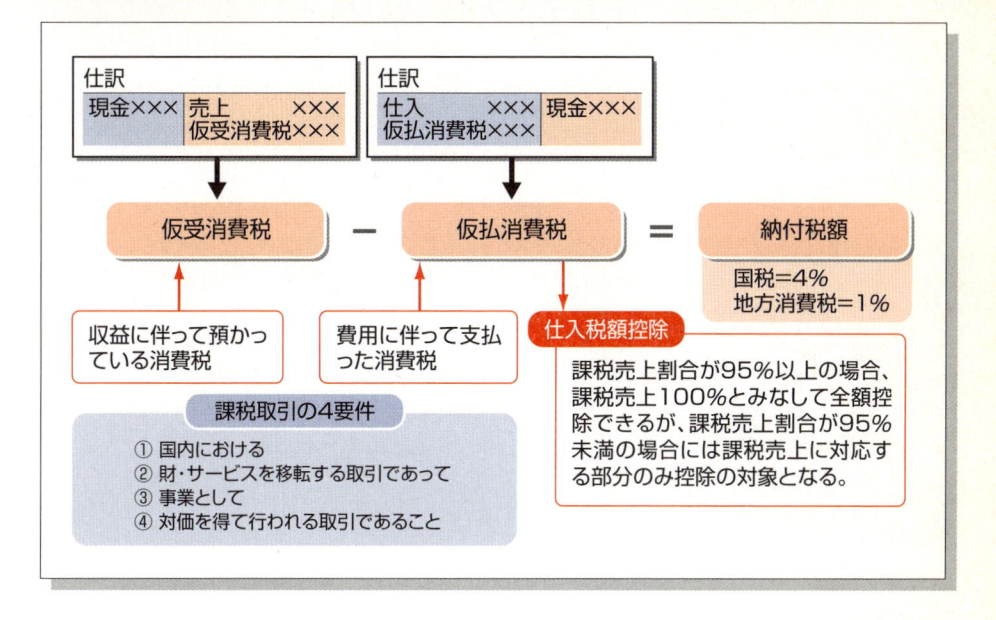

▶ 仕入税額控除

　消費税の納付額の計算では、売上高などによって預かった消費税をそのまま支払うというわけではありません。その売上獲得のために必要とされた仕入や経費に対して課税され、支払った消費税を、受け取った消費税より差し引いて、残額を納付することとされており、これを「仕入税額控除」といいます。

　この場合、仕入税額控除の対象となるのは、売上全体の獲得に要した仕入税額ではなく、あくまでも課税売上の獲得に要した仕入税額です。従って、非課税の売上取引、たとえば、住宅の貸付による売上に対応する経費に伴う消費税額は控除することができません。

　消費税法では、売上高全体の95％以上が課税売上である場合には、課税売上100％とみなして、仕入税額のすべてを控除することが認められていますが、課税売上割合が95％未満の場合は、課税売上に対応する仕入税額を計算し、その部分だけを控除しなければならないこととしています。

Memo
消費税の仕入税額控除の計算は期間損益計算ではない。このため、仕入れた商品が期末在庫になっていようが、固定資産を取得した場合であろうが、支払った消費税は、原則的にすべて仕入税額控除の対象となる。

Memo
課税売上高が5,000万円以下の事業者には、仕入税額控除の金額を、「みなし仕入率」を使って計算する「簡易課税制度」が認められる。

第2章

資産項目

Sec.	
12	貸借対照表の構造
13	資産・負債・純資産の分類
14	現金
15	預金
16	当座預金
17	受取手形
18	売掛金
19	有価証券
20	商品
21	製品・半製品・仕掛品・原材料
22	短期貸付金
23	前払費用・未収収益
24	前渡金・前払金・仮払金・立替金・未収入金
25	有形固定資産とは何か
26	建物・構築物・機械装置
27	車両運搬具・船舶・航空機・工具器具備品
28	土地・建設仮勘定
29	無形固定資産・のれん
30	ソフトウェア
31	出資金・投資有価証券
32	長期貸付金・長期性預金
33	差入保証金・長期前払費用
34	その他の投資資産
35	繰延資産とは何か

Section 12 貸借対照表の構造

第2章 資産項目

資本の運用形態と調達源泉

■「資本の部」から「純資産の部」へ

　会社法の施行に伴い、資本の部は、純資産の部に変わりました。純資産の部は、単に名称が変わるだけではなく、これまで負債に計上されていた新株予約権が純資産の部に計上されるなど、大きな変更を伴ったものとなっています。変更前の財務諸表と変更後の財務諸表を比較する際などには、特に注意が必要です。

■ 資本の運用形態

　貸借対照表は、財産目録を通じて一定時点の資本の金額を計算し、表示することによって、企業の財政状態を示しています。前述したように貸借対照表は、大きく左右に区分され、仕訳と同様に左側を「借方」、右側を「貸方」と呼びます。
　まず、借方ですが、ここには企業の事業に必要な「事業用財産」が記載されており、これが、すでに説明した「資産」ということになります。
　事業用財産は、事業において利用するために購入され、これらを上手に運用しながら利益をあげていくこととなります。
　本来、事業の開始時点には、元手として拠出された現金または預金以外の資産はないので、事業用財産とは、事業の必要性から資本がその姿を変えたものであるということになります。このため、貸借対照表の借方は、一般的に資本の「運用形態」を表すといわれています。

■ 資本の調達源泉

　これに対し、貸借対照表の貸方には「負債」と「純資産」が記載されています。「純資産」とは、株主をはじめとする企業

Point

貸借対照表は、資本の運用形態と調達源泉を表示しており、これによって企業の財政状態を示すこととなる。

Ref.

総資本・自己資本
広い意味で、資本とは事業に投資されている財産のことをいい、狭い意味で、資本とは株主拠出をいう。両者を区別するために、前者を「総資本」、後者を「自己資本」と呼ぶ。

■ 貸借対照表の構造とは

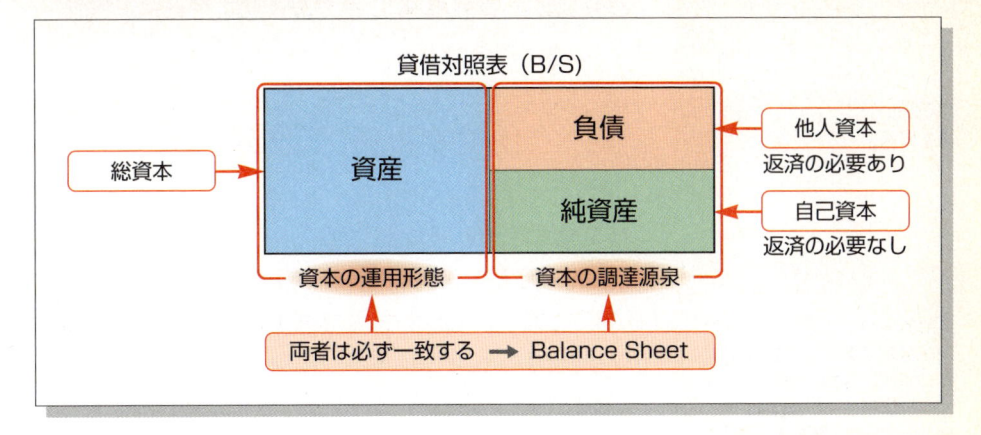

```
              貸借対照表（B/S）
        ┌─────────┬─────────┐
        │         │   負債   │ ← 他人資本
 総資本 →│   資産   ├─────────┤   返済の必要あり
        │         │  純資産  │ ← 自己資本
        └─────────┴─────────┘   返済の必要なし
         資本の運用形態  資本の調達源泉
              ↑           ↑
         両者は必ず一致する → Balance Sheet
```

のオーナーによって拠出された元手と、その後事業を通じて獲得した利益のことであり、「負債」とは第三者に対する借金を意味します。負債には、金融機関からの借入金の他に、未払いの仕入代金などの債務が含まれます。

　純資産として拠出された現金や預金は、その後、さまざまな資産に姿を変え、運用されることとなります。また、借入金によって調達された資金も、元手と区別なく運用の対象とされます。

　従って、純資産や負債は、企業が運用する資産の金の出どころを表していることとなります。このため、貸借対照表の貸方は、一般的に資本の「調達源泉」を表すといわれています。

■ 自己資本と他人資本

　企業の資産は、その調達が負債によるものか、資本金などによるものかという区別をせずに運用されていますので、企業の資産全体のことを「総資本」と呼ぶことがあります。

　ところが、同じ資本の調達源泉ではありますが、負債はいずれ返済しなければならないものであり、純資産は返済する必要がないという大きな違いがあります。このため、負債を「他人資本」、純資産を「自己資本」と区別して呼びます。

> **Keyword**
>
> **一致の原則**
> 資産が資本の運用形態を表し、負債と純資産がその調達源泉を表している以上、資産の総額と負債・純資産の総額は当然のことながら一致する。これを「一致の原則」と呼ぶ。

資産・負債・純資産の分類

貸借対照表では、「資産」「負債」「純資産」をいくつかのグループに区分する

▶ 流動固定分類

　貸借対照表には、資産や負債、純資産の明細が記載されていますが、これらの明細も、ただやみくもに並べられているわけではありません。

　資産と負債は、まず、大きく2つのグループに分類されています。1つが「流動資産」「流動負債」で、もう1つが「固定資産」「固定負債」です。「流動資産」とは、1年以内に資金化が予定されている資産のことで、「流動負債」とは、1年以内に返済を要する債務を意味します。

　一方、「固定資産」とは、1年以内に資金化が予定されていない資産で、「固定負債」とは、1年を超えて返済する債務です。

　「流動」と「固定」の分類は、原則として1年という期間を基準としており、これを「ワン・イヤー・ルール」と呼びます。

▶ 正常営業循環基準

　しかし、流動固定分類は、ワン・イヤー・ルールのみで決定されるわけではありません。本業として繰り返し行われる営業サイクル、すなわち、仕入から売上、売上代金回収までの一連のサイクルについては、本質的に1年を超えるような長期的なサイクルを予定しているものではありません。

　このため、このような正常な営業サイクルの過程で発生する資産、負債については、ワン・イヤー・ルールの判定を待たずして、流動資産、流動負債として取り扱われます。これを、「正常営業循環基準」と呼びます。

▶ 固定資産の分類

　固定資産は、「有形固定資産」「無形固定資産」「投資その

Section 13

第2章
資産項目

Point

資産、負債は、ワン・イヤー・ルールと正常営業循環基準によって、大きく流動と固定の2つに区分される。
固定資産は、有形固定資産、無形固定資産、投資その他の資産の3つに区分され、それらとは別に繰延資産も区分される。
純資産の部は、資本と利益に明確に区分しなければならない。

Keyword

正常営業循環
仕入から始まり、商品を販売して、その代金を回収するまでの一連の営業サイクル。
具体的には、「受取手形」「売掛金」といった売上債権と、「商品」「製品」といった棚卸資産、「買掛金」「支払手形」といった仕入債務が該当する。

■ 資産の分類

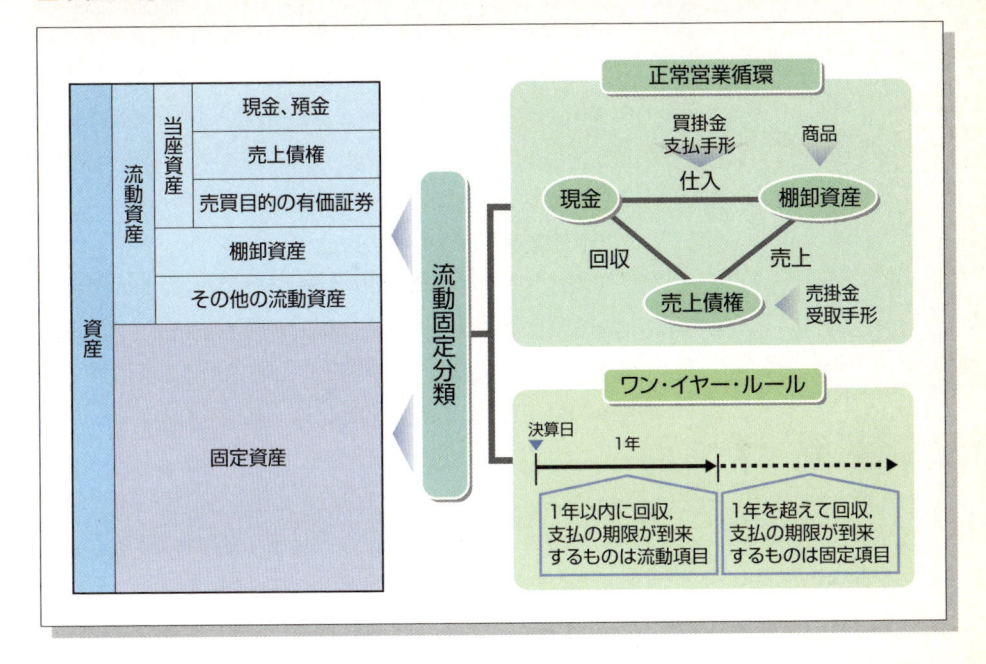

```
資産
├─ 流動資産
│  ├─ 当座資産
│  │  ├─ 現金、預金
│  │  ├─ 売上債権
│  │  └─ 売買目的の有価証券
│  ├─ 棚卸資産
│  └─ その他の流動資産
└─ 固定資産
```

流動固定分類

正常営業循環

現金 ─仕入→ 棚卸資産（買掛金・支払手形、商品）
棚卸資産 ─売上→ 売上債権（売掛金・受取手形）
売上債権 ─回収→ 現金

ワン・イヤー・ルール

決算日から1年

- 1年以内に回収、支払の期限が到来するものは流動項目
- 1年を超えて回収、支払の期限が到来するものは固定項目

他の資産」の3種類に分類されます。

「有形固定資産」とは、建物や車両など、長期にわたって使用することを目的とした設備を表すもので、具体的な形態をもったものをいいます。有形固定資産の多くは、使用もしくは時の経過に応じて減価していきますので、「減価償却」という方法によって、使用期間にわたる費用化を行います。

「無形固定資産」とは、特許権や商標権のように、長期にわたって利用される、具体的な形態を持たない資産をいい、主に法的な権利が含まれます。無形固定資産も減価償却によって、毎期の費用化を計算します。

「投資その他の資産」とは、経営目的のために長期にわたって保有する資産で、このために資金が長期的に拘束されることから、固定資産に分類されます。このため、預金や貸付金のようなものであっても、ワン・イヤー・ルールによって投資その他の資産として処理されるものもあります。

Keyword

減価償却

有形固定資産、無形固定資産で、その使用期間にわたる計画的、規則的な費用配分計算を「減価償却」といい、その配分期間を「耐用年数」という。
利益操作を排除するために、耐用年数は資産の種類別に税法で細かく定められている。
詳細は、Sec.70を参照。

▶ 繰延資産

　流動資産にも固定資産にも属さない特別なジャンルとして、「繰延資産」があります。「繰延資産」は資産として取り扱います。それは、支払いに対応する役務の提供がすでに完了しているか、財の費消が完了しているにもかかわらず、その支出の効果が将来にわたって長期的に期待されるという漠然とした理由からです。

　役務の提供や財の費消が完了している以上、実体や利用価値を残しているというわけではないのです。それらは本来、その期の期間損益計算上は費用として処理されるべきものですので、資産性に疑わしい部分もあるといえます。

▶ 引当金

　資産の中には、繰延資産という特殊なものが含まれていましたが、負債にもちょっと風変わりな仲間がいます。それは「引当金」です。

　「引当金」とは、

（1）将来の特定の費用または損失であって、

（2）その発生が当期以前の事象に起因し、

（3）発生の可能性が高く、

（4）かつ、金額を合理的に見積もれる場合に

当期の負担に属する費用、または損失を、当期の期間損益計算に繰り入れることにより生ずる負債のことです。

　この引当金は、まだ費用や損失が発生しておらず、その債務の確定もなされないわけですから、発生主義の考え方によれば、本来は費用・損失として計上することはできないはずです。しかし、その原因の発生に着目して、合理的に金額が算定できる範囲で、原因の発生した期の収益と対応させようとするものです。

▶ 資本と利益の区分

　貸借対照表の純資産の部には、大きく分けると2種類のものが含まれています。

Ref.

引当金
「引当金」については、「企業会計原則」注解18により定められている。

■ 貸借対照表の分類

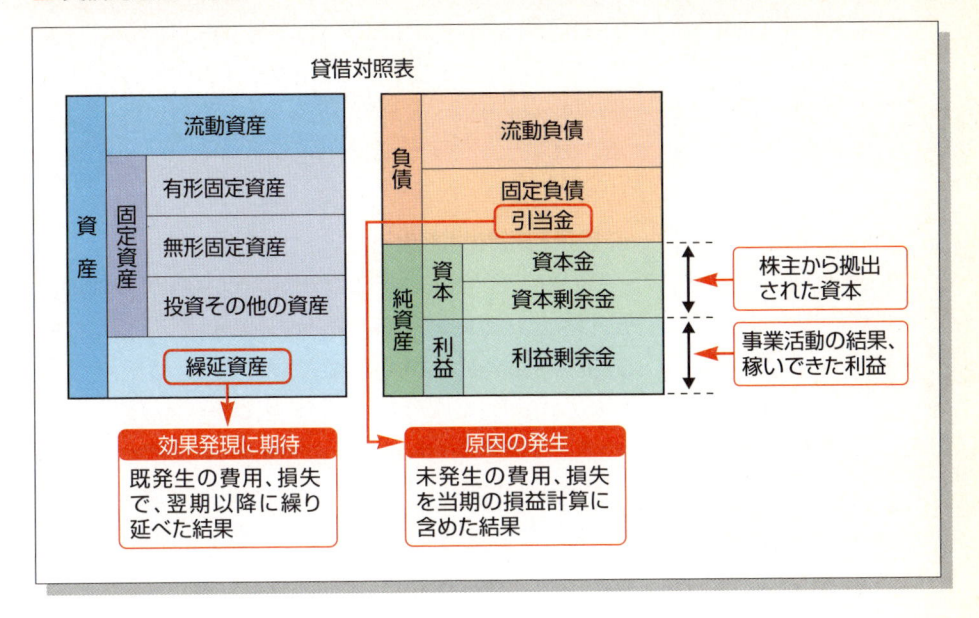

貸借対照表

資産			負債		
	流動資産			流動負債	
	固定資産	有形固定資産		固定負債	
		無形固定資産		引当金	
		投資その他の資産	純資産	資本	資本金
					資本剰余金
	繰延資産			利益	利益剰余金

- 資本金・資本剰余金 ← 株主から拠出された資本
- 利益剰余金 ← 事業活動の結果、稼いできた利益

効果発現に期待
既発生の費用、損失で、翌期以降に繰り延べた結果

原因の発生
未発生の費用、損失を当期の損益計算に含めた結果

　それは、株主などの会社オーナーから直接拠出された元手の部分と、これまでの事業活動の結果、稼いできた利益のうち、翌期以降の事業資本として繰り越された部分です。

　企業会計では、資本と利益は明確に区分されなければならないこととされています。つまり、この両者は、同じ純資産の部にありながら、区分記載が要求されています。純資産のうち、オーナー拠出による部分を「資本金」「資本剰余金」といい、利益による部分を「利益剰余金」といいます。

　なお、「資本金」「資本剰余金」「利益剰余金」はいずれも株主の拠出が元になっていますから、これらを合わせて「株主資本」と呼びます。

　また、会社法では、資本充実の目的で、会社が維持しなければならない準備金を定めています。この準備金には、オーナー拠出にもとづく「資本準備金」と、利益にもとづく「利益準備金」の2種類があり、それぞれ「資本剰余金」「利益剰余金」の1項目として記載されています。これらを「法定準備金」といいます。

Memo

会社法では、法定準備金として株主等の拠出にもとづく「資本準備金」と、利益にもとづく「利益準備金」の2種類が規定され、明確な区分が要求されている。

Section 14

第2章
資産項目

現金

現金には、紙幣や硬貨だけでなく通貨代用証券も含まれる

Point
「現金」勘定には、紙幣や硬貨といった貨幣の他に、通貨代用証券も含まれる。「現金過不足」や「小口現金」についても知っておきたい。

▶ 現金と通貨代用証券

　「現金」とは、皆さんが日ごろ財布の中に入れているお金を表す勘定科目のことです。ところが、「現金」勘定で処理されるのは、紙幣や硬貨に限られません。

　他人振出の小切手や郵便為替証書、配当金領収書、期限が到来した公社債の利札なども、金融機関等でただちに換金できますので、「現金」勘定で処理されます。このように、金融機関に持参するとすぐに通貨と交換することが可能な証券類のことを「通貨代用証券」と呼びます。

　なお、切手、収入印紙は通貨代用証券と間違われやすいようですが、これらは換金を目的とした証券ではありませんので、通貨代用証券ではありません。切手は「通信費」、収入印紙は「租税公課」という経費勘定で取り扱われます。

▶ 現金過不足

　現金を管理するためには、「現金出納帳」という補助簿を作成し、入出金を記録して現金残高を常に把握できるようにしておきます。そして、定期的に帳簿残高と実際の手許現金有高とを照合して一致を確かめておくようにします。

　ところで、帳簿残高と手許有高は必ず一致するとは限りません。もちろん、現金出納帳の記帳が確実に行われていれば両者は必ず一致するはずですが、出納帳への記入漏れや記入ミス、現金の紛失などにより差額が生じる場合があります。

　このようなときは、最大限の努力をして原因を究明するのが原則です。しかし、その日のうちに原因が判明しない場合には、その原因不明な部分を一時的に「現金過不足」勘定で処理し、とりあえず帳簿残高を実際有高に一致させておいて、

■ 現金・通貨代用証券と現金過不足

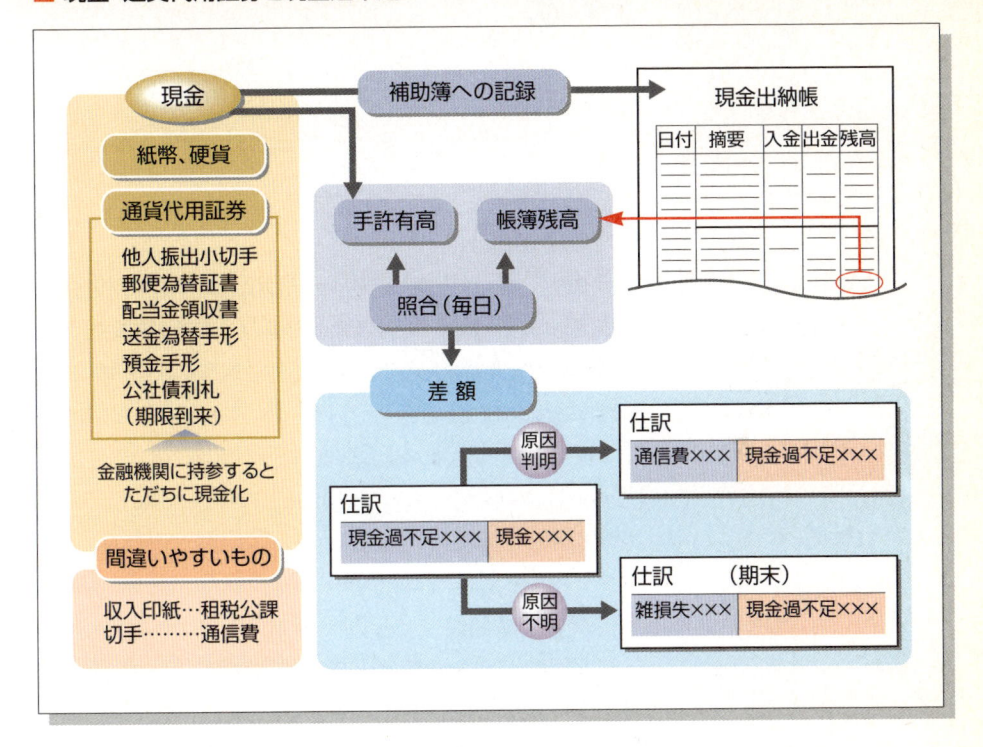

```
現金 ──────→ 補助簿への記録 ──────→ 現金出納帳
 │                                   ┌─────────────────┐
 ├ 紙幣、硬貨                          │日付│摘要│入金│出金│残高│
 │                                   └─────────────────┘
 ├ 通貨代用証券         手許有高  帳簿残高 ←──────┐
 │  他人振出小切手         ↑      ↑              │
 │  郵便為替証書           └──┬───┘              │
 │  配当金領収書          照合（毎日）             │
 │  送金為替手形             │                   │
 │  預金手形                 ↓                   │
 │  公社債利札              差 額                 │
 │  （期限到来）              │
 │                          │       仕訳
 │ 金融機関に持参すると      ─原因──→ ┌─────────────────┐
 │  ただちに現金化             判明   │通信費×××│現金過不足×××│
 │                                  └─────────────────┘
 │                 仕訳
 ├ 間違いやすいもの  ┌─────────────────┐
 │                 │現金過不足×××│現金×××│
 │  収入印紙…租税公課 └─────────────────┘
 │  切手………通信費           │       仕訳   （期末）
 │                        ─原因──→ ┌─────────────────┐
                            不明   │雑損失×××│現金過不足×××│
                                  └─────────────────┘
```

後日、差額原因が判明したときに「現金過不足」勘定から正しい処理科目へ振替えることになります。

そして、決算まで原因が判明しない場合には、「現金過不足」から「雑収入」、または「雑損失」に振替えることとなります。

▶ 小口現金

多額の現金を手許に保有することは盗難や紛失といった危険が伴います。受け入れた現金はただちに預金に預け入れるなどして、なるべく手許現金を少なくしておくべきですが、少額の経費を支払うために、会社はある程度の現金をあらかじめ手許に用意しておく必要もあります。この、小払い用の手許現金のことを「小口現金」と呼んでいます。

決算では、「小口現金」の勘定残高は、「現金」勘定に含められ、「現金」として処理されます。

Ref.

定額資金前渡制度
「小口現金」は、あらかじめ定めた金額を用意し、支払によって足りなくなった場合には、その分だけ補充して、手許現金が当初定めた金額を上回らないように運用される。この運用方法を「定額資金前渡制度（インプレスト・システム）」と呼ぶ。

Section 15

第2章
資産項目

預金

預金のさまざまな種類を知っておく

Point

「預金」とは、金融機関に対する預け金をいう。預金にはさまざまな種類があるが、長期性の預金については、固定資産としなければならない。

Ref.

預金保険機構

金融機関が破綻した場合には、一定額以内の預金については、保険が適用され、預金者が保護されるしくみとなっている。預金保険機構は、このような預金者保護のしくみであり、その保険料は、各金融機関が負担している。

Memo

信用組合と取引する場合には、組合員となるための、所定の出資が必要となる。

▶ 預金とは

「預金」とは、金融機関に対する預け金をいいます。預金は、銀行制度の発展に伴って、現金と同等の決済機能を果たせるようになったため、前項で解説した現金取引による危険を回避するために、企業の行う資金取引の主流となっています。

預金には、さまざまな種類があり、その特性によって使い分けられていますが、貸借対照表では、それらを総称して「預金」勘定によって表示されます。

▶ 金融機関の種類

この場合の金融機関としては、都市銀行、地方銀行、信用金庫、信用組合などの種類がありますが、それぞれ次のような特徴があります。

(1) 都市銀行

　　大都市に本店があり、日本全国と海外主要都市に支店網を持っている。主に、大企業との取引を中心に、さまざまなサービスを提供している。

(2) 地方銀行

　　地方都市を中心としたエリアで地域密着型のサービスを提供しているが、取引対象は都市銀行と同様に、主として、地元の比較的規模の大きい企業である。

(3) 信用金庫

　　地元の一定区域内の小規模事業者を中心にサービスを展開しているが、地方銀行に引けをとらない大規模なものもある。貸付は会員のみに限定されている。

(4) 信用組合

　　信用金庫と同様に特定地域の小規模事業者を対象

■ 預金の種類

仕訳　預入		仕訳　引出		仕訳　利息受取	
預金×××	現金×××	現金×××	預金×××	預金　×××	受取利息×××
				仮払金×××	

おもな預金	特徴	利用方法
当座預金	出入自由、無利息、小切手や手形の振出が可能	決済
普通預金	出入自由、有利息、CD、ATM利用が可能、自動引落	日常的な出納
定期預金	一定期間の預け入れで約定、有利息	貯蓄、資金運用
定期積金	毎回一定額の積立て約定、有利息	資産形成、運用
通知預金	短期の預け入れを約定、有利息、事前通知により引出	余資運用（短期）
納税準備預金	引出は納税の場合に限定、有利息、利息の源泉課税なし	納税資金確保

ワン・イヤー・ルールで長期性預金へ

としたサービスを行っており、預金も貸付も組合員のみに限定されている。

▶ 預金の種類

代表的な預金の種類としては、おおむね次のようなものがあります。

（1）当座預金

現金の出し入れが自由な無利息の預金で、出金には小切手を使う。小切手や手形の振り出しを行うことができるため、企業の決済口座として利用される。

（2）普通預金

現金の出し入れが自由な有利息の預金で、キャッシュ・カードの利用によって、CD機で早朝や夜間の引き出し、預け入れが可能であると同時に、ATM機による振込もできる。また、自動引落としを利用すれば、定期的な支払いにも便利である。財布代わりに、日常的なお金の出し入れをするのに向いているが、利息は僅

Ref.

当座預金
「当座預金」は、特別な預金であるため、Sec.16において詳しく解説する。

Memo

我が国の最近の低金利によって、定期預金や定期積金などの貯蓄型の預金も収益性が失われている。
普通預金にいたっては、諸々の手数料によって、受け取る利息以上のコストを支払わされている。

Keyword

譲渡性預金
払い戻しの期限のついた譲渡可能な預金のことで、主に現金取引に利用される。

Keyword

金銭信託
委託者が受託者へ金銭を信託し、運用によって生じた収益を委託者に配当するとともに信託終了時には信託財産を金銭によって委託者に交付するもの。

かである。
(3) 定期預金

　　一定期間の預け入れが約束された有利子の預金で、一般的に預入期間が長いほど利率も高くなる。期限前に解約することもできるが、その場合には、ペナルティとして普通預金程度の利率が適用される。主に、資金を蓄え、運用する目的で利用される。

(4) 定期積金

　　毎月一定額の積立てを約束した定期預金の一種で、積立期間が長くなると利率も高くなる。主に貯蓄、資金運用に利用される。

(5) 通知預金

　　短期的な余資運用に利用される有利子預金で、引き出しの際は、事前に金融機関への連絡が必要となる。

(6) 納税準備預金

　　納税資金の確保に利用される有利子の預金で、原則として、引き出しは納税の場合に限定される。他の預金と異なり、預金利息に対する源泉課税が免除されている。

▶ その他の預金

「預金」勘定で処理される預金としては、これらの他に、外貨預金、譲渡性預金や、ゆうちょ銀行に対する通常貯金、定期貯金、定額貯金、さらには信託銀行に対する金銭信託などが含まれます。一方、金融機関とはいっても、証券会社、保険会社、手形割引業者などは含まれず、これらに対して預けている現金は、「預金」勘定では処理せず、「預け金」などの科目で処理されることとなります。

▶ 預金の帳簿管理

企業は、複数の金融機関に、複数の預金口座を有していることが普通ですが、これらの預金を「預金」勘定1つで記録していくことは管理上望ましくありません。このため、「預金」勘

■ 預金の補助簿

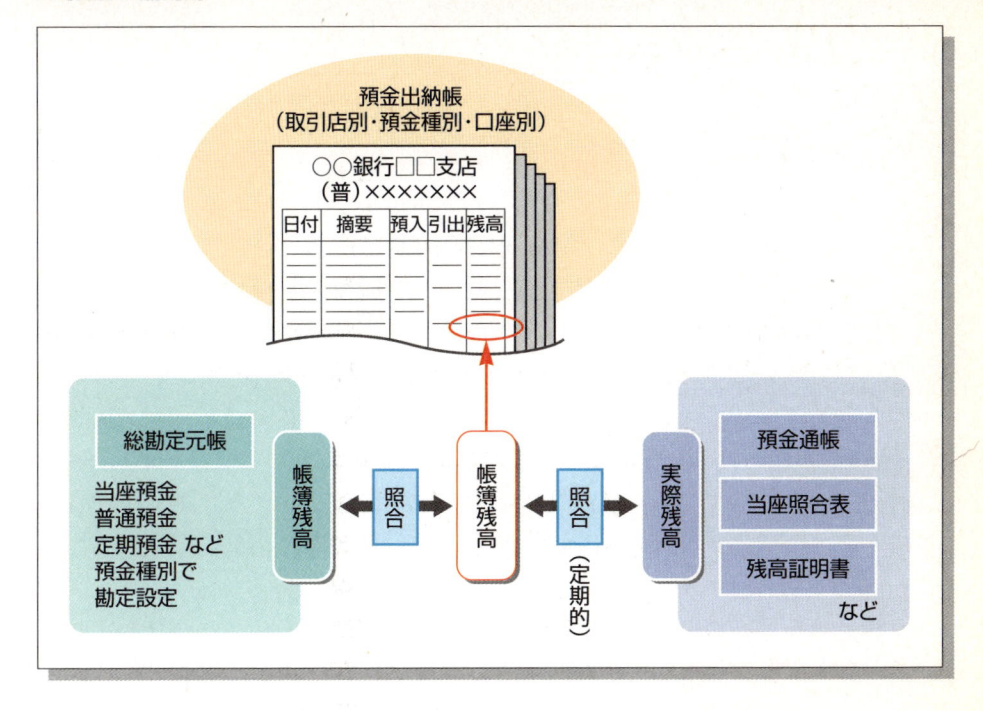

定の内訳記録として、口座別の補助簿を作成するのが一般的です。

預金の補助簿残高と、実際の預金残高とは、定期的に照合し、差異が発生しないように注意することが必要です。「預金」は「現金」と異なり、不一致の原因が判明しないということはほとんどありません。

▶ 長期性預金

「預金」は通常、流動資産として取り扱われますが、定期預金のように預入期間があらかじめ定められている場合、その満期が決算日以降1年を超えるような預金については、流動資産とするわけにはいきません。

このような長期性預金は、ワン・イヤー・ルールに従って、固定資産とし、投資等の区分として、「長期性預金」などの勘定科目を設けて処理することとされています。

Memo
長期性預金については、期中で他の預金と区別せずに記帳し、決算において「長期性預金」勘定に振替える処理も一般的である。

Section 16

第2章
資産項目

当座預金

当座預金特有の処理について覚えておこう

▶ 当座預金口座の開設

「当座預金」は、金融機関との当座取引契約にもとづいて行われますが、誰でも簡単に口座を開設できるというわけではありません。当座預金口座を開設すると、小切手や手形を発行できることとなりますので、万が一、支払不能となれば不渡りを発生させてしまいます。このため、当座預金は、ある程度の信用のおける、しっかりした会社でなければ口座開設できないこととなっており、金融機関内で審査されます。

▶ 当座借越勘定

「当座借越」とは、当座借越契約にもとづいて、小切手や手形の振出金額が当座預金の残高を超えてしまう場合であっても、あらかじめ約束された借越限度額の範囲で、銀行から自動的に借入が実行され、決済されるというしくみです。

当座借越は、本来、「借入金」として処理されるべきものですが、その性格から、非常に短期的なものであるため、期中では「借入金」勘定を使用せず、単に、「預金」勘定のマイナス処理を行っておきます。ただし、決算日に、なお残高が残っている場合には、貸借対照表上、流動負債の部に「短期借入金」として表示しなければなりません。

▶ 銀行勘定調整表

「当座預金」は、小切手を振り出した時点で、預金からの払い出しを記帳します。ところが、実際の預金の引き出しは、小切手が相手から提示された時点ですから、そのタイミングのズレによって、「当座預金」の帳簿残高と銀行残高との間に不一致が生じます。

Point

「当座預金」は、小切手によって出金を行うという特徴がある。このため、他の預金には見られないような処理が必要となる。

Keyword

手形・小切手

手形、小切手は支払義務を表象する証券であって、支払手段として、本来の支払義務から独立して流通することができる。このため、取引の当事者ばかりでなく、第三者も保護する必要があり、その取り扱いについては、「手形・小切手法」という法律で明確に規定されている。

Memo

当座借越契約では、借越の限度額の他に、適用金利などを定めている。
当座借越に、特別な返済は必要なく、当座預金口座への入金があった時点で、自動的に元金と利息が支払われる。

■ 銀行勘定調整表

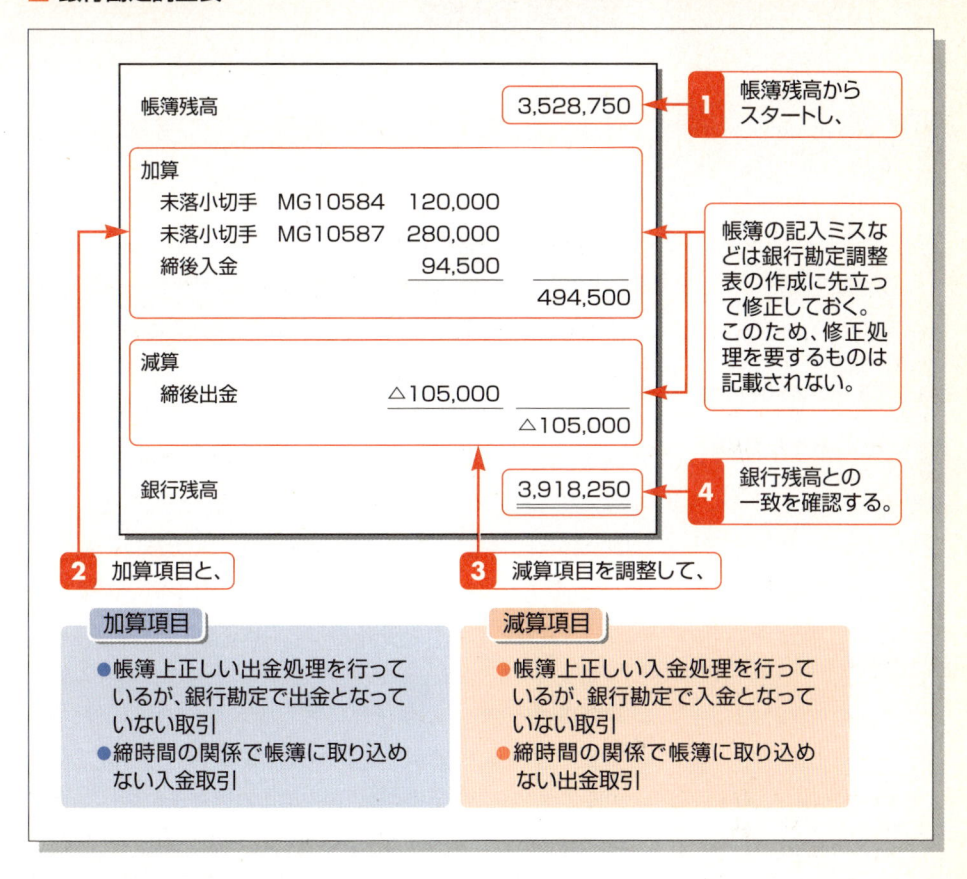

```
帳簿残高                          3,528,750
加算
  未落小切手  MG10584   120,000
  未落小切手  MG10587   280,000
  締後入金              94,500
                              494,500
減算
  締後出金             △105,000
                             △105,000
銀行残高                          3,918,250
```

1 帳簿残高からスタートし、

帳簿の記入ミスなどは銀行勘定調整表の作成に先立って修正しておく。このため、修正処理を要するものは記載されない。

4 銀行残高との一致を確認する。

2 加算項目と、

3 減算項目を調整して、

加算項目
- 帳簿上正しい出金処理を行っているが、銀行勘定で出金となっていない取引
- 締時間の関係で帳簿に取り込めない入金取引

減算項目
- 帳簿上正しい入金処理を行っているが、銀行勘定で入金となっていない取引
- 締時間の関係で帳簿に取り込めない出金取引

　そこで、帳簿残高と銀行残高との照合を行うためには、「銀行勘定調整表」を作成しなければなりません。

　銀行勘定調整表は、図のように、帳簿残高と銀行残高との不一致原因を確かめながら作成することになります。

　このうち、「未落小切手」とは、小切手の振出時点で出金の記帳を行ったにもかかわらず、相手から小切手の提示がないため、銀行勘定では出金されないという状態のことです。

　「締後入出金」とは、帳簿を締めた後で、銀行勘定に実際の入出金が発生する状況のことで、いずれも帳簿を訂正する必要はありません。銀行勘定調整表で不一致原因が判明し、帳簿の記入ミスなどがない限り、帳簿残高を貸借対照表残高とします。

Memo

銀行勘定調整表は、さまざまな様式で作成されるが、要は、帳簿残高と銀行残高との差異に異常のないことを確かめることができさえすれば、どのような様式でもかまわない。

Section 16

Section 17

第2章
資産項目

受取手形

手形は、支払義務を表象し、流通する

▶ 受取手形とは

「手形」とは、手形法の規定にもとづいて発行される有価証券で、その券面金額を一定の期日に一定の場所で支払うという支払義務を表象しています。

手形の大きな特徴として、流通性があげられます。いったん発行された手形は、当初の支払義務とは切り離され、当初の受取人から第三者へ譲渡することができるのです。もともとの支払義務とは独立した固有の支払義務として流通します。

「受取手形」は、支払先などが振り出した手形を受け取り、保有している場合に、その手形債権を処理する勘定科目です。

▶ 手形の遡求

手形は流通の過程では独立した支払義務として取り扱われますが、あくまでも実際の取引による債務を表象しているに過ぎません。手形の支払いが履行されない場合でも、その手形が表象していた元の支払義務までが消滅するわけではありません。

このため、手形債務が不履行となった場合には、流通経路をさかのぼって、前の保有者に支払いを求めることができます。これを「手形の遡求」といいます。

▶ 不渡り

手形債務が不履行となることを「不渡り」といいます。この不渡りを2回出してしまうと、銀行取引停止処分を受けることになります。銀行取引停止処分となれば、借入から預金まで、あらゆる銀行取引が停止されてしまいますので、そのような会社は、決済手段を失い、事実上倒産することとなります。

Point

「受取手形」は、手形法の規定にもとづいて発行された約束手形や為替手形を処理する勘定科目である。
手形には裏書き、割引という特有の取引があるため、その会計処理も覚えておきたい。

Memo

手形の決済は、手形交換所という場所で行われるが、実際の取引では銀行に取立依頼を行い、決済事務を代行してもらうしくみとなっている。

Memo

手形には、収入印紙を貼らなければならない。この収入印紙を節約するために、手形の振り出しを減らし、期日一括振込に変更する企業も多い。

Memo

不渡りの原因は、資金不足などの支払不能がほとんどだが、手形の記載事項にもれや誤りがあって決済できない場合も不渡りとして処理されるので注意が必要となる。

■ 手形の種類としくみ

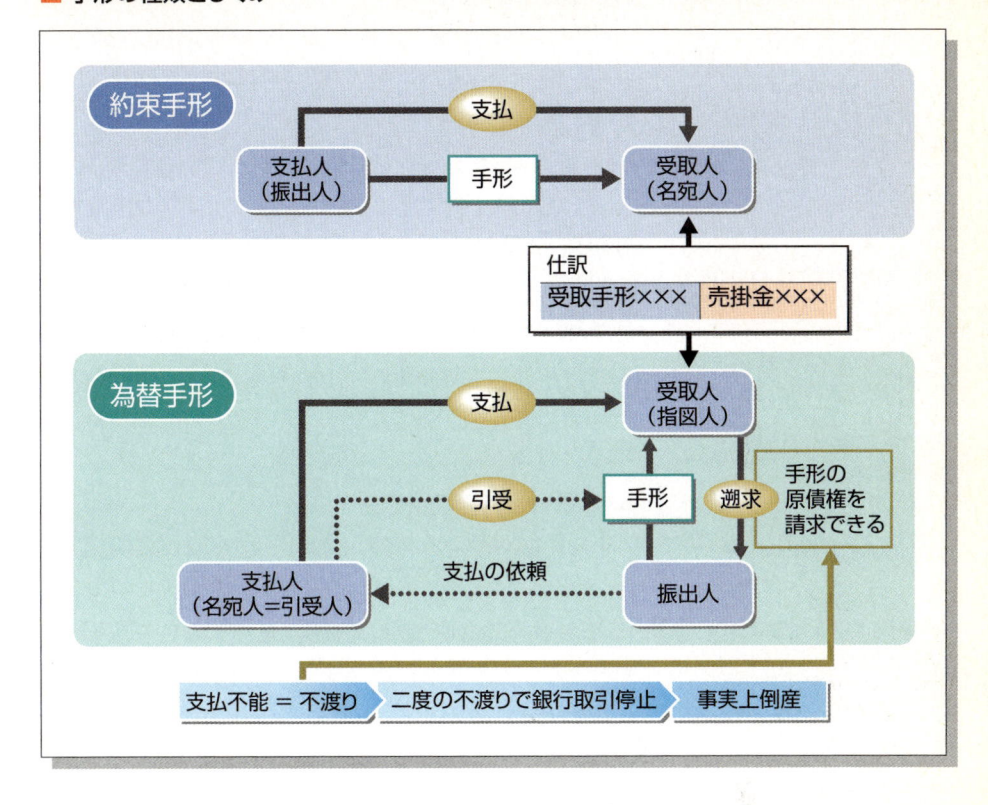

約束手形

支払人（振出人） →[手形]→ 受取人（名宛人）
支払

仕訳
| 受取手形××× | 売掛金××× |

為替手形

支払人（名宛人＝引受人） ←支払の依頼― 振出人
引受 ┄┄→[手形]←┄┄ 遡求
振出人 →支払→ 受取人（指図人）

手形の原債権を請求できる

支払不能 = 不渡り　二度の不渡りで銀行取引停止　事実上倒産

▶ 手形の種類

　手形には、「約束手形」と「為替手形」の2種類があります。

　「約束手形」とは、2者間の取引で、手形の振出人が受取人に対して、一定の期日に手形代金の支払いを約束した証券をいいます。手形の振出先のことを「名宛人」といいますが、約束手形では、名宛人は受取人を示すこととなります。

　一方、「為替手形」とは、3者間の取引で、振出人が名宛人に対して、受取人に対する支払いの依頼を行う証券のことをいいます。為替手形では、名宛人は支払人を示すこととなります。

　為替手形を使用する場合、振出人が支払人に、手形の支払いについて承諾を求める必要があります。この承諾のことを「引受」と呼びます。このため、為替手形では、支払人のことを「引受人」、受取人のことを「指図人」とも呼びます。

Memo

不渡手形は、すでに正常営業循環から外れているため、流動資産として処理することはできない。固定資産として、投資その他の資産の「破産債権・更生債権等」勘定もしくは、「不渡手形」勘定に振り替えなければならない。

Section 17

Keyword

コマーシャル・ペーパー

上場企業などの特に信用状態のよい大企業では、手形を一般投資家に発行して資金調達を行うことがある。これを「コマーシャル・ペーパー（CP）」という。コマーシャル・ペーパーは、通常の手形取引とは異なる特殊な金融取引と考えられており、その保有者も「受取手形」勘定では処理せず、「有価証券」勘定で処理することとされている。

Keyword

融通手形

資金繰りに窮した2つの会社が、互いに相手先に対して、根拠のない手形を発行し、この手形をそれぞれが銀行で割り引いて資金を調達することがある。このような手形を「融通手形」という。Sec.22を参照のこと。

Memo

手形に代えて、期日一括振込とする企業も多いが、受取側にとっては、手形がないと割引や裏書きができないため、資金繰りに苦慮することもあった。
最近では、期日一括振込の方法でありながら、利息を支払えば期限前の資金化も可能とするシステムも見られるようになってきた。

▶ 裏書きと割引

　手形は、手形債務という独立した支払義務として流通すると述べましたが、その手段としては、「裏書き」と「割引」が一般的です。

　「裏書き」とは、自分が保有する手形を、自分の債務の弁済として、取引先に譲渡することをいいます。手形を譲渡する場合には、手形の裏面に、以前の持ち主が自分であったことを確認するために、署名捺印しなければなりません。このため、手形の譲渡のことを「裏書き」と呼ぶわけです。

　「割引」とは、金融機関に、自分が保有する手形を担保として提供し、借入を行う方法です。

▶ 裏書きと割引の会計処理

　手形を裏書きしたり、割引したりした場合の会計処理は、「金融商品に係る会計基準」において定められています。それは、裏書き、もしくは割引を行った場合に、これを手形の売却と考えて「受取手形」勘定を減らすというものです。

　通常、手形の割引を行った場合、金融機関は一定の割引料を徴収します。たとえば、額面200の手形を割り引いた場合、割引率が1％だとすると、2の割引料を差し引いて198の現金が手許に入ってくることになります。この場合の割引料は「手形売却損」として扱われることとなります。

　ただし、この場合、確かに手形は手許からなくなってはいますが、もし、その手形が不渡りになった場合には、さかのぼって支払いを行わなければならないという義務が残っており、これを「裏書債務」「割引債務」といいます。

　これらの「裏書債務」「割引債務」を新たな債務の発生とみなして、これを時価評価し「保証債務」として認識します。実務上は、もともとの手形債権に対して設定していた「貸倒引当金」の繰入率を用いて、「保証債務」の時価相当額としているケースが多いようです。

■ 裏書手形と割引手形

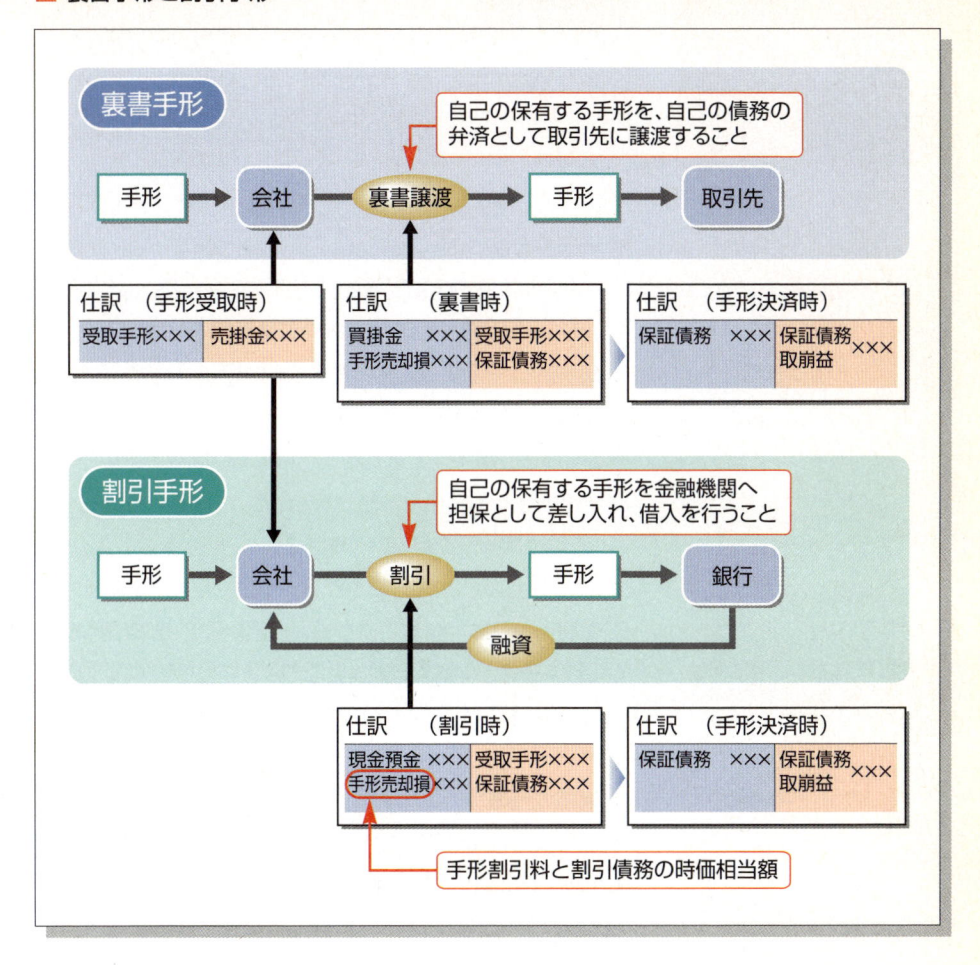

裏書手形

手形 → 会社 → 裏書譲渡 → 手形 → 取引先

自己の保有する手形を、自己の債務の弁済として取引先に譲渡すること

仕訳（手形受取時）
受取手形 ××× ／ 売掛金 ×××

仕訳（裏書時）
買掛金　　×××／受取手形×××
手形売却損×××／保証債務×××

仕訳（手形決済時）
保証債務　×××／保証債務取崩益×××

割引手形

手形 → 会社 → 割引 → 手形 → 銀行
　　　　　　　← 融資 ←

自己の保有する手形を金融機関へ担保として差し入れ、借入を行うこと

仕訳（割引時）
現金預金　×××／受取手形×××
手形売却損×××／保証債務×××

↑ 手形割引料と割引債務の時価相当額

仕訳（手形決済時）
保証債務　×××／保証債務取崩益×××

▶ 受取手形記入帳

　受取手形の管理は、手形を受け取った時点より始まり、手形期日が過ぎるまで続きます。しかし、裏書きや割引、取立依頼などにより、手形の現物が最後まで手許に残っているというわけではありません。そこで、「受取手形記入帳」という補助簿を作成し、受取手形の1枚1枚について、その顛末まで記録管理するとよいでしょう。

Memo

受取手形記入帳の記録によって、銀行別の取立依頼残高や手許有高を、帳簿上で把握することができる。手許有高については、定期的に現物との照合を行うことが望ましい。

Section 18

第2章
資産項目

売掛金

掛け売りによって発生した営業債権は
不良債権にならないように注意

▶ 売掛金とは

　大量の取引を常時、反復的に行う事業会社にとって、その取引のつど、代金の決済をするのでは手続きが煩雑になってしまいます。そこで、現在は、お互いの信用のもと取引ごとの決済をやめ、一定期間の売上代金をまとめて支払う約束で取引をすることが主流となってきました。このような取引のことを、売り手の側からは「掛け売り」といい、その掛け売りによって発生する営業債権を「売掛金」といいます。

　「売掛金」勘定は、売上取引によって発生する営業債権を処理するための勘定科目ですから、一般債権を「売掛金」勘定で処理することはできません。このような場合には、「未収入金」や「立替金」など、「売掛金」以外の勘定科目を使います。

▶ 得意先元帳

　企業にとって販売先のことを「得意先」といいますが、得意先が増えれば増えるほど、得意先ごとの売掛金残高を把握しておくことが重要になってきます。そこで、売掛金についても、得意先別の補助簿を作成することとなります。これを「得意先元帳」といいます。

　得意先元帳は、得意先別に売掛金の発生と回収を記録しますが、帳簿の見出しとしては、A商店、B商事というように得意先の名前を書いておくことが多く、これを「人名勘定」とも呼びます。

　得意先元帳の人名勘定は、何もすべての得意先に対して設ける必要はなく、常時取引のある得意先についてのみ人名勘定を設け、取引が頻繁でない得意先については「雑口」としてまとめて処理することが合理的です。

Point

掛け取引によって発生する営業債権を「売掛金」という。売上以外の取引によって発生した債権を「売掛金」として処理してはいけない。

Memo

得意先元帳は、総勘定元帳の「売掛金」勘定の内訳明細記録であるから、得意先元帳の残高の合計と、総勘定元帳上の売掛金勘定残高とは、必ず一致していなければならない。このため、月末など決まったタイミングで両者を照合しておくことが必要となる。

Ref.

与信管理・与信枠

そもそも財務状態の悪い相手との掛け取引は避けた方がよい。そこで、相手の規模、財務状態、過去の取引状況などを総合的に判断し、掛け取引の上限を設定することをおすすめする。これを「与信管理」といい、この上限のことを「与信枠」という。売掛金の残高が与信枠を超えないように注意しておく必要がある。

■ **得意先元帳による債権管理**

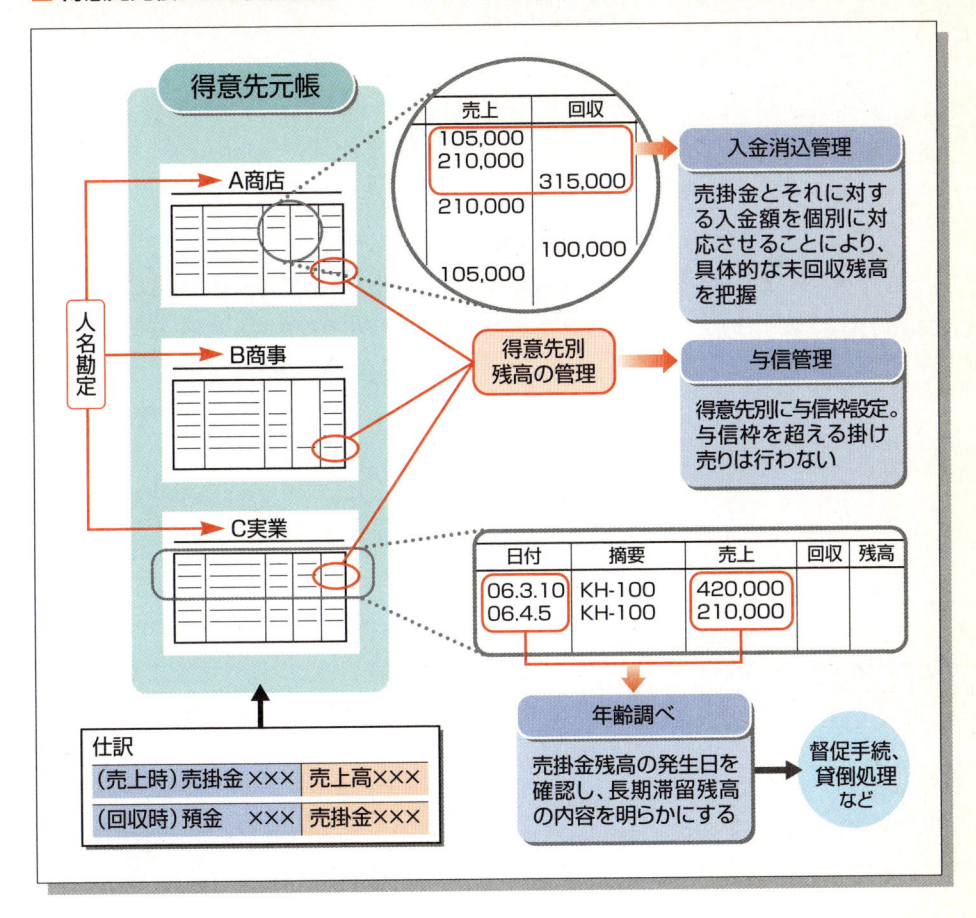

```
得意先元帳
  A商店
        売上      回収
       105,000
       210,000
                315,000     → 入金消込管理
       210,000                売掛金とそれに対す
                              る入金額を個別に対
                100,000       応させることにより、
       105,000                具体的な未回収残高
                              を把握
  B商事
                       得意先別
                       残高の管理    → 与信管理
                                      得意先別に与信枠設定。
                                      与信枠を超える掛け
                                      売りは行わない
  C実業
       日付     摘要      売上      回収  残高
       06.3.10  KH-100   420,000
       06.4.5   KH-100   210,000

                      年齢調べ       → 督促手続、
                      売掛金残高の発生日を  貸倒処理
                      確認し、長期滞留残高  など
                      の内容を明らかにする

仕訳
(売上時) 売掛金 ×××  売上高 ×××
(回収時) 預金   ×××  売掛金 ×××
```

(人名勘定)

▶ **売掛金の年齢調べ**

　掛け取引で、決められた期日に支払いをしない得意先が発生すると、売掛金の回収はおぼつかなくなり、こちらまで資金難に陥る危険性があります。

　そこで、売掛金の残高については、つねにその内容を調査し、長期的に滞留しているものはないか、急に支払いの悪くなった得意先はないかなど、目を光らせておく必要があります。

　このように、売掛金残高について、いつ発生した残高であるかを個別的に調べて、長期滞留などの不良債権のないことを確認する手続きを売掛金の「年齢調べ」といいます。

Section 18

Section 19

第2章
資産項目

有価証券

所有目的により評価方法が異なり原則時価評価とされる

Point
有価証券は保有目的によって、流動資産と固定資産に区分される。

Keyword
移動平均法
有価証券を何度かに分けて購入し、そのたびに取得単価が異なる場合に、それまでの簿価合計を保有数で割って平均単価を計算し、売却時の払出単価とする方法が一般的である。このような評価方法を「移動平均法」という。

Keyword
強制評価減
取得原価で評価される有価証券であっても、時価あるいは実質価額が著しく低下し、回復の見込みがない場合には、評価減が求められており、これを「強制評価減」という。

▶ 有価証券とは

「有価証券」とは、国債証券、地方債証券、社債券、株式、投資信託受益証券など、価値を表象する証券をいいます。有価証券は、企業の余裕資金を有効に活用するために、利息収入や配当収入、証券の値上がり益などを狙い、資金運用の一手段として保有されます。

▶ 保有目的による分類

ところが、有価証券の保有目的にもいくつかのパターンがあります。大きく分ければ、短期的な保有を意図する場合と、長期的な保有を意図する場合の2つに分けられます。

たとえば、値上がり益を期待して株や国債を保有する場合は、市況に応じて、いつ売却してもかまわないわけですから、「短期保有目的」であるといえます。しかしながら、利息収入を狙って満期まで保有しようとする債券や、企業支配のために保有する株式などは「長期保有目的」であるということができます。

このため、有価証券の流動固定分類では、この保有目的に着目し、短期保有目的の有価証券を「有価証券」勘定で流動資産として処理し、長期保有目的の有価証券を「投資有価証券」勘定、あるいは「子会社・関連会社株式」勘定などで固定資産として投資等に含めて処理することとされています。

▶ 評価基準

有価証券の評価については、有価証券を4つのグループに分類し、その区分に応じて評価基準を定めています。

そして、分類に応じてその評価方法や処理方法が異な

■ 有価証券の分類と時価評価

	内容	B/S表示科目	リスク	B/S評価額	評価差額の処理
売買目的有価証券	時価の変動により利益を得ることを目的として保有される有価証券	有価証券	大きい	時価により評価	評価損、評価益ともに損益計算書に計上
満期保有目的債券	満期まで保有する積極的な意図をもって保有される社債その他の債券	投資有価証券	小さい	償却原価法により評価	利益相当額を損益計算書に計上
子会社株式・関連会社株式	他の会社を支配するか、もしくは影響力を行使するために保有される株式	関係会社株式(子会社株式)	小さい	取得原価により評価	―
その他有価証券	上記以外の有価証券	投資有価証券	大きい	時価により評価	評価差損益である評価差額を、純資産の部に計上（全部資本直入法）／評価差益は純資産の部に計上し、評価差損は当期の損失として計上（部分資本直入法）

著しい時価の下落、回復の見込みなし

新基準
・帳簿価額の50%以上の下落
・帳簿価額の30%以上の下落で金額的に重要かつ回復の見込みがない場合

ており、貸借対照表での表示方法も異なりますので注意が必要です。

Section 20

第2章
資産項目

商品

販売することを目的に、外部の取引先から仕入れた品物

Point
本業として販売することを目的に購入した物品を「商品」という。「商品」は3分法と呼ばれる方法により記帳される。

Memo
3分法による会計記帳を行っている場合であっても、商品の受け払い記録を作成することが望ましい。そうしないと、商品有高は年に1度しかわからないということになってしまい、在庫の有効な管理が行えなくなってしまうからである。

▶ 商品とは

「商品」とは、本業として販売することを目的に外部の取引先から仕入れた品物で、加工をせずにそのままの状態で販売するものをいいます。

商品は、このように本業として販売することを目的としているものですから、業種によってさまざまなものが「商品」勘定で処理されることとなります。たとえば、不動産会社が販売目的で保有している土地や建物は販売用不動産として「商品」勘定で処理されますし、証券会社が販売目的で保有している有価証券も「商品」勘定で処理されることとなります。

▶ 商品の記帳方法

「商品」の記帳方法としては、記帳の迅速化や効率性の観点から「3分法」という方法が広く使われています。

3分法では、期中の購買、販売における商品の受け払いを簿記の上で記録することはせず、商品の購買を「当期仕入高」として処理し、販売時には、「売上高」として記帳します。

この場合、損益計算書に示される期間損益計算では、「売上高」から「当期仕入高」を単純に引くことはできません。仕入高のうち、実際に販売された商品の分だけを売上原価として「売上高」に対応させ、売れ残った部分は、翌期以降の原価として期間損益計算から除かなければならないのです。

そこで、仕入高に期首の商品残高を加え、期末の商品残高を差し引くという形で売上原価を計算することとなります。

「商品」勘定は、この売上原価の計算過程で、翌期以降の売上原価とするために、貸借対照表に繰り越された期末の商品残高を示すこととなるわけです。

■ 3分法と実地棚卸

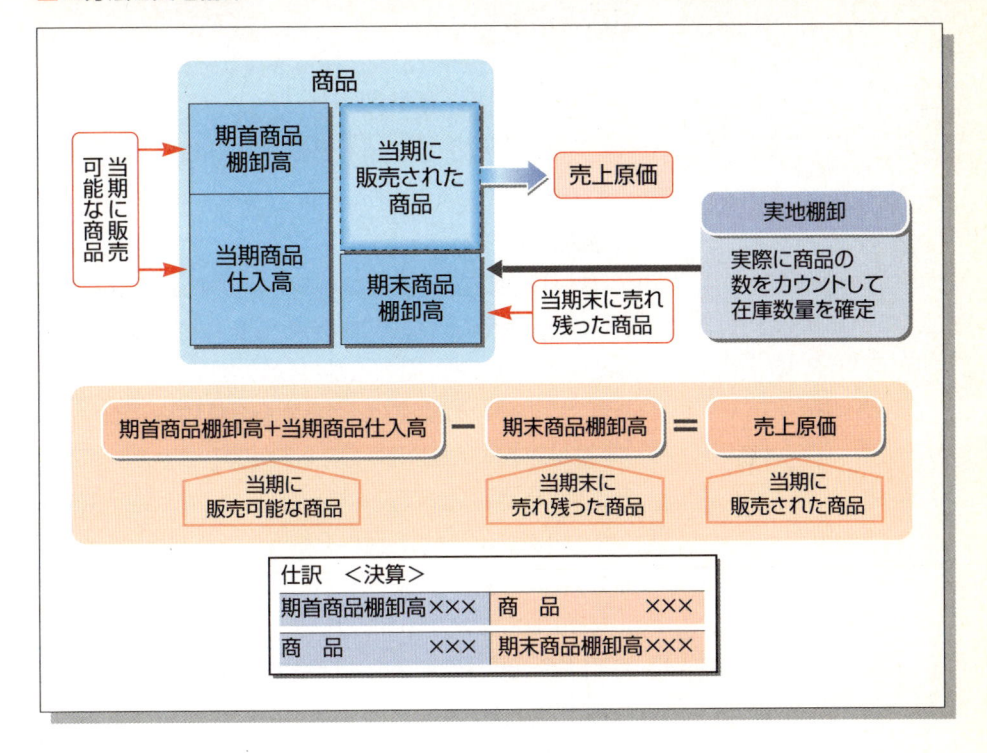

```
                商品
  ┌──────────┬──────────┐
  │ 期首商品  │ 当期に    │
当│ 棚卸高    │ 販売された│ → 売上原価
期│          │ 商品      │
に├──────────┼──────────┤
販│ 当期商品  │ 期末商品  │← 当期末に売れ
売│ 仕入高    │ 棚卸高    │  残った商品
可│          │          │
能└──────────┴──────────┘
な商品                        実地棚卸
                              実際に商品の
                              数をカウントして
                              在庫数量を確定
```

期首商品棚卸高＋当期商品仕入高	－	期末商品棚卸高	＝	売上原価
当期に販売可能な商品		当期末に売れ残った商品		当期に販売された商品

仕訳　＜決算＞

期首商品棚卸高	×××	商　品	×××
商　品	×××	期末商品棚卸高	×××

▶ 実地棚卸

　期末商品残高の評価は、売上原価の確定を通じて、期間損益計算に重要な意味を持つこととなります。期末の商品残高の評価では、まず数量を確定させ、その後に評価単価を確定させるという2段階の手続きが必要となります。

　まず、数量は、実際に商品の数を数えることによって確定させます。この手続きを「実地棚卸」といいます。

　もしも、商品在庫の中に品質不良や陳腐化品があった場合には、もはや正常品として販売することが困難ですから、廃棄処分を行ったり、処分価格によって評価する必要があります。

　次に、確定数量に評価単価を乗ずることによって残高を確定させることとなりますが、これについては、後ほど解説することとしましょう。

Memo

実際の商品を調べ、品質劣化や陳腐化による不良在庫を把握するためにも、実地棚卸は重要な手続きであるといえる。

Section 21

製品・半製品・仕掛品・原材料

製造業特有の勘定科目で、原価計算により評価される

第2章 資産項目

Point
「製品」「半製品」「仕掛品」「原材料」は、ともに製造業特有の勘定科目であり、原価計算にもとづいて期末評価が行われる。

Memo
製造業では、売上原価の計算の内訳明細として製造原価報告書の開示も義務づけられている。

Memo
製品等の製造原価は、適正な原価計算基準に従って算定されなければならない。
このことは、「企業会計原則」注解8により定められている。

▶ 製品

「製品」とは、製造業を営む企業が、販売を目的として自ら製造した品物その他の生産品をいいます。一般的に、製品の製造には、いくつかの製造工程がありますが、最終の工程まで終了して完成品として仕上がったものを「製品」といいます。従って、製造工程の途中にある未完成の生産物を「製品」勘定で処理することはできません。

▶ 半製品と仕掛品

最終的な完成品とは呼べないまでも、一部の工程のみが完了した状態で外部に対して販売する場合もないわけではありません。この場合の、未完成品ではあるが販売可能なものを「半製品」といいます。

「半製品」として処理できるのは、あくまでも、外部へ販売するものに限られますので、販売予定のない未完成品を「半製品」勘定で処理することはできません。この場合は、「仕掛品」勘定で処理します。「仕掛品」とは、販売不能な未完成品のことです。

▶ 製品と半製品と仕掛品の評価

「製品」「半製品」「仕掛品」は、期末棚卸数量に評価単価を乗じて貸借対照表価額を計算することとなりますが、この場合の評価単価は、適正な原価計算基準に従って算定されなければならないこととされています。

「原価計算」とは、製造業において投入される材料費や労務費といった原価要素を製造原価として集計し、これを製品単位で再集計することで製品の評価単価を計算する手法を

■ 製品・半製品・仕掛品・原材料の製造過程における変化

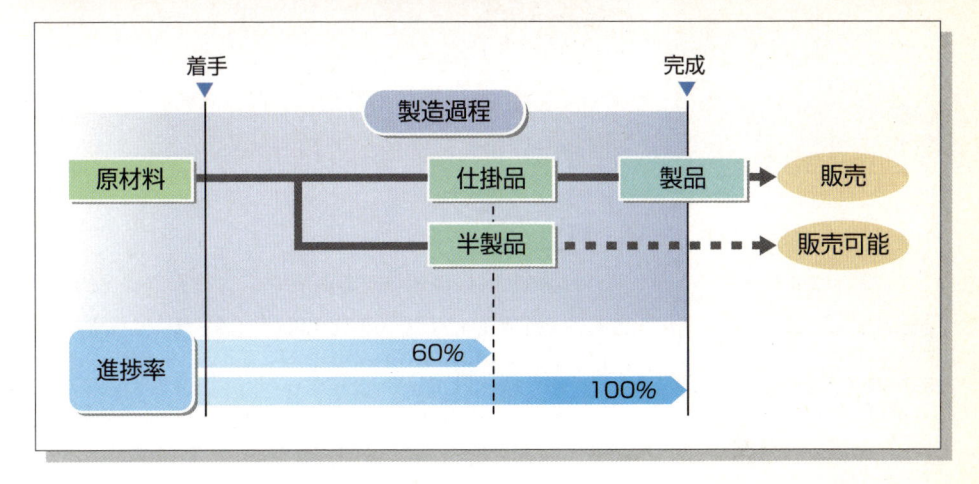

```
着手                            完成
 ▼                               ▼
         ┌─── 製造過程 ───┐
原材料 ──┬──→ 仕掛品 ──→ 製品 ──→ 販売
        └──→ 半製品 ·········→ 販売可能

進捗率       60%
                    100%
```

いい、「原価計算基準」によるものとされています。
　「製品」「半製品」「仕掛品」は同じ製造ラインから生ずるものですが、「製品」が完成品であるのに対して、「半製品」や「仕掛品」は製造工程の途中までしか進んでいないわけですから、両者を同じ金額で評価するわけにはいきません。そこで、「製品」に集計された原価と「半製品」や「仕掛品」に集計されるべき原価の割合として「進捗率」を算定し、これを使って、半製品や仕掛品の評価を行うこととなります。

▶ **原材料**

　「原材料」とは、「製品」の製造のために消費される物品のことをいいます。この物品を製品製造のために消費したとき、その消費高を「材料費（または原材料費）」といい、製造原価の構成要素として処理されます。通常の場合、原材料はあらかじめ多めに購入され、倉庫に保管されていて、必要になったときに作業現場に倉出しされます。このため、倉出しされた時点をもって消費とみなすことができます。
　材料費は、「商品」と同様に、期末の在庫数量に、仕入単価にもとづいた期末評価単価を乗ずることによって貸借対照表価額を計算することができます。

Memo

実際の進捗率は、材料費と加工費で別々に算定される。これは、製造工程の初期段階で、材料投入がほとんど完了してしまうことが多いことから、仮に、工程の半分までしか加工作業が進んでいないとしても、すでに仕掛品には製品と変わらない材料投入が済んでいるというケースが多い。加工費とは異なる原価発生をする以上、異なる進捗率を使わなければ、正しい原価計算ができないことによるものである。

Section 21

Section 22

第2章 資産項目

短期貸付金

金銭債権である貸付金は、売上債権である売掛金や受取手形と区別する

Point
本業に付随する活動として金銭の貸付を行った場合には、その金銭債権を貸付金として処理し、ワン・イヤー・ルールによって「短期貸付金」と「長期貸付金」に区分する。

▶ 貸付金

「貸付金」とは、借用証書などによって、役員や従業員、子会社や取引先などに金銭を貸し付けた場合の、金銭債権を処理するための勘定科目です。

「受取手形」や「売掛金」も債権ですが、これらは「営業債権」といって、売上取引によって発生するものであり、単なる金銭貸借取引にもとづく貸付金とは区別する必要があります。

金融業を営んでいない会社であっても、従業員のマイホーム購入の資金援助など従業員に対する福利厚生目的で貸付金が発生する場合もありますし、資金繰りに窮した下請け業者を守るために運転資金を貸し付ける場合もあります。

このように、一般事業会社では、本業に付随する活動によって貸付金が生じます。ワン・イヤー・ルールを適用して、決算日の翌日から起算して1年以内に返済が予定されている貸付金を「短期貸付金」として流動資産で処理し、決算日後1年を超える返済が予定されている貸付金を「長期貸付金」として投資等で処理することとなります。

▶ 貸付金利息

会社は営利目的の存在ですから、上記のような理由で、やむをえず貸付金が発生した場合であっても、必ず、利息を徴収しなければなりません。

もしも、会社が無利息で貸付を行ったとすれば、税務上は相手先に経済的利益を供与しているものとみなされますので、その貸付先が従業員であれば給与とみなされ、所得税の課税対象となりますし、その貸付先が取引先であれば、寄付金とみなされて税務上、不利な取り扱いを受けることとなります。

■ 現先取引の処理

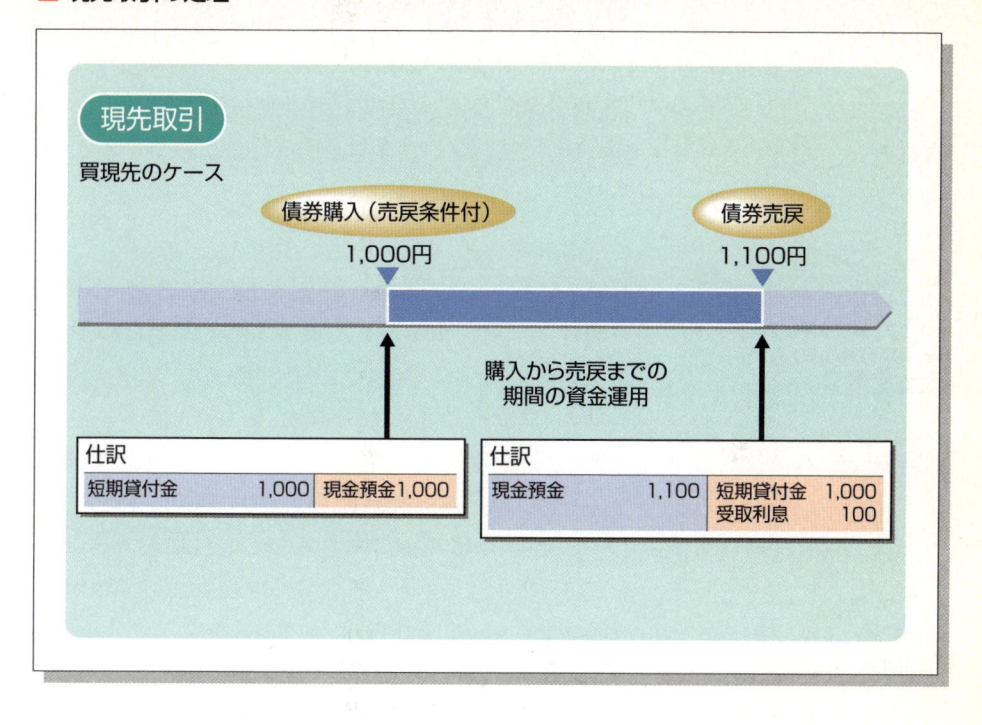

```
現先取引
買現先のケース

    債券購入（売戻条件付）              債券売戻
         1,000円                      1,100円

              購入から売戻までの
              期間の資金運用

仕訳                              仕訳
短期貸付金 1,000  現金預金 1,000   現金預金 1,100  短期貸付金 1,000
                                                受取利息    100
```

▶ 現先取引と融通手形

　一定期間の経過後に、あらかじめ定められた金額によって買い戻すことを約束した証券等の売却を「現先取引」といいます。現先取引では、当初の売り手は短期の資金調達、当初の買い手は短期の資金運用という効果があり、買い戻し価格には利息が上乗せされることとなります。

　現先取引の処理方法には、売買として処理する方法と、資金の貸し借りとして処理する方法の2つがありますが、経済実態に従って処理するためには、上図の貸付金処理が合理的と思われます。

　また、資金繰りに窮した2つの会社が、互いに相手先に対して、根拠のない手形を発行し、この手形をそれぞれが銀行で割り引いて資金を調達することがあり、このような手形を「融通手形」といいます。融通手形についても、経済実態を反映させるためには、「貸付金」勘定で処理する必要があります。

Memo

現先取引では、通常、公社債が利用されてきたが、「CD現先」といって、譲渡性預金を利用した現先取引も増えている。

Keyword

買現先・売現先
先に買い、後で売り戻す現先のことを「買現先」という。反対に、先に売り、後で買い戻すことを「売現先」という。

Section 22

Section 23 前払費用・未収収益

第2章
資産項目

期間損益を正しく計算するために費用の繰延べや収益の見越しを行う

Point
発生主義会計の下では、支払費用のうち、翌期以降に負担すべき部分を「前払費用」勘定によって貸借対照表に繰り延べるとともに、支払期日未到来の発生収益について「未収収益」勘定で見越し計上を行う。

Keyword
経過勘定
「前払費用」や「未収収益」のように、時の経過によって発生する費用や収益を、期間損益計算の適正化のために、貸借対照表に繰り延べたり、見越し計上を行ったりするための貸借対照表科目を「経過勘定」という。

Ref.
前払費用・未収収益
「前払費用」「未収収益」については、「企業会計原則」注解5により定められている。

Memo
「未収収益」は、原則として、本業の付随的な活動による収益の計上に使用される勘定科目であり、本業にかかわる未収の収益計上は「売掛金」によって行われる。

▶ 前払費用

　駐車場の地代やマンションの家賃、生命保険や損害保険の保険料、借入金の利息といった費用は、時の経過に伴って発生します。しかしながら、これらの費用は、多くの場合、翌月分を当月に支払うこととされています。

　期中において支出にもとづく記帳を行っているとすれば、時の経過にもとづく発生費用の額よりも、実際の支出にもとづき記帳された額の方が多くなることがあります。

　これらのように、当期に支出があったとしても、当期の費用に属さずに、翌期以降の費用とすべきものについては、適正な期間損益計算を行うために、翌期以降の費用とすべき部分を繰り延べて貸借対照表に計上し、翌期以降に費用化するという処理が必要となります。この、費用を繰り延べるための貸借対照表科目が「前払費用」です。

　「前払費用」もワン・イヤー・ルールによって、短期のものと長期のものとに区別されますが、短期のものを「前払費用」勘定によって流動資産として処理し、長期のものを「長期前払費用」勘定によって投資その他の資産として処理することとなります。

▶ 未収収益

　預金利息の受取や賃貸用の不動産の家賃収入などは、時の経過に伴って収益が発生しますが、実際の収入時期は収益の発生時点よりも遅れることがあります。

　このような場合に、期間損益計算を適正に行うためには、収益を発生主義によって正しく計上しなければなりませんので、「未収収益」が貸借対照表に計上されることとなります。

■ 前払費用と未収収益

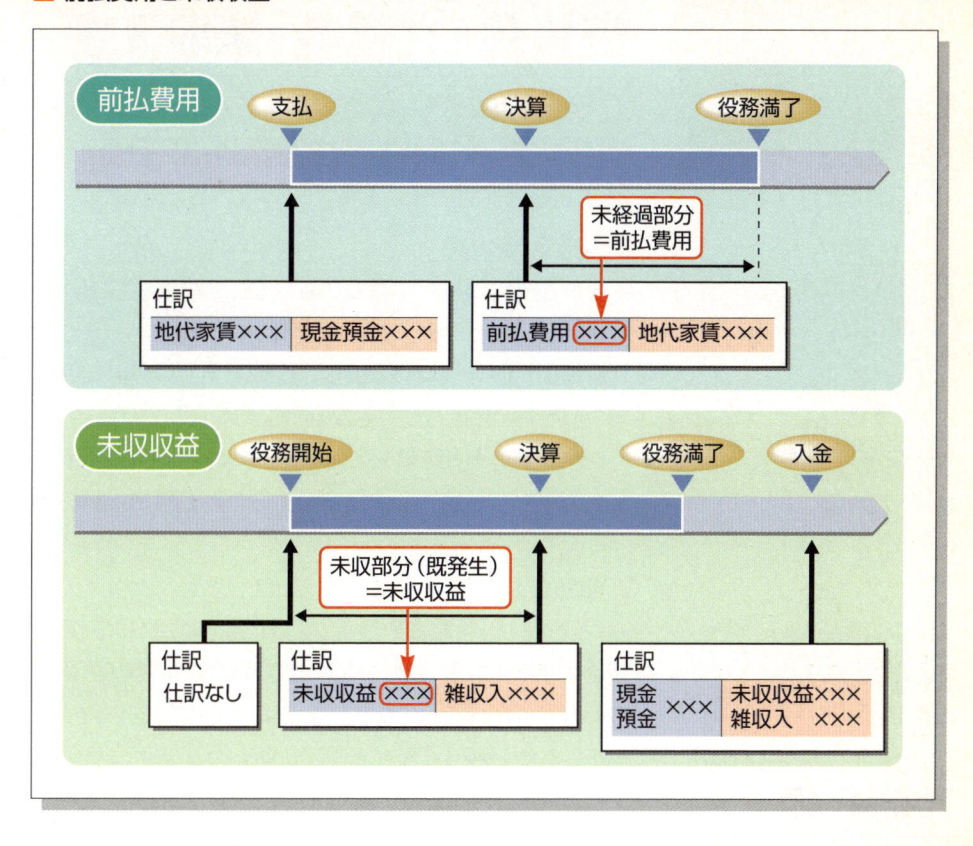

前払費用

支払 → 決算 → 役務満了

未経過部分
＝前払費用

仕訳
| 地代家賃××× | 現金預金××× |

仕訳
| 前払費用××× | 地代家賃××× |

未収収益

役務開始 → 決算 → 役務満了 → 入金

未収部分（既発生）
＝未収収益

仕訳
仕訳なし

仕訳
| 未収収益××× | 雑収入××× |

仕訳
| 現金預金　××× | 未収収益×××
雑収入　××× |

　「未収収益」は、収益の見越し計上に使用される勘定科目ですが、収益を計上するためには、その対価の入金が確定であることが必要であり、費用の計上と比較すると、やや厳しい条件がつけられることとなります。

　このため、未収収益の計上は、
（1）契約によって、継続的な役務提供を行うことが明らかで、
（2）時の経過に伴って、現に役務が提供され、収益が発生しており、
（3）その入金も確実であるが、支払期日が未到来である。
という場合に限定して行われなければなりません。

Memo

「前払費用」や「未収収益」の金額に重要性がないと認められる場合には、継続適用を前提として、毎期の支払時、あるいは入金時に費用または収益を認識することが認められ、「前払費用」や「未収収益」の計上を省略することができる。

前渡金・前払金・仮払金・立替金・未収入金

立替金と未収入金は債権であるが仮払金は未精算経費の仮勘定である

Section 24 第2章 資産項目

Point
「前渡金」「前払金」「仮払金」「立替金」「未収入金」は、いずれも流動資産項目の勘定科目であるが、「立替金」と「未収入金」が金銭債権であるのに対し、「仮払金」や「前渡金」は金銭債権ではない。

Memo
流動資産に属する勘定科目で、残高が総資産の100分の1以下のものについては、「その他流動資産」として一括して記載することができる。
このことは、「財務諸表等規則」第19条により定められている。

Memo
「仮払金」の精算が遅れることによって、費用が期間損益計算に正しく反映されないことがある。このため、決算において「仮払金」を可能な限り精算する必要がある。

▶ 前渡金と前払金

　手付金などと称して、物品の購入代金を納品前に支払うことがあります。このような物品購入代金のうち、仕入にかかる代金の前払いを「前渡金」として処理し、それ以外の代金の前払いを「前払金」として処理します。

　ただし、固定資産の購入代金の手付けは「建設仮勘定」という勘定科目で固定資産として処理されるので、注意が必要です。

▶ 仮払金

　「仮払金」とは、現金や預金による支出があったものの、相手勘定が不明な場合や、相手勘定は判明しているが最終的な処理金額が確定していない場合に、その支出を一時的に計上しておく勘定科目のことをいいます。

　たとえば、従業員が出張する場合などは、出張先でどれほどの経費がかかるか正確にはわかりませんので、とりあえず概算払いをして「仮払金」で処理をしておき、出張から戻った段階で、確定経費により「仮払金」を精算して、「出張旅費」などの正しい勘定科目へ振り替えることとなります。

▶ 立替金

　「立替金」とは、一時的に金銭を立て替えたときに使用する勘定科目です。「立替金」は、「仮払金」とは異なり、最終的な精算によって費用として処理されるものではなく、金銭によって回収されるべき債権です。

　このため、「売掛金」や「貸付金」と同様に回収可能性による評価を行う必要があります。回収可能性に問題のある「立替金」には、「貸倒引当金」の設定が必要となります。

■ その他の流動資産

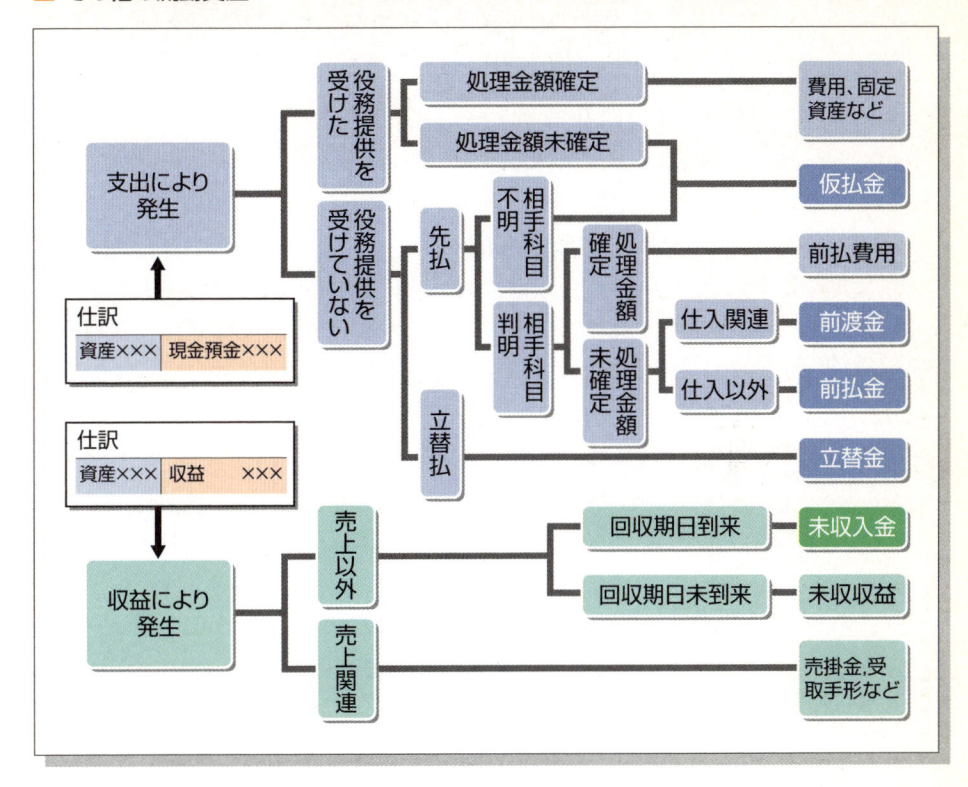

```
                        ┌─ 処理金額確定 ──────────────┬─ 費用、固定資産など
              ┌─ 役務提供を受けた ┤
              │         └─ 処理金額未確定 ─────────────┴─ 仮払金
              │                  ┌─ 相手科目不明 ──────────────── 仮払金
              │         ┌─ 先払 ─┤              ┌─ 処理金額確定 ── 前払費用
支出により発生 ─┤         │        └─ 相手科目判明 ┤           ┌─ 仕入関連 ─ 前渡金
              │         │                       └─ 処理金額未確定 ┤
              └─ 役務提供を受けていない ┤                          └─ 仕入以外 ─ 前払金
                        │
                        └─ 立替払 ──────────────────────── 立替金

仕訳
| 資産 ××× | 現金預金 ××× |

仕訳
| 資産 ××× | 収益 ××× |

                        ┌─ 売上以外 ─┬─ 回収期日到来 ──── 未収入金
収益により発生 ─┤                    └─ 回収期日未到来 ── 未収収益
                        └─ 売上関連 ──────────────── 売掛金、受取手形など
```

▶ 未収入金

「未収入金」とは、本業に付随する活動によって発生した金銭債権を処理する勘定科目です。商品などの販売用資産を売却することは、会社にとって本業そのものですから、この場合の債権は「売掛金」として処理されます。しかし、固定資産を売却した場合の代金の未収は、本業による債権ではありませんので、この「未収入金」勘定によって処理されます。

従って、「未収入金」もワン・イヤー・ルールによって短期のものと長期のものとに区分され、短期の未収入金を流動資産とし、長期の未収入金は「長期未収入金」などの勘定科目によって、投資その他の資産として取り扱われることとなります。

また、「未収入金」も回収可能性にもとづく評価が必要で、「貸倒引当金」の設定対象となります。

Section 25

第2章
資産項目

有形固定資産とは何か

有形固定資産の多くは長期の費用配分を行う償却資産である

Point
有形固定資産については、減価償却という費用配分手続があるため、その処理方法をマスターしておきたい。

Ref.
有形固定資産の勘定科目
有形固定資産の勘定科目については、「企業会計原則」第三貸借対照表原則四（一）B、および「財務諸表等規則」第23条により定められている。

Ref.
減価償却費
減価償却計算によって、毎期に配分された費用は、「減価償却費」と呼ばれる。「減価償却費」については、Sec.70を参照のこと。

▶ 有形固定資産とは

「有形固定資産」とは、長期にわたって事業のために使用することを目的として保有される設備資産のうち、物理的な実体を有するものをいいます。具体的には、

(1) 建物
(2) 構築物
(3) 機械装置
(4) 船舶
(5) 航空機
(6) 車両運搬具
(7) 工具器具備品
(8) 土地
(9) 建設仮勘定

といった勘定科目によって、資産の種類ごとに処理され、貸借対照表にも、分類表示することとされています。

▶ 減価償却

有形固定資産の多くは、本来、費用とすべき支出です。ところが、その使用が長期間にわたることから、購入額のすべてを購入した期だけに費用として負担させるのではなく、使用期間にわたって費用化させる必要があります。そこで、会社が有形固定資産を購入した場合には、まず取得価額をもって資産に計上し、この資産の取得価額を各期に費用配分します。

この場合、各期の費用化の金額は資産価値の減少によって計算すべきですが、その価値減少を客観的に計算することは不可能です。使用だけでなく、時の経過によっても価値が下落することとなるからです。これは、減価償却という計算方

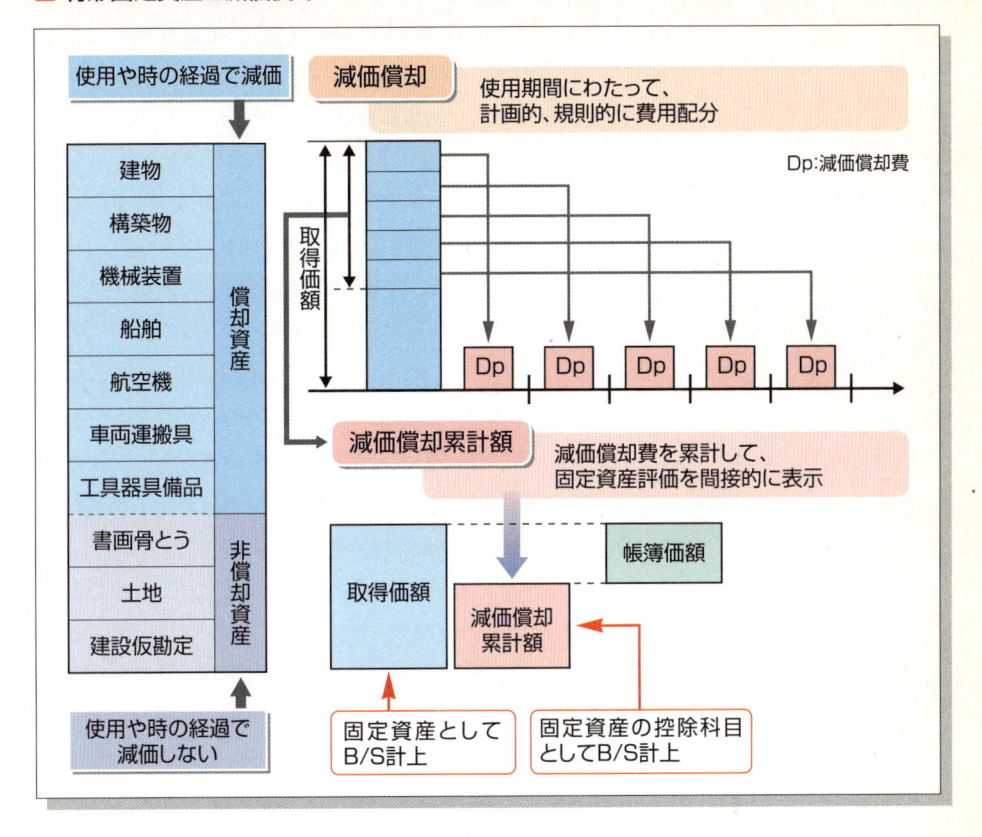

■ 有形固定資産と減価償却

使用や時の経過で減価

償却資産:
- 建物
- 構築物
- 機械装置
- 船舶
- 航空機
- 車両運搬具
- 工具器具備品

非償却資産:
- 書画骨とう
- 土地
- 建設仮勘定

使用や時の経過で減価しない

減価償却：使用期間にわたって、計画的、規則的に費用配分

Dp:減価償却費

取得価額 → Dp Dp Dp Dp Dp

減価償却累計額：減価償却費を累計して、固定資産評価を間接的に表示

取得価額 → 固定資産としてB/S計上
減価償却累計額 → 固定資産の控除科目としてB/S計上
帳簿価額

法により、毎期の費用配分計算は、計画的、規則的に行うこととされています。

▶ 償却資産と非償却資産

しかしながら、有形固定資産の中には、土地のように使用や時の経過によって資産価値が下落しないものもあります。このような資産については、減価償却を行うことはできません。これを「非償却資産」といいます。

具体的には、「土地」の他に、「建設仮勘定」や、「工具器具備品」の中の「書画骨とう」が非償却資産とされています。

Keyword

書画骨とう
美術的価値、歴史的価値を有する芸術作品や骨董品をいう。使用や時の経過によって資産価値が減少することはないため、非償却資産とされるが、勘定科目としては「工具器具備品」の中に含まれる。

Section 25　**59**

▶ 減価償却累計額

　貸借対照表における償却資産の計上額は、毎期の減価償却によって次第に減少していくことになりますが、この場合、貸借対照表における償却資産の帳簿価額の表示方法には2通りの方法があります。

　1つは、「直接控除法」という方法で、減価償却による減価部分を有形固定資産価額から直接差し引く方法です。この方法によれば、その資産の当初の取得原価は、貸借対照表に表示されず、残存簿価のみが表示されることとなります。

　もう1つは、「間接控除法」という方法で、減価償却による減価部分を「減価償却累計額」という独立の勘定科目に集計します。貸借対照表には、この「減価償却累計額」を資産のマイナス項目として併記することによって、資産の簿価を間接的に表示しようとするものです。

　間接控除法は、資産の当初取得原価、これまでの減価償却累計額、資産の帳簿価額の3つを表示することができるという点で優れた方法であるといえます。このため、我が国の会計基準では、間接控除法を原則としています。直接控除法によった場合には、情報不足を補うために、減価償却累計額を注記することが求められています。

▶ 有形固定資産の取得価額

　有形固定資産の取得価額は、その資産の本体価格のみに限らず、その資産を使用可能な状態とするまでの間に要した費用を含めることとされています。

　具体的には、その資産の引取運賃や購入手数料、関税などの購入付随費用の他、据付費や試運転費といった稼動準備のための費用も含むこととなります。

　もしも、複数の有形固定資産を同時に取得した場合で、その取得の全体に対して一括して購入付随費用がかかった場合などは、金額などを基準として各資産に按分し、それぞれの取得価額を計算しなければなりません。

　また、有形固定資産を自家製作、自家建設した場合には、そ

Ref.

減価償却累計額の表示方法
減価償却累計額の表示方法については、「企業会計原則」注解17および、「会社計算規則」第110条および、「財務諸表等規則」第25、26条により、それぞれ定められている。

Memo

有形固定資産として資産計上すべきか、その支出期の費用とすべきかの判定には、取得価額の他、いくつかの基準が設けられている。Sec.70を参照のこと。

Memo

有形固定資産の購入は、土地を除いて、消費税の課税取引とされる。このため、有形固定資産の購入対価に含まれる消費税は、その全額が、購入した期の仕入税額控除の対象とされる。

■ 固定資産台帳とB/S表記

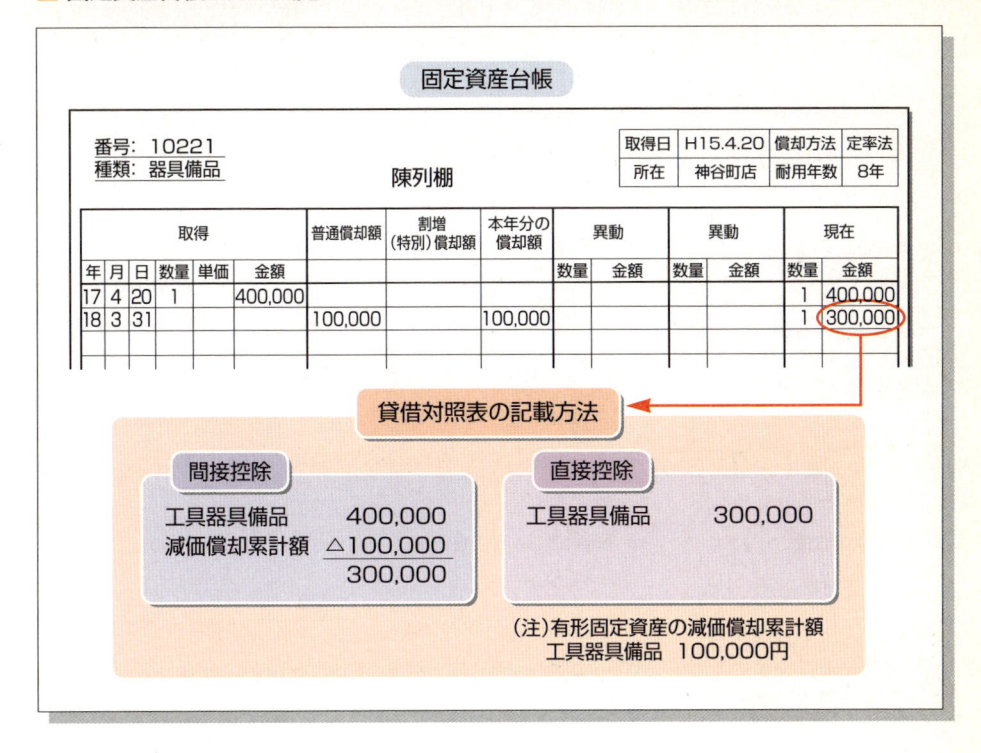

固定資産台帳

番号: 10221 種類: 器具備品					陳列棚					取得日	H15.4.20	償却方法	定率法
										所在	神谷町店	耐用年数	8年

取得						普通償却額	割増(特別)償却額	本年分の償却額	異動		異動		現在	
年	月	日	数量	単価	金額				数量	金額	数量	金額	数量	金額
17	4	20	1		400,000								1	400,000
18	3	31				100,000		100,000					1	300,000

貸借対照表の記載方法

間接控除
工具器具備品　　400,000
減価償却累計額　△100,000
　　　　　　　　300,000

直接控除
工具器具備品　　300,000

（注）有形固定資産の減価償却累計額
　　　工具器具備品　100,000円

の製作や建設に直接要した材料費、労務費などを集計し、正しい原価計算を行って取得価額を算出しなければなりません。

▶ 固定資産台帳

　有形固定資産は、その取得から、減価償却計算、売却や除却といった処分に至るまで、その経緯を個々の資産ごとに記録する必要があります。このため、「固定資産台帳」という補助簿を作成することとなります。

　固定資産台帳には、資産の種類、名称、耐用年数、取得年月、取得価額、減価償却累計額、帳簿価額など必要事項を記入しておきます。また、設置場所や付保状況、購入先などの補足的なインフォメーションを記載しておけば便利です。

　また、固定資産に番号を割り当てて、その番号のシールを作成して現物に貼付しておけば、その後の管理に有効です。

Memo

贈与によって取得した資産については、無償の取得であることから取得価額をゼロとしたいところであるが、公正な評価額を付すものとされている。
この場合の公正な評価額としては、再調達原価、もしくは正味実現可能価額によるものとされている。
また、その取得により発生する受贈益については、「特別利益」または「営業外収益」として、適当な勘定科目で処理することとなる。

Section 26

建物・構築物・機械装置

加工設備を処理する科目である機械装置は特定の業種でのみ使用される

第2章
資産項目

Point

「建物」「構築物」「機械装置」のそれぞれの勘定科目の使い方と、減価償却計算における注意点をおさえておきたい。

Memo

建物のうち、平成10年4月1日以降に取得したものについては、「定額法」という償却方法しか認められていない。
これは建物固有の取り扱いであるため、注意を要する。

Memo

舗装道路や路面の中には、土地とみなされて非償却資産とされるものもある。たとえば、ゴルフ場のグリーンやカート道路などが該当する。

Ref.

機械の耐用年数

機械の耐用年数は、たとえば、トマト加工品製造設備8年とか、接着剤製造設備9年といったように、製造の目的物ごとに実に細かく定められている。

▶ **建物**

　「建物」とは、事務所、店舗、工場、倉庫として使用するために、土地の上に建造された工作物をいいます。原則として屋根、床、壁を有する建造物を「建物」と呼び、これに附属する電気設備、給排水設備などの設備を「建物附属設備」と呼びます。両者をまとめて「建物」勘定で表示することとされています。

　建物と建物附属設備は、一体として取得されることが多いのですが、両者の耐用年数は大きく異なります。従って、正しい減価償却を行うためには、見積書や工事請負契約書にもとづいて、耐用年数の異なる個々の資産に分解して処理する必要があります。

▶ **構築物**

　「構築物」とは、土地の上に建造された建物以外の建造物をいいます。具体的には、煙突、坑道、貯水池、広告塔、橋、岸壁、塀などさまざまなものが「構築物」として処理されます。

　また、建造物というには、ちょっと違和感があるかもしれませんが、アスファルトや砂利による舗装道路や路面、あるいは庭園、花壇といった緑化設備のような土地に対する工作物も「構築物」として処理されます。

▶ **機械装置**

　「機械装置」は、工場等で使用される加工設備のことをいいます。このため、一般事務に使用されるパソコンや、レストランで使用される冷蔵庫なども、ある種の機械ではありますが、これらを「機械装置」勘定で処理することはありません。「機

■ 総合償却を行っている機械装置の除却価額の計算方法

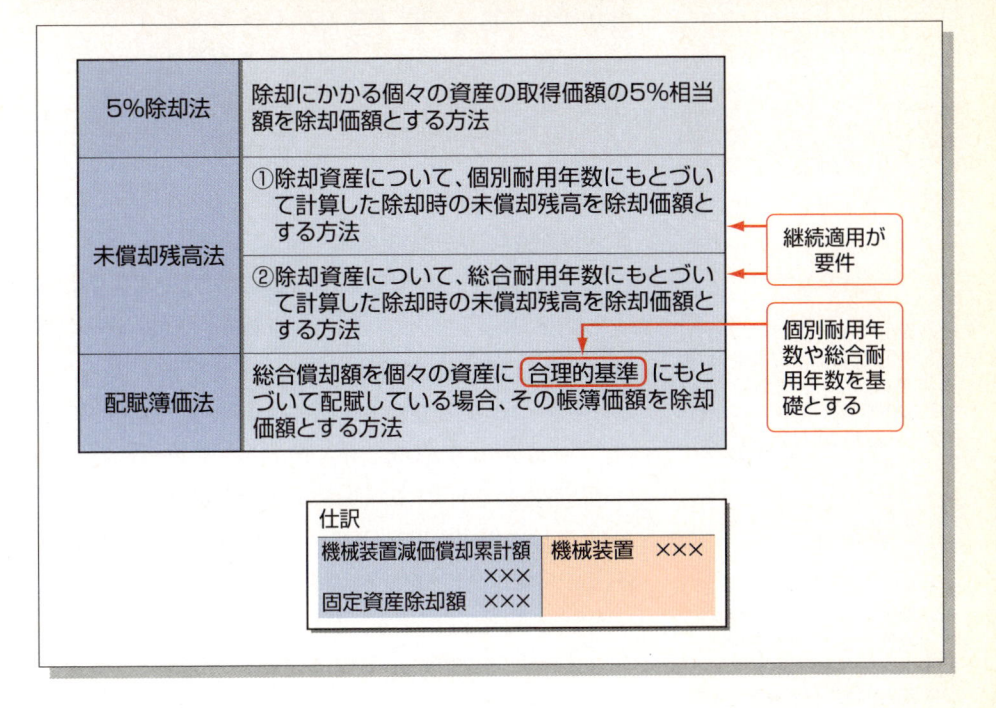

5%除却法	除却にかかる個々の資産の取得価額の5%相当額を除却価額とする方法	
未償却残高法	①除却資産について、個別耐用年数にもとづいて計算した除却時の未償却残高を除却価額とする方法	← 継続適用が要件
	②除却資産について、総合耐用年数にもとづいて計算した除却時の未償却残高を除却価額とする方法	
配賦簿価法	総合償却額を個々の資産に 合理的基準 にもとづいて配賦している場合、その帳簿価額を除却価額とする方法	← 個別耐用年数や総合耐用年数を基礎とする

仕訳

機械装置減価償却累計額	×××	機械装置	×××
固定資産除却額	×××		

械装置」は、製造業や建設業に特有の勘定科目といえます。

「機械装置」の特徴は、ひとつひとつの機械が使用されるというよりは、複数の機械が一体となって製造ラインとして使用されるという点です。このため、「機械装置」の減価償却は個々の機械ごとに行うよりも、グループ単位で行った方がよいということにもなります。

そこで、「機械装置」の減価償却にあたっては、グループ単位で耐用年数を定め、グループごとに一括して償却計算を行う「総合償却」という方法が原則とされています。

総合償却を行っている場合には、個々の機械について、その簿価を計算しているわけではありません。従って、グループの中の1つの機械が壊れた場合には、個別償却を行っている資産のような除却処理を行うことができません。そこで、その機械の除却価額を計算する方法としては、上図のようないくつかの方法が認められています。

Keyword

個別償却と総合償却
個々の資産ごとに耐用年数を定めて行う償却計算を「個別償却」というのに対し、複数の資産をグループ単位にまとめ、グループごとに耐用年数を定めて、償却計算を一括して行う償却計算を「総合償却」という。
機械装置の減価償却は、総合償却が原則とされている。

Section 27

第2章 資産項目

車両運搬具・船舶・航空機・工具器具備品

運搬具や家具、オフィス機器を処理する勘定科目

Point

陸上運搬具を「車両運搬具」、水上運搬具を「船舶」、空中運搬具を「航空機」として処理する。
また、「機械装置」以外の事業用の器具や道具を「工具器具備品」として処理する。

Memo

車両を購入したときに負担する、自動車取得税や重量税、自賠責保険の保険料などの法定費用については、「車両運搬具」の取得原価に含めなくてもよい。

▶ 車両運搬具と船舶と航空機

「車両運搬具」とは、乗用車、トラック、バスなどの自動車の他、トロッコやフォークリフトなどの陸上運搬具を処理する勘定科目です。同じ自走式機械であっても、ブルドーザーやショベルカーなどの建設機械は「機械装置」として処理されることに注意してください。

陸上運搬具である「車両運搬具」に対して、客船、貨物船、漁船、ヨットなどの水上運搬具は「船舶」という勘定科目で処理し、飛行機、ヘリコプターなどの空中運搬具は「航空機」という勘定科目で処理します。

「船舶」や「航空機」は、用途や設備内容によって「機械装置」などの別の資産として処理することはなく、たとえば、加工設備を備えた大型漁船であったとしても、「船舶」として処理されます。

▶ 工具器具備品

「工具器具備品」は、読んで字のごとく、「工具」や「器具、備品」を処理するための勘定科目です。

「工具」とは、工場などで使用される測定器具、治具、金型などの加工作業用具をいい、「機械装置」と同様に製造業や建設業に特有のものです。従って、これらの業種以外では、単に「器具備品」という勘定科目とするケースも多いようです。

「器具、備品」とは、工具以外の道具や機器のことをいいます。その適用範囲は非常に広く、事務机、椅子、キャビネットなどの家具や、時計、カーテン、じゅうたん、テレビ、冷蔵庫などの家庭用品、パソコン、ファックス、複写機などの事務機器や通信機器の他に、理容機器、医療機器、スポーツ用具、楽器な

■ 車両運搬具・船舶・航空機の資産分類

	形式判定	用途判定	資産分類
自走式機械	水上、水中	用途による判定は行わない	船舶
	空中		航空機
	陸上	運搬	車両運搬具
		建設、加工	機械装置

■ 工具器具備品の資産分類

	形式判定	用途判定	資産分類
工具器具備品	工具、治具	製造業、建設業の加工作業用の道具	償却資産
	器具、什器備品	一般事業会社で使用する道具	
	書画骨とう	美術的価値、歴史的価値、希少性のある美術品、骨董品	非償却資産

ど、ありとあらゆる事業用の道具が含まれます。

また、観葉植物や熱帯魚などの生物も、会計上は「工具器具備品」として処理されることとなりますし、書画や骨董品なども「工具器具備品」とされます。

▶ 書画骨とう

ここで、注意が必要なのが「書画骨とう」で、これらは非償却資産とされていますので、減価償却を行うことができません。

これは、書画骨とうとされる美術品や芸術作品は、時の経過や使用によって資産価値が減少することがないためです。従って、ポスターや複製画のような美術性、芸術性に特別な価値を有さないことが明らかなものは、非償却資産である書画骨とうには該当せず、単なる室内装飾用品として減価償却を行うこととなります。

両者の区別としては、美術関係の年鑑などに載っているような作者によって制作された美術品や、歴史的価値や希少性が明らかな骨董品などを書画骨とうとすることとされています。

Ref.

書画骨とう
「書画骨とう」については、「法人税基本通達」7-1-1により定められている。

Section 28

第2章
資産項目

土地・建設仮勘定

土地と建設仮勘定は減価償却できない

▶ 土地

「土地」とは、営業目的のために使用される工場、事務所などの敷地の他、農園などを処理する勘定科目です。

営業目的のために使用される土地といった場合には、現在、営業の用に供されているものばかりでなく、取得はしているが未使用の土地も含まれます。しかし、販売目的で取得された土地は「販売用不動産」などの科目によって棚卸資産として表示されますし、賃貸などの投資目的で取得された土地は「投資不動産」などの科目によって投資その他の資産として表示されます。

土地の価値は、使用や時の経過によって減価するということはないため、非償却資産とされ、減価償却はできません。

▶ 土地の取得価額

土地の取得価額は、土地そのものの代金の他、仲介手数料、登記費用のように取得に付随して発生する費用や、埋立費、地ならし費、地盛り費といった土地の造成や改良のためにかかった費用も含めて計算しなければなりません。

また、立退料や旧建造物の取り壊し費用も、土地を使用するために必要な費用と考えられ、土地の取得価額に含めます。

さらに、土地と建物を一緒に取得した場合であっても、その取得目的が土地のみの使用にあるために、ただちに建物を取り壊す場合は、購入時点で土地代金と建物代金が区分されていても、両方を合わせて土地の取得価額とします。

▶ 建設仮勘定

「建設仮勘定」とは、「建物」「構築物」「船舶」などの建設中の

Point

「土地」は、使用や時の経過によって資産価値が減少するものではないため、非償却資産とされ、「建設仮勘定」は、いまだ事業の用に供されていないことから、非償却資産とされ、ともに減価償却を行うことができない。

Memo

土地の造成、改良に要する費用は土地の取得価額に算入されるが、その規模、構造等からみて、土地と別個の資産とすることが適当な場合がある。この場合の、造成費、改良費は「構築物」として処理される。
このことは、「法人税基本通達」7-3-4により定められている。

Memo

土地の取得は、消費税の非課税取引とされている。

Memo

不動産取得税については、土地の取得価額に含めないことが認められている。

■ 建設仮勘定の処理と土地の取得価額

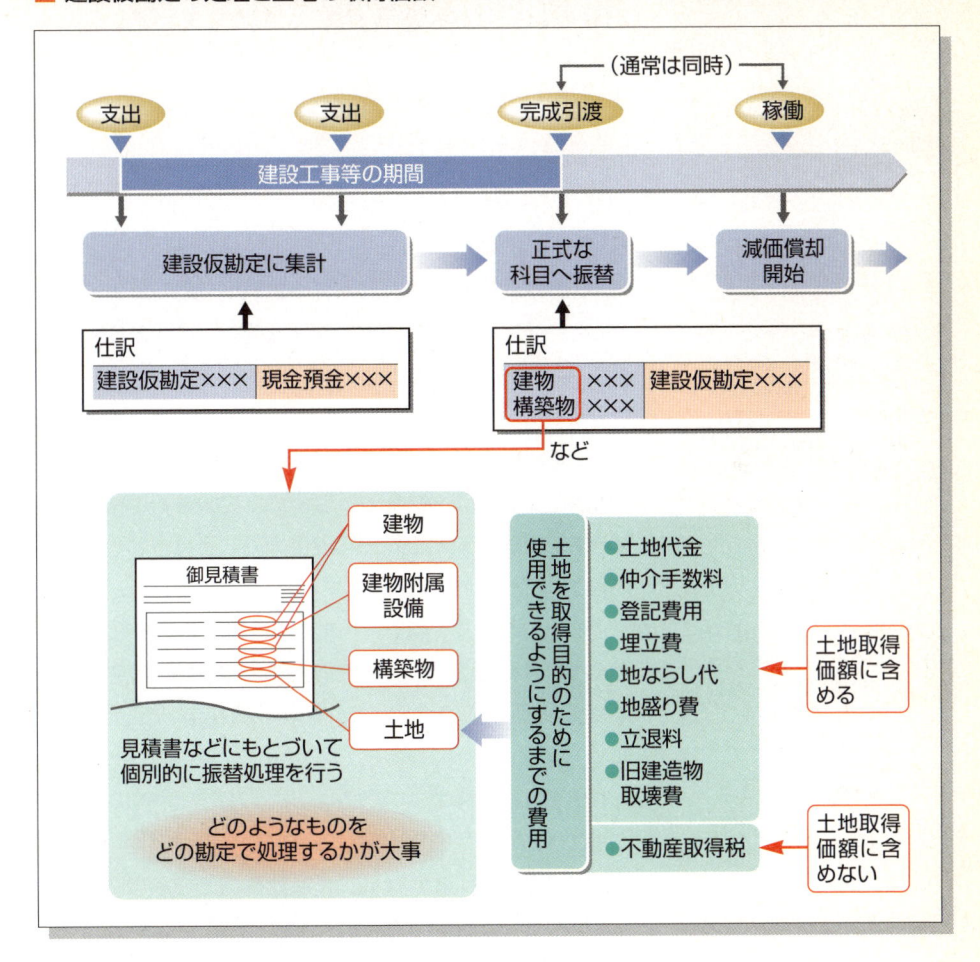

```
支出        支出        完成引渡 ─(通常は同時)─ 稼働
                           ↓                    ↓
═══════建設工事等の期間═══════════════════▶
  ↓          ↓              ↓                   ↓
   建設仮勘定に集計  →  正式な科目へ振替  →  減価償却開始

仕訳                       仕訳
建設仮勘定×××  現金預金×××    建物    ×××  建設仮勘定×××
                              構築物  ×××
                              など
```

見積書などにもとづいて個別的に振替処理を行う
- 建物
- 建物附属設備
- 構築物
- 土地

どのようなものをどの勘定で処理するかが大事

土地を取得目的のために使用できるようにするまでの費用：
- 土地代金
- 仲介手数料
- 登記費用
- 埋立費
- 地ならし代
- 地盛り費
- 立退料
- 旧建造物取壊費

→ 土地取得価額に含める

- 不動産取得税 → 土地取得価額に含めない

支出や、「機械装置」「車両運搬具」などの取得のために、仮払いもしくは前払いした支出を処理するための勘定科目です。

「建設仮勘定」は、いわば、有形固定資産の取得について、完成、引き渡しを受け、事業の用に供されるまでの間の支出を一時的に処理する勘定科目です。従って、事業の用に供された時点で、本来の勘定科目へ振り替えることとなります。

「建設仮勘定」は、いまだ事業の用に供されていないため、非償却資産とされ、減価償却は、本来の勘定科目へ振り替えられた時点でスタートすることが原則となります。

Memo

「建設仮勘定」で処理される支出のうち、材料の購入費用など、実質的に財やサービスが移転すると考えられる取引は、消費税の課税取引となるため、「建設仮勘定」に含まれる消費税額は、仕入税額控除の対象となる。

Section 28

無形固定資産・のれん

物理的実体を有さない権利等も減価償却で費用配分を行う

第2章 資産項目

Point

無形固定資産は、長期間使用される目的で取得された法律上の権利など、物理的実体のない資産をいう。
無形固定資産も減価償却の対象とされる。

Memo

無形固定資産には、修繕という考え方が成立しないため、理論的に定率法による減価償却を認める余地がない。

Memo

畜産業における牛やブタ、果樹園を経営している場合の果樹などは、生物として減価償却の対象とされ、貸借対照表の表示上は無形固定資産として取り扱われる。
生物であっても、観賞用、興行用のものは、「工具器具備品」として有形固定資産とされる。

▶ 無形固定資産

「無形固定資産」とは、長期にわたって事業のために使用することを目的として保有される権利など、物理的な実体を有さないものをいいます。

具体的には、「借地権」「鉱業権」「特許権」「実用新案権」「意匠権」「商標権」のような法律で定められた権利や、「施設利用権」「電話加入権」のような特定の設備の利用権などがあります。それらは、それぞれ内容のわかる科目名を付して処理することとされています。

これらの無形固定資産の中には、法律の上で有効期限が定められていることから、その取得価額を、有形固定資産と同様に、減価償却の対象とするものがあります。ただし、その償却方法としては、定額法しか認められておらず、残存価額もゼロとしなければなりません。また、貸借対照表の表示も直接控除法によるものとされています。

「電話加入権」「借地権」は、資産価値の減価がないことから、非償却資産とされます。

無形固定資産の主なものと、その耐用年数は右図のように定められています。

▶ のれん

「のれん」とは、ある事業が持つ優先的地位にもとづく超過収益力を意味します。

「のれん」の内容といえば、老舗旅館のネーム・バリューや信用度であるとか、ブランド・イメージ、他社にまねのできないノウハウや顧客網などということになります。

しかし、「のれん」を自社で勝手に創設することは認められ

■ 無形固定資産の耐用年数と営業権

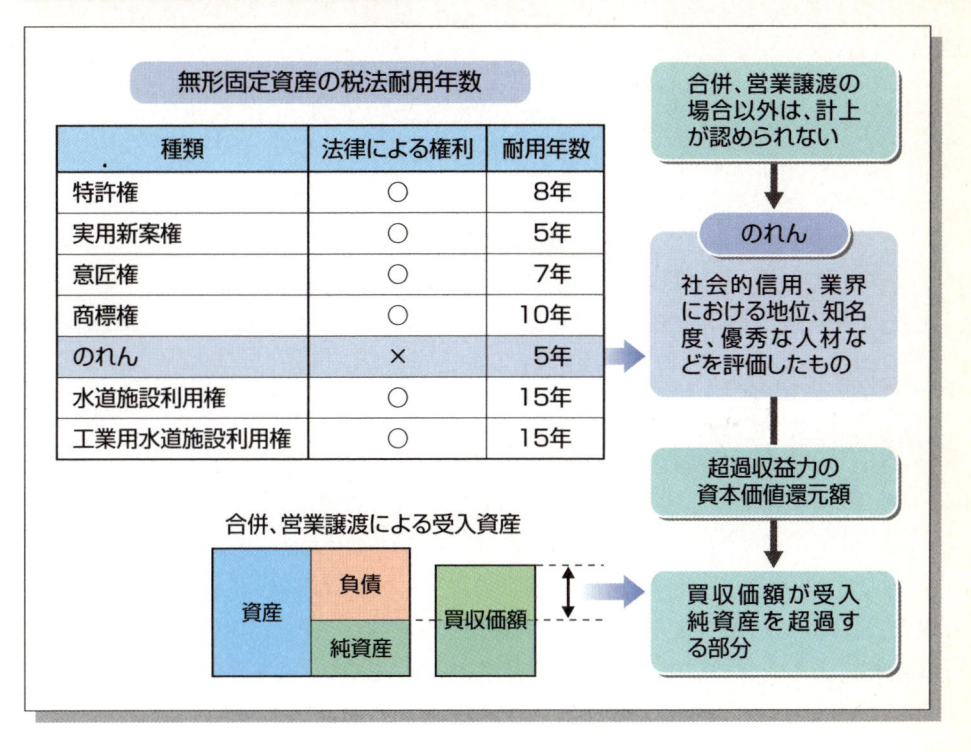

無形固定資産の税法耐用年数

種類	法律による権利	耐用年数
特許権	○	8年
実用新案権	○	5年
意匠権	○	7年
商標権	○	10年
のれん	×	5年
水道施設利用権	○	15年
工業用水道施設利用権	○	15年

合併、営業譲渡の場合以外は、計上が認められない

↓

のれん
社会的信用、業界における地位、知名度、優秀な人材などを評価したもの

↓

超過収益力の資本価値還元額

↓

買収価額が受入純資産を超過する部分

合併、営業譲渡による受入資産

資産 / 負債・純資産 — 買収価額

ていません。他社から有償で営業を譲り受けた場合か、または、合併によって営業を承継した場合で、その優先的地位と超過収益力が確保されている場合に限り、貸借対照表に計上することができるとされています。

従って、「のれん」の取得価額は、営業譲受や合併のために支出した金額から、それらによって取得した営業財産の公正な評価額の合計額を差し引くことで求められます。

会社法では、「のれん」の償却期間に関する規定は具体的に設けられてはいません。従って、企業結合会計基準などに基づいて20年以内に償却されることになります。

一方、税法上の耐用年数は5年とされていますので注意が必要です。

Memo

貸借対照表に「のれん」が計上されている場合、剰余金の分配可能額を計算する際に、特別な調整計算が必要になる。詳しくは、Sec.35を参照のこと。

Section 30

第2章
資産項目

ソフトウェア

ソフトウェア会計の導入により
その会計処理が大きく変わった

Point

1998年に導入された「研究開発費等に係る会計基準」によって、ソフトウェア開発費用のうち、研究開発費は、原則として期間費用として処理されることとなり、資産計上される部分は、「ソフトウェア」という勘定科目によって無形固定資産として表示されることとなった。

Memo

税法上の繰延資産と、会計上の繰延資産とは異なる。税法上の繰延資産は「長期前払費用」として表示される。

▶ **ソフトウェア会計**

　ソフトウェア開発費用は、税法上の繰延資産として「長期前払費用」などの勘定科目によって、投資その他の資産として処理されてきました。また、その取得価額もソフトウェアの取得に直接要した費用が資産計上の対象とされていました。

　しかし、ソフトウェアの研究開発に要する費用は、将来の収益獲得やコスト削減の効果が不明です。従って、資産計上することに問題があることや、資産計上に客観的な基準を設けることが困難です。会社の恣意的な判断によって財務諸表の比較可能性が確保されないということが指摘されていました。

　そこで、1998年に「研究開発費等に係る会計基準」が導入され、ソフトウェアを巡る会計処理は大きな方向転換を迎えることとなりました。このため、今回、明確に定められたソフトウェアの研究開発に関する一連の会計処理基準は、「ソフトウェア会計」と呼ばれることもあります。

　重要なポイントとしては、
　（1）ソフトウェア開発費用のうち、「研究開発費」に該当するものは、期間費用として処理する。
　（2）ソフトウェア開発費用のうち、「研究開発費」以外のものは、「ソフトウェア」という勘定科目によって無形固定資産として処理する。
ということとなり、資産計上の範囲、貸借対照表上の表示方法ともに大きく変わることとなったわけです。

▶ **資産計上範囲と減価償却**

　従来の会計基準では、市場販売目的のソフトウェアについては、製品マスターの制作費と、その著しい機能の改良に要

■ ソフトウェア会計

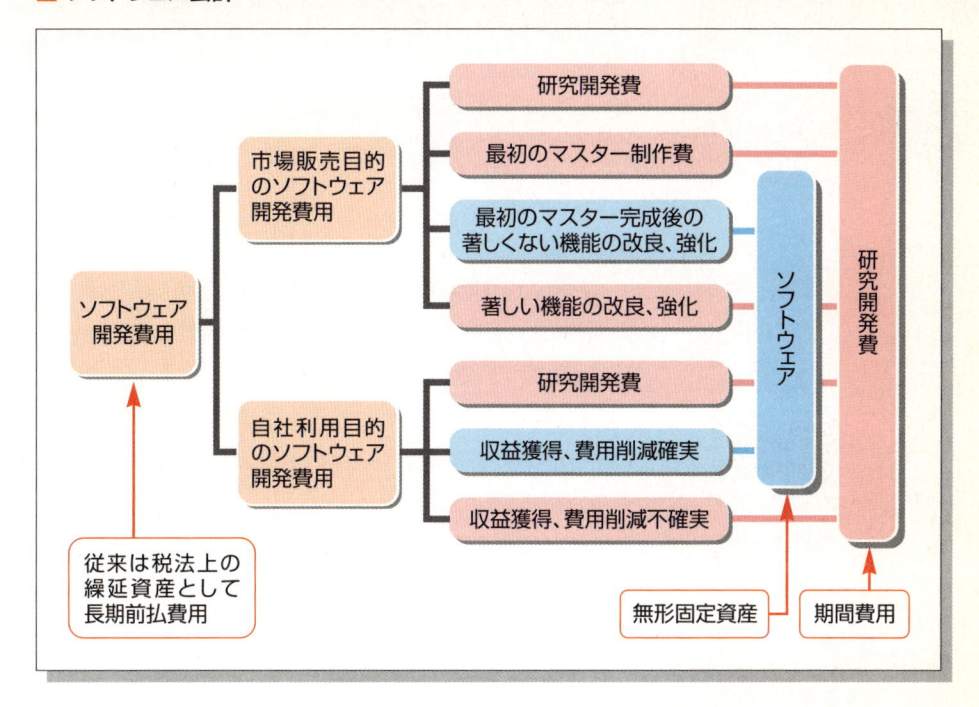

```
ソフトウェア開発費用
├─ 市場販売目的のソフトウェア開発費用
│   ├─ 研究開発費 ──────────────────→ 研究開発費
│   ├─ 最初のマスター制作費 ────────→ 研究開発費
│   ├─ 最初のマスター完成後の著しくない機能の改良、強化 → ソフトウェア
│   └─ 著しい機能の改良、強化 ──────→ 研究開発費
└─ 自社利用目的のソフトウェア開発費用
    ├─ 研究開発費 ──────────────────→ 研究開発費
    ├─ 収益獲得、費用削減確実 ──────→ ソフトウェア（無形固定資産）
    └─ 収益獲得、費用削減不確実 ────→ 期間費用
```

従来は税法上の繰延資産として長期前払費用

した費用が資産計上されます。一方、自社利用目的のソフトウェアについては、その導入効果にかかわらず、資産計上することが原則とされてきました。

ソフトウェア会計では、市場販売目的のソフトウェアについては、製品マスターの製作完了後の機能改良、強化に要する費用のみを資産計上することとします。自社利用目的のソフトウェアについては、将来の収益獲得やコスト削減の効果が明らかなものに限って、資産計上を認めることとなりました。逆に、将来の収益獲得又は費用削減が確実でない場合、期間費用として処理することになります。

また従来は、資産計上されたソフトウェアの耐用年数が5年とされてきたのに対して、ソフトウェア会計では、「市場販売目的のソフトウェア」を原則3年以内、「自社利用目的のソフトウェア」を原則5年以内の有効期間で償却することとされました。

Memo

「研究開発費等に係る会計基準」によれば、無形固定資産として計上した「ソフトウェア」の減価償却は、それぞれのソフトウェアの性格に応じて、見込販売数量にもとづく償却など合理的な方法によるものとだけ定めている。しかし、毎期の償却額は、残存有効期間にもとづく均等配分額を下回ってはならないとしているため、実務上は、残存有効期間を耐用年数とした、定額法による減価償却が行われることとなる。

Section 30

Section 31

第2章
資産項目

出資金・投資有価証券

投資有価証券の評価は 3種類の方法に分かれる

Point

組合や会社の株式以外の持分を「出資金」、有価証券のうち保有目的が長期のものを「投資有価証券」で処理する。子会社、関係会社に対するものを区分することと、期末評価額に注意。

Keyword

匿名組合
当事者の一方が相手方の営業のために出資し、その営業より生ずる利益を分配する契約で、対外的に出資者が隠れる形態。

Keyword

子会社
会社が、他の会社の議決権の過半数を保有する場合の、当該他の会社をいう。上記の持株基準に加え、実質的に支配していると認められる事実が存在する場合にも子会社となる。

▶ **出資金**

「出資金」とは、信用金庫や信用組合の持分、有限会社、合同会社、合資会社の持分や、匿名組合、協同組合の持分を処理する勘定科目です。

これらの持分を、実務では投資有価証券に含めることも多いようですが、株式や債券とは区別することが望ましく、「出資金」勘定による表示が正しい処理といえます。

財務諸表規則では、関係会社に対する出資金を、他の出資金とは区別して、「関係会社出資金」勘定で処理することとされています。

▶ **投資有価証券**

「投資有価証券」とは、有価証券のうち、長期保有を目的とするものを処理する勘定科目です。

これらは、貸借対照表上、投資その他の資産の区分に記載されますが、財務諸表規則では、このうち関係会社株式、関係会社社債は、それぞれ別掲するものとされ、会社計算規則では関係会社株式のみを別掲するものとされています。

▶ **投資有価証券の評価**

「投資有価証券」として処理される有価証券は、その所有目的から次の3種類に分類されます。
 (1) 満期保有目的債券
 (2) 子会社株式・関連会社株式
 (3) その他の有価証券

「投資有価証券」の期末の時価評価は、この分類にもとづき、それぞれの相場変動リスクの度合いに応じて求めます。

■ 償却原価法

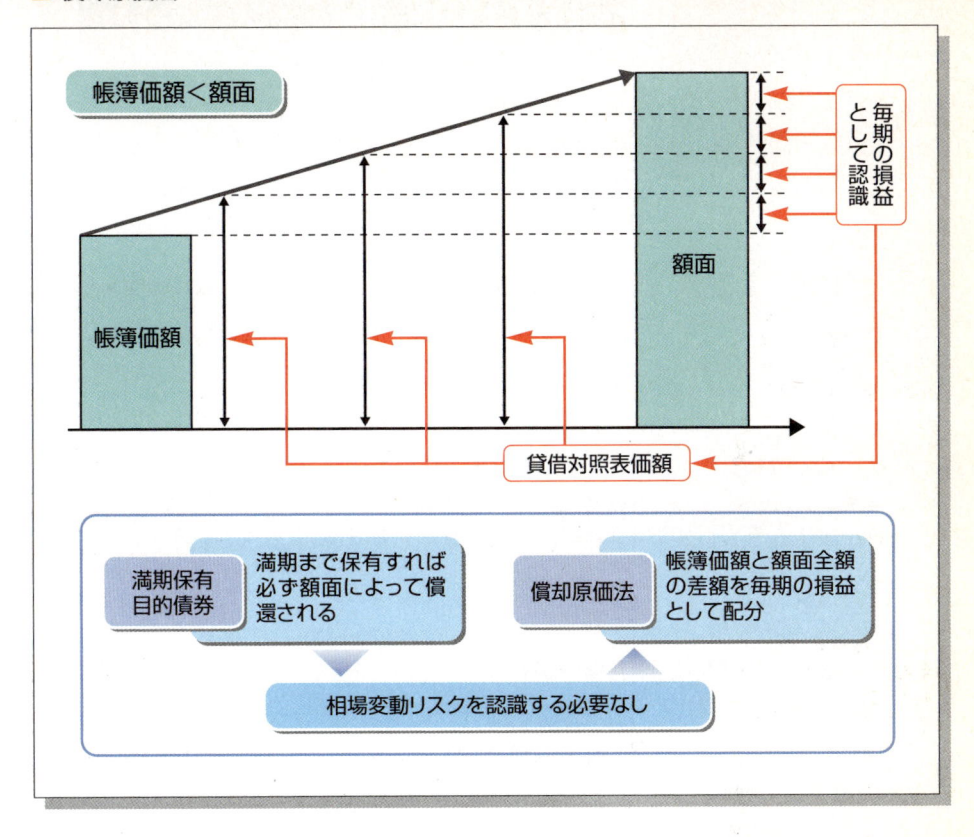

```
帳簿価額＜額面                                    │毎
                                              │期
                           ↗                  │の
                      ↗                       │損   と
                  ↗                           │益   して認識
              ↗                   額面        │
  ┌──┐                         ┌──┐
  │  │                         │  │
  │帳簿│                         │  │
  │価額│                         │  │
  └──┘←───←───←───└──┘
                    貸借対照表価額 ←────
```

| 満期保有目的債券 | 満期まで保有すれば必ず額面によって償還される | | 償却原価法 | 帳簿価額と額面全額の差額を毎期の損益として配分 |

↓   ↓

相場変動リスクを認識する必要なし

　「満期保有目的債券」とは、満期まで保有するという積極的な意図により保有される社債、国債、その他の債券のことをいいます。満期保有目的債券は、相場変動リスクを考慮する必要性が少ないため、時価評価の対象から外され、「償却原価法」により貸借対照表価額を算定することになります。

　「償却原価法」とは、債権の券面額と取得価額との差額を、債権の償還期限に至るまで毎期一定の方法で貸借対照表価額に加減算する方法をいい、この加減額は受取利息や支払利息として損益計算書に計上されることとなります。

　「子会社株式・関連会社株式」については、その会社を支配したり、影響力を行使したりすることを目的として保有されるため、時価評価は不要で、取得価額をもって評価されます。

Keyword

関連会社
会社が、他の会社の議決権の20％以上を保有するか、その会社の経営に重要な影響を与えることができる子会社以外の当該他の会社をいう。子会社と関連会社を合わせて「関係会社」という。

Section 32

第2章 資産項目

長期貸付金・長期性預金

ワン・イヤー・ルールにより固定資産に区分される

Point

貸付金や定期預金などのうち、貸付期日や満期が、決算日の翌日から起算して1年を超える場合は、投資その他の資産として処理しなければならない。

Memo

債権金額から「貸倒引当金」の額を直接的に控除し、その残額のみを貸借対照表に記載する方法も認められている。しかし、この場合には、「引当金」の額を注記により明らかにしなければならない。
また、この場合も、すべての債権に対する「貸倒引当金」を一括して注記することは認められず、営業債権に対する「貸倒引当金」、短期金銭債権に対する「貸倒引当金」、長期金銭債権に対する「貸倒引当金」をそれぞれ区別して注記しなければならない。

▶ 長期貸付金

「長期貸付金」とは、貸付金のうち、その貸付期間が長期にわたるものを処理するための勘定科目です。

この場合の長期とは、ワン・イヤー・ルールによって、返済期限が決算日の翌日から起算して1年を超えるものをいいます。従って、仮に最終返済期日が決算日後1年以降の貸付金であっても、分割回収の定めによって1年以内に回収される部分がある場合には、その部分は、流動資産として取り扱われます。

▶ 期末評価額

「長期貸付金」のような金銭債権は、その債権金額から、一定の方法で計算された貸倒見積高を控除した金額となります。

この場合の表示方法としては、科目ごとに債権金額から貸倒見積額を控除する形式による方法が原則となり、この場合の貸倒見積額は、評価性引当金である「貸倒引当金」という勘定科目を用いることとなります。

2つ以上の科目について、貸倒見積額を一括して控除する形式の表示方法も認められています。しかし、この場合は、「売掛金」や「受取手形」「短期貸付金」などの流動資産項目と、「長期貸付金」など投資等の項目を一括して控除することは認められず、それぞれの資産区分ごとに「貸倒引当金」の額を控除しなければなりません。

なお、「貸倒引当金繰入額」の損益計算書における表示箇所としては、営業債権に対する繰入額を、販売費及び一般管理費に、金銭債権に対する繰入額を、営業外費用に計上することとなります。

■ **貸付金の流動固定分類と貸倒引当金の表示**

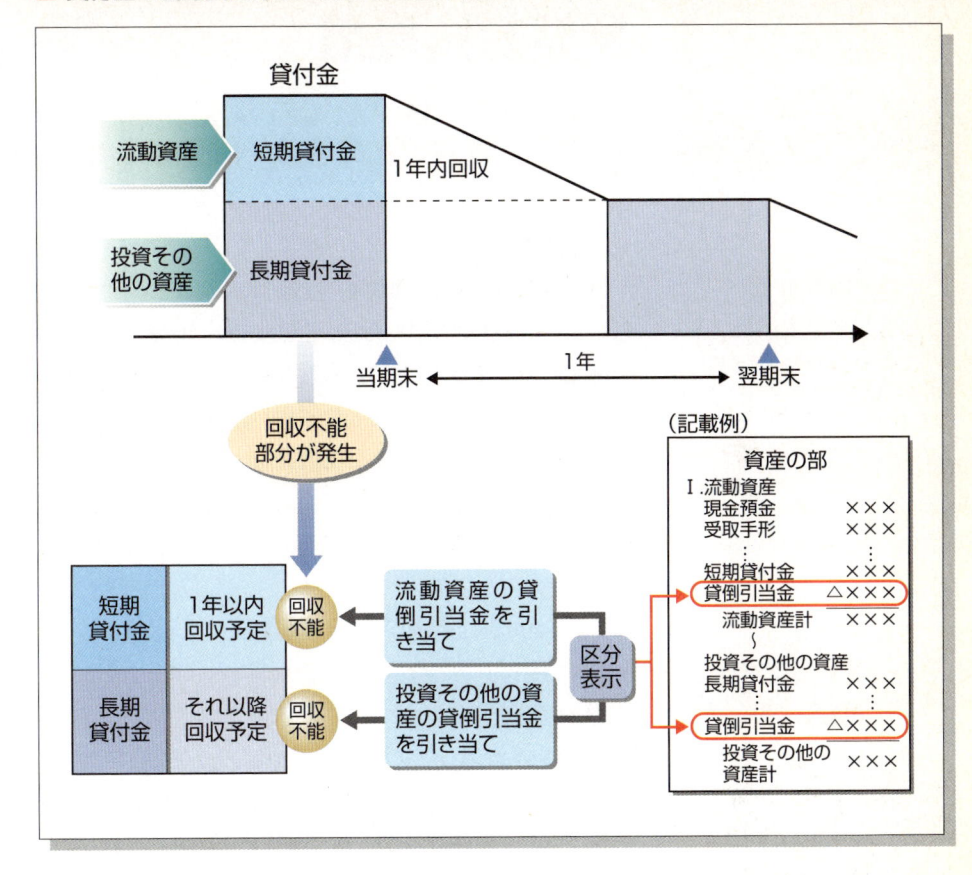

▶ 長期性預金

　通常、「現金預金」は流動資産として取り扱われます。ただし、定期預金などの拘束性の預金で、その満期が、決算日の翌日から起算して1年を超える場合や、金銭信託を設定したときなどは、「長期性預金」という勘定科目を使って投資等の区分として取り扱われます。

　なお、「長期性預金」などの資産を、借入金などの担保に供している場合には、その旨を注記により明らかにすることとなっています。

Section 32

Section 33

第2章
資産項目

差入保証金・長期前払費用

貸事務所を賃借する場合の保証金や礼金をどのように処理するか

Point

「差入保証金」も「長期前払費用」も、税法の規定により償却されるものがある。

Ref.

前払費用
「前払費用」については、Sec.23 を参照のこと。

Ref.

法人税法上の繰延資産の償却期間
法人税法上の繰延資産の償却期間については、「法人税法基本通達」8-2-3 により定められている。

▶ 差入保証金

「差入保証金」とは、建物などを借りる際に支払う保証金や敷金、その他資産のリースをする際に支払う保証金、または営業取引の実績がない会社と取引を行う場合に支払わされる営業保証金などを処理する勘定科目です。

「差入保証金」は、継続的取引における債務不履行の担保としての性格を有しているため、建物の賃貸借契約満了時やリース取引解除の際には、原則として返還されます。

なお、「差入保証金」もワン・イヤー・ルールの適用を受け、保証金の差入期間が短期のものは流動資産として扱われます。

▶ 長期前払費用

「長期前払費用」とは、「前払費用」のうち、決算日後1年を超えて費用化されるものを処理する勘定科目です。具体的には、2年以上の期間のリース料を一括前払する場合や、長期契約の損害保険料を一括前払するような場合に使用されます。また、期間の経過によって、流動資産である「前払費用」に振り替えられ、費用化されていくこととなります。

また、税法上の繰延資産も「長期前払費用」として処理されます。これは、貸借対照表の繰延資産とは異なるものであるため、税法上の繰延資産は、貸借対照表で別の科目として処理しなければならないためです。

税法上の繰延資産とは、会計上の繰延資産の他に、支出の効果が1年以上におよぶ支出のうち、有形固定資産にも無形固定資産にも該当しないものです。

たとえば、貸事務所を賃借する際に、大家に支払う礼金は、支出の効果が長期におよびますので、税法上の繰延資産とさ

■ 税務上の繰延資産

	種類	細目	償却期間
公共的施設等の負担金に掲げる費用	公共的施設の設置又は改良のために支出する費用	その施設又は工作物がその負担した者に専ら使用されるもの	耐用年数の7/10に相当する年数
		上記以外の施設又は工作物の設置又は改良の場合	耐用年数の4/10に相当する年数
	共同的施設の設置又は改良のために支出する費用	その施設がその負担者又は構成員の共同の用に供されるものである場合又は協会等の本来の用に供されるものである場合	①施設の建設又は改良に充てられる部分の負担金については、その施設の耐用年数の7/10に相当する年数 ②土地の取得に充てられる部分の負担金については45年
		商店街等における共同のアーケード、日よけ、すずらん灯等負担者の共同の用に供されるとともに併せて一般公衆の用にも供されるものである場合	5年（その施設について定められている耐用年数が5年未満である場合には、その耐用年数）
資産を賃借するための権利金等に掲げる費用	建物を賃借するために支出する権利金等	建物の新築に際しその所有者に対して支払った権利金等で当該権利金等の額が当該建物の賃借部分の建設費の大部分に相当し、かつ、実際上その建物の存続期間中賃借できる状況にあると認められるもの	その建物の耐用年数の7/10に相当する年数
		建物の賃借に際して支払った上記以外の権利金等で契約、慣習等によってその明渡しに際して借家権として転売できることになっているものである場合	その建物の賃借後の見積残存耐用年数の7/10に相当する年数
		上記以外の権利金	5年（一定の場合には賃借期間）
	電子計算機その他の機器の賃借に伴って支出する費用		その機器の耐用年数の7/10に相当する年数（その年数が契約による賃借期間を超えるときは、その賃借期間）
広告宣伝用資産を贈与した費用	広告宣伝用資産を贈与したことにより生ずる費用		その資産の耐用年数の7/10に相当する年数（その年数が5年を超える場合には5年）

（注）上記の年数に1年未満の端数を生じたときは、その1年未満の年数は1年とする。

れています。

　礼金、更新料以外の税法上の繰延資産のうち、主なものを上の表にまとめておきます。

Section 34

第2章 資産項目

その他の投資資産

固定資産として処理される その他の資産

▶ ゴルフ会員権

「ゴルフ会員権」とは、会員制ゴルフ場施設の利用のために支払う一種の預託金で、一般の利用者よりも有利な条件で利用できるという事実上の権利です。それぞれのゴルフ場の運営形態によってさまざまなパターンが見られます。

もっとも一般的なパターンが、「預託金型会員権」と呼ばれるもので、あらかじめ定められた預託金の預け入れによって、ゴルフ場の利用権が生ずるものです。

利用者にとっては、預託金は債権となり、ゴルフ場からは預かり証などの発行を受けます。この預託金は、ゴルフ場の利用目的で預け入れたものであり、回収を目的としないため、固定資産として処理することとなります。この場合の勘定科目は、「差入保証金」や「その他の投資資産」などが使われます。

「株式型会員権」という方式のゴルフ会員権も、しばしば見られます。これは、預託金の預け入れに代えて、ゴルフ場の財産を保有し、ゴルフ場の経営を行う株式会社の株式を取得することによって、利用権が生ずるという運営形態です。

このため、ゴルフ場からは、預かり証に代えて株券が発行され、この株券は有価証券ということになりますが、長期保有目的のものですから、「投資有価証券」もしくは「ゴルフ会員権」などの勘定科目によって処理されます。

▶ 破産債権・更生債権等

営業債権は、正常営業循環基準によって流動資産として処理されることとなります。ところが、それらの債権が不良債権化した場合には、その回収不能部分を見積もって、「貸倒引当金」を設定しなければなりませんし、そのような債権は、もは

Memo

法人税法では、ゴルフ会員権の取得時に支払う名義書換料は、ゴルフ会員権の取得価額に含めることとされている。また、既に保有するゴルフ会員権の名義変更による名義書換料と年会費は「交際費」として取り扱われる。このことは、「法人税基本通達」9-7-13により定められている。

■ ゴルフ場施設利用にかかわる処理

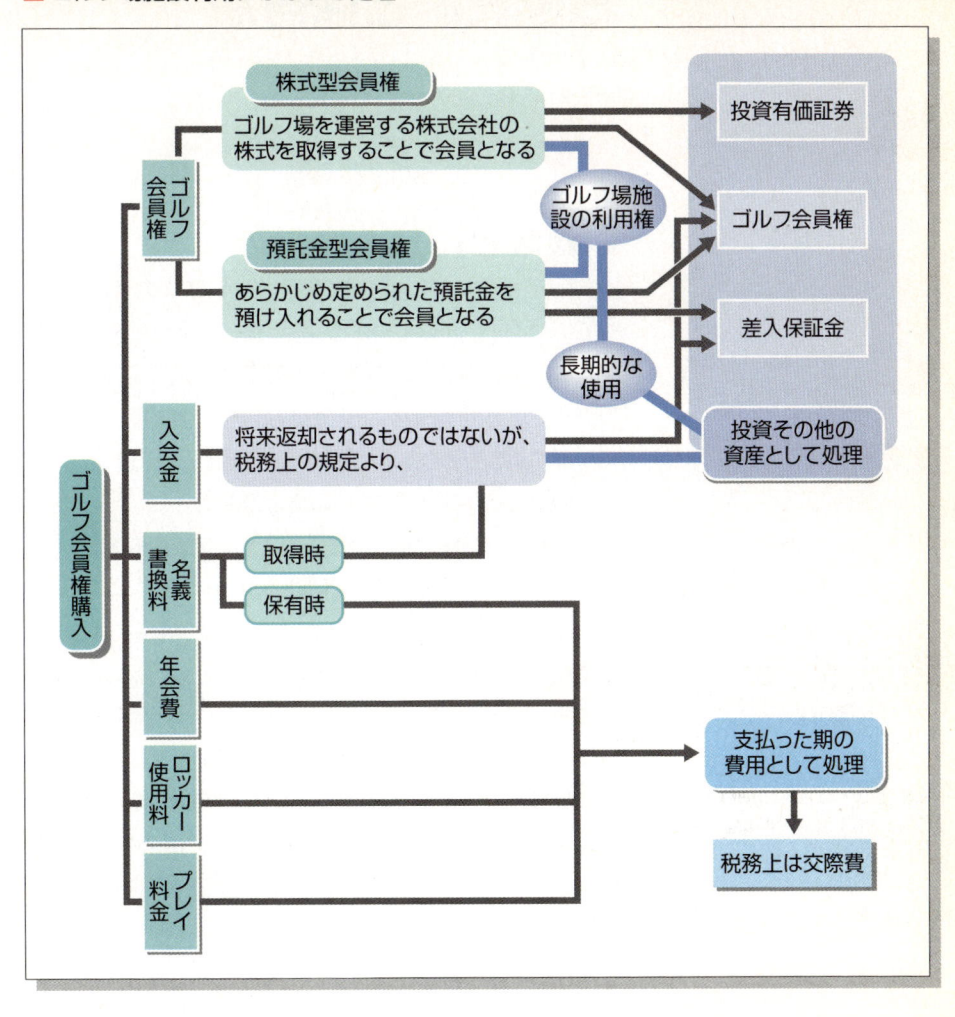

```
ゴルフ会員権購入
├─ 会員権 ─┬─ ゴルフ会員権
│          │   ├─ 株式型会員権: ゴルフ場を運営する株式会社の株式を取得することで会員となる → 投資有価証券
│          │   │                                                    → ゴルフ場施設の利用権 → ゴルフ会員権
│          │   └─ 預託金型会員権: あらかじめ定められた預託金を預け入れることで会員となる → 差入保証金
│          │                                                          → 長期的な使用 → 投資その他の資産として処理
├─ 入会金: 将来返却されるものではないが、税務上の規定より、
├─ 名義書換料 ┬─ 取得時
│            └─ 保有時
├─ 年会費
├─ ロッカー使用料
└─ プレイ料金
    → 支払った期の費用として処理
    → 税務上は交際費
```

や正常営業循環から外れてしまったものと考えられ、ワン・イヤー・ルールによって固定資産として取り扱われます。このような不良債権を処理する勘定科目が「破産債権・更生債権等」で、投資その他の資産として表示されます。

「破産債権・更生債権等」には、破産手続や更生計画などの法的手続が開始された債権の他、和議の成立した債権や、民事再生法の適用を受けた債権、手形交換所の取引停止処分を受けた「不渡手形」などが含まれます。

Memo

破産債権・更生債権等の区分掲記については、「財務諸表等規則」第32条に定められている。

Section 35

第2章
資産項目

繰延資産とは何か

将来の期間に影響する特定の費用の繰延べ処理

Point

「繰延資産」とは、将来の期間に影響する特定の費用を、経過的に貸借対照表に資産として計上し、毎期均等額以上の償却によって、将来の費用配分を行うための資産科目である。

Ref.

繰延資産の定義

「繰延資産」の定義については、「企業会計原則」注解15に定められている。

▶ **繰延資産とは**

「企業会計原則」では、繰延資産について次のように規定しています。

「将来の期間に影響する特定の費用は、次期以降の期間に配分して処理するために、経過的に貸借対照表の資産の部に記載することができる（貸借対照表原則―D）。」

この「将来の期間に影響する特定の費用」は、

（1）すでに対価の支払が完了、または、支払義務が確定し、

（2）これに対応する役務の提供を受けたにもかかわらず、

（3）その効果が将来にわたって発現すると期待される費用

と定義されています。

本来、役務の提供と支払義務が確定している費用ということであれば、その期の損益計算書に費用処理されるはずのものです。しかし、その効果に対する期待を通じて、将来の収益と対応させるために繰延処理を認めるに過ぎないものですから、積極的に資産性を認めがたい性格を持っています。

▶ **繰延資産の種類**

（1）株式交付費

株式交付費とは、株式募集のための広告費、金融機関や証券会社の取扱手数料、目論見書等の印刷費、変更登記の登録免許税等、株式の交付等のために直接支出した費用です。

株式交付費は、原則として、支出時に費用（営業外費用）として処理しますが、企業規模の拡大のためにする資金調達などの財務活動に係る費用のみ、繰延資産とすることができます。

■ 繰延資産の定義

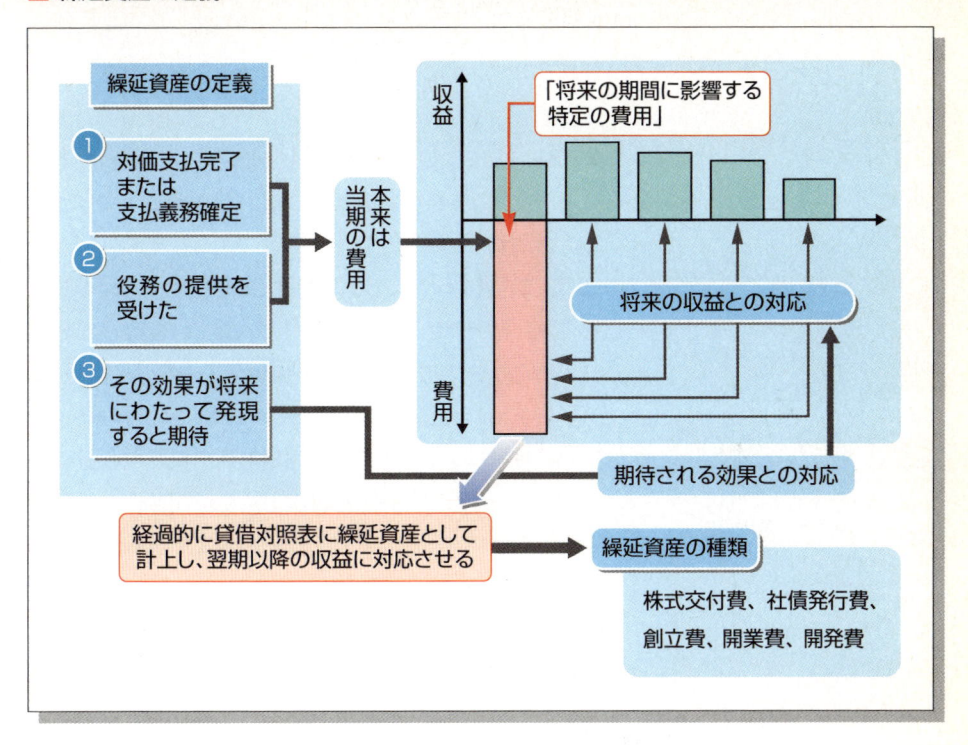

繰延資産の定義
1. 対価支払完了または支払義務確定
2. 役務の提供を受けた
3. その効果が将来にわたって発現すると期待

本来は当期の費用

「将来の期間に影響する特定の費用」

将来の収益との対応

期待される効果との対応

経過的に貸借対照表に繰延資産として計上し、翌期以降の収益に対応させる

繰延資産の種類
株式交付費、社債発行費、創立費、開業費、開発費

繰延資産とする場合、株式交付のときから3年以内のその効果の及ぶ期間にわたって、定額法により償却をしなければなりません。

(2) 社債発行費

社債発行費とは、社債募集のための広告費、金融機関や証券会社の取扱手数料、社債券等の印刷費、社債の登記の登録免許税等、社債発行のため直接支出した費用です。

社債発行費は、原則として、支出時に費用（営業外費用）として処理しますが、繰延資産に計上することもできます。

繰延資産とする場合、社債の償還までの期間にわたり利息法により償却をしなければなりません。ただし、継続適用を条件として、定額法を採用することもできます。

Memo

旧商法では、繰延資産の種類を限定的に明示していたが、会社法の施行により、そのような限定はなくなった。繰延資産の具体的な処理方法については、2006年8月に企業会計基準委員会により「繰延資産の会計処理に関する当面の取り扱い（実務対応報告第19号）」が公表されている。

なお、新株予約券の発行に係る費用についても、資金調達などの財務活動に係るものについては、社債発行費と同様に繰延資産として会計処理することができます。この場合には、新株予約券の発行のときから、3年以内のその効果の及ぶ期間にわたって、定額法により償却をしなければなりません。

(3) 創立費

創立費とは、会社の負担すべき設立費用です。具体的には、定款及び諸規則作成のための費用、株式募集等のための広告費、目論見書等の印刷費、創立事務所の賃借料、金融機関や証券会社の取扱手数料、創立総会に関する費用等、会社設立事務に関する必要な費用や、発起人が受ける報酬で定款に記載して創立総会の承認を受けた金額及び設立登記の登録免許税等がこれに該当します。

創立費は、原則として、支出時に費用(営業外費用)として処理しますが、繰延資産に計上することもできます。

繰延資産とする場合、会社の成立のときから5年以内のその効果の及ぶ期間にわたって、定額法により償却をしなければなりません。

(4) 開業費

開業費とは、土地、建物等の賃借料、広告宣伝費、通信交通費、事務用消耗品費、支払利子、使用人の給料、保険料、電気・ガス・水道料等で会社成立後営業開始時までに支出した開業準備のための費用です。

開業費は、原則として、支出時に費用(営業外費用)として処理しますが、繰延資産に計上することもできます。

繰延資産とする場合、開業のときから5年以内のその結果の及ぶ期間にわたって、定額法により償却をしなければなりません。

(5) 開発費

開発費とは、新技術又は生産計画の変更等により、

> **Ref.**
>
> **開発費**
> 会社法では、創立費を資本金又は資本準備金から減額することが可能とされている(会社計算規則第74条第1項第2号)が、創立費は、株主との間の資本取引によって発生するものではないことから、創立費を支出時に費用として処理(支出時に費用として処理しない場合には、繰延資産に計上)するべきである。

> **Ref.**
>
> **開業費**
> 開業費であっても、「研究開発費等に係る会計基準」の研究開発費に該当する場合は、発生時に費用として処理しなければならない。

■ 繰延資産の会計処理と配当制限

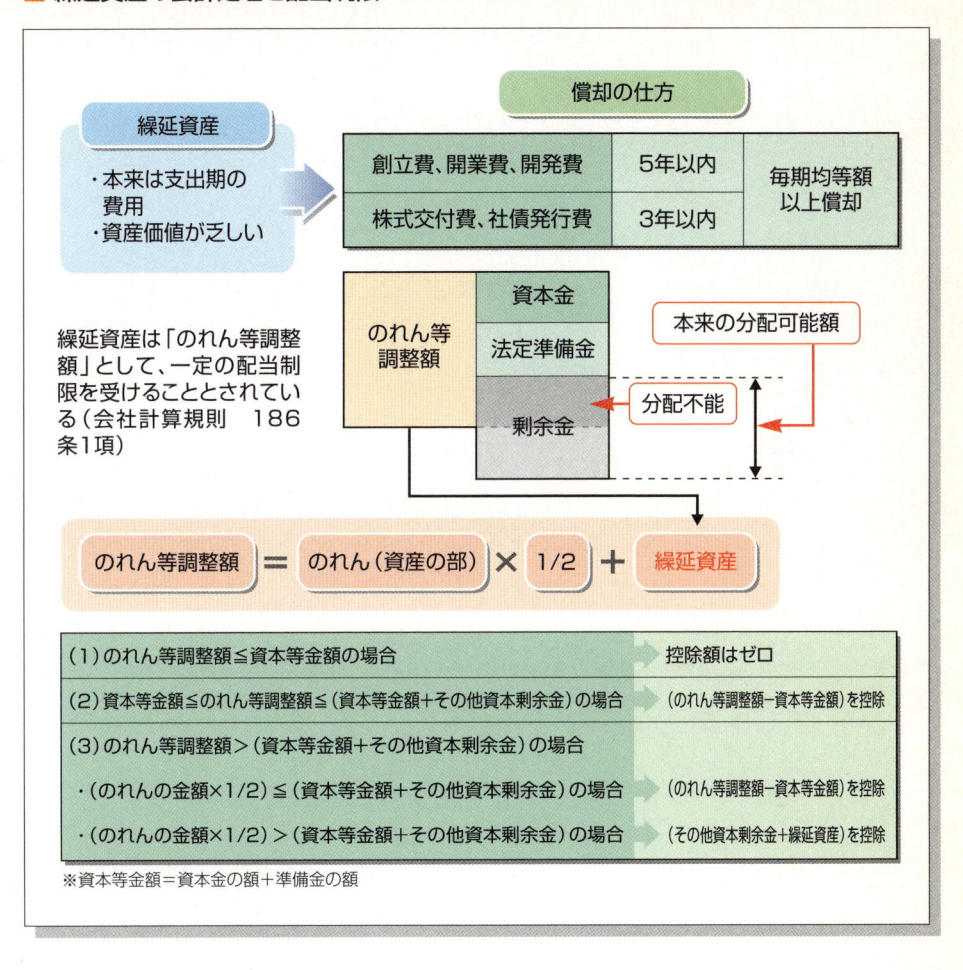

繰延資産
・本来は支出期の費用
・資産価値が乏しい

償却の仕方

創立費、開業費、開発費	5年以内	毎期均等額以上償却
株式交付費、社債発行費	3年以内	

繰延資産は「のれん等調整額」として、一定の配当制限を受けることとされている（会社計算規則　186条1項）

のれん等調整額 ── 資本金／法定準備金／剰余金

本来の分配可能額
分配不能

のれん等調整額 ＝ のれん（資産の部） × 1/2 ＋ 繰延資産

（1）のれん等調整額≦資本等金額の場合	控除額はゼロ
（2）資本等金額≦のれん等調整額≦（資本等金額＋その他資本剰余金）の場合	（のれん等調整額−資本等金額）を控除
（3）のれん等調整額＞（資本等金額＋その他資本剰余金）の場合	
・（のれんの金額×1/2）≦（資本等金額＋その他資本剰余金）の場合	（のれん等調整額−資本等金額）を控除
・（のれんの金額×1/2）＞（資本等金額＋その他資本剰余金）の場合	（その他資本剰余金＋繰延資産）を控除

※資本等金額＝資本金の額＋準備金の額

　設備の大規模な配置換えを行った場合等の費用です。ただし、経常費の性格をもつものは開発費には含まれません。

　開発費は、原則として、支出時に費用（売上原価又は販売費及び一般管理費）として処理しますが、繰延資産に計上することもできます。

　繰延資産とする場合、支出のときから5年以内のその効果の及ぶ期間にわたって、定額法その他の合理的な方法により規則的に償却しなければなりません。

第3章

負債・純資産項目

Sec.	
36	支払手形
37	買掛金
38	短期借入金
39	未払金
40	預り金
41	未払費用・前受収益
42	未払法人税等
43	社債
44	長期借入金
45	引当金とは何か
46	貸倒引当金
47	退職給付引当金
48	資本金
49	法定準備金と資本剰余金・利益剰余金
50	任意積立金
51	繰越利益剰余金

支払手形

第3章 負債・純資産項目

支払手形は、どのような取引から発生したかによって、明確な区分が必要

Point

「支払手形」とは、手形債務を処理するための勘定科目であるが、本業取引から生じたものと、本業以外の取引から生じたものとを、明確に区分しなければならない。

Keyword

D/A
Document against Acceptance の略。輸入取引で、荷為替手形の引き受けが、添付されている船積書類の引渡条件となっているもの。

Memo

関係会社に対する手形債務の内容は、注記によって明らかにしなければならない。

▶ 支払手形とは

　手形を受け取った場合は「受取手形」勘定によって資産として処理しましたが、手形を振り出した場合には、それと反対に負債として処理しなければなりません。このときの手形債務を処理するための勘定科目が「支払手形」です。

　また、D/A条件の荷為替を引き受けることにより発生する手形債務は、しばしば「輸入支払手形」という勘定科目で処理されますが、貸借対照表上では、「支払手形」勘定に含めて表示することとなります。

▶ 支払手形の表示

　手形は、仕入などの主たる営業活動から生ずる取引によるものと、「機械装置」「工具器具備品」の購入など、企業の主たる営業活動以外の取引によるものとに明確に区分しなければなりません。前者は「支払手形」勘定で処理されますが、後者は「設備支払手形」あるいは「営業外支払手形」という勘定科目で処理されることとなります。

　「支払手形」は、正常営業循環基準の適用を受けますので、流動負債として取り扱われます。「設備支払手形」は、ワン・イヤー・ルールの適用を受けることとなりますので、決算日の翌日から起算して、1年以内に決済期日が到来するものは流動負債として、1年を超えて決済期日が到来するものは、固定負債として取り扱われます。

　この場合、固定負債として処理される設備支払手形は、「長期設備支払手形」などの勘定科目によって表示されます。

■ 支払手形と設備支払手形

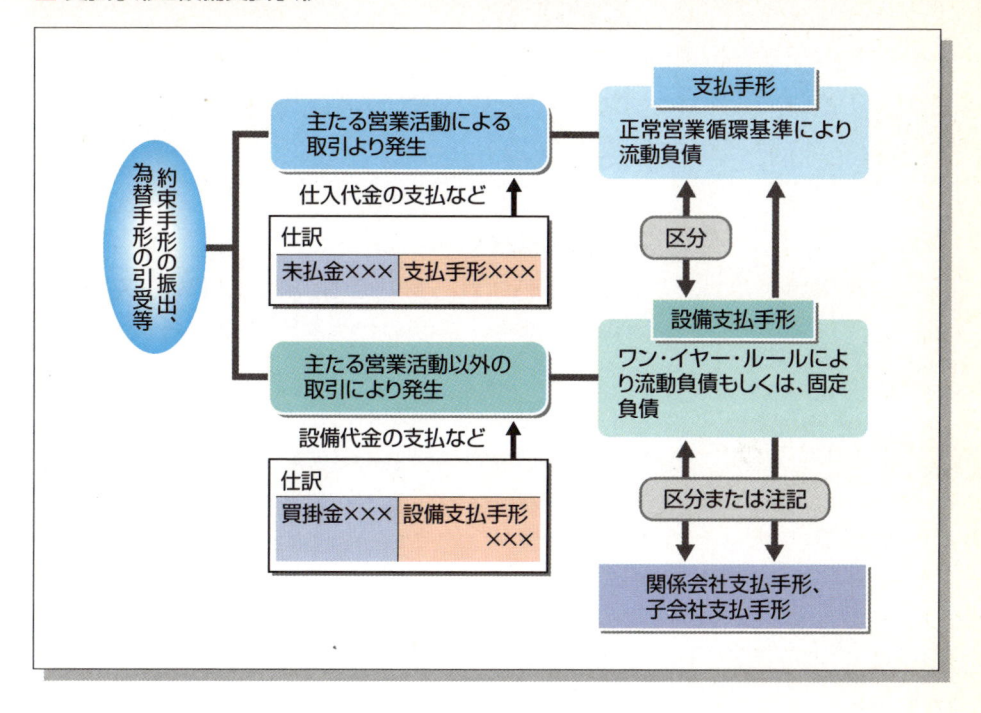

```
約束手形の振出、為替手形の引受等
    ├─ 主たる営業活動による取引より発生 ──→ 支払手形
    │       仕入代金の支払など              正常営業循環基準により流動負債
    │    仕訳
    │    未払金×××  支払手形×××
    │                                    ↕ 区分
    │
    └─ 主たる営業活動以外の取引により発生 ──→ 設備支払手形
            設備代金の支払など            ワン・イヤー・ルールにより流動負債もしくは、固定負債
         仕訳
         買掛金×××  設備支払手形×××
                                        ↕ 区分または注記
                                        関係会社支払手形、子会社支払手形
```

▶ 支払手形記入帳

　手形の不渡りを2回出してしまうと、銀行の取引停止処分を受け、実質的に会社が倒産するということは前に述べたとおりです。しかしながら、単純な資金不足により不渡りを出すこともあれば、支払手形の記載不備によって不渡りとなってしまう場合や、他の預金口座から決済口座への資金移動を行わなかったことにより不渡りを出すようなこともあります。

　このため、「支払手形記入帳」という補助簿を作成し、支払手形の残高管理や期日管理を行う必要があります。

　支払手形記入帳には、通常、約束手形の振出日または為替手形の引受日、振り出した相手先の名称、手形の金額、決済日、決済銀行口座などが記載されます。

　さらに、安全を期すためには、書き損じた手形をむやみに捨ててはいけませんし、手形用紙にあらかじめ捺印しておくようなことは、厳に控えなければなりません。

Ref.

手形の不渡り
手形の不渡りについては、Sec.17「受取手形」の「不渡り」の項目を参照のこと。

Memo

書き損じた手形は、廃棄せずに、手形用紙の控え(俗に「ミミ」という)と一緒に保管しておくことが望ましい。

Section 37

第3章
負債・純資産項目

買掛金

主たる営業取引から生ずる債務を処理する

Point
企業の主たる営業取引から発生した債務を「買掛金」という。主たる営業取引以外の取引から発生した債務は、「買掛金」で処理せず「未払金」などで処理する。

Memo
仕入先元帳は、総勘定元帳の「買掛金」勘定の内訳明細記録であるから、仕入先元帳の残高の合計と、総勘定元帳上の買掛金残高とは、必ず一致していなければならない。このため、月末など決まったタイミングで両者を照合しておくことが必要となる。

Memo
法人税申告書の添付書類である「買掛金の内訳書」には、原則として期末残高50万円以上のものを各別に記入し、その他は一括で記入することとなっている。

▶ 買掛金とは

「売掛金」の項で述べたとおり、現在ではお互いの信用のもと、一定期間の取引代金をまとめて決済する約束で取引をすることが主流となっています。このような信用取引のもと、発生した仕入債務を「買掛金」といいます。

「買掛金」は、会社の主たる営業取引により発生した債務を処理する科目ですから、主たる営業取引以外の取引から発生した債務を「買掛金」として処理することはできません。この場合は、「未払金」という勘定科目により処理されます。

なお、「買掛金」は正常営業循環基準によって、無条件に流動負債の区分に表示されることになります。

▶ 買掛金の管理

掛取引はお互いの信用の上に成り立つものです。従って、掛代金の決済が滞ることにより信用が失われると、やがて現金取引でしか仕入を行えなくなることにもなりかねません。

「買掛金」の相手先別残高を把握し、期日管理をしっかりと行うためには、「売掛金」の場合と同様に、補助簿を作成し利用します。「売掛金」の補助簿を「得意先元帳」と呼んだのに対して、「買掛金」の補助簿は「仕入先元帳」と呼びます。

仕入先元帳の仕入先別買掛金残高の合計と、総勘定元帳の買掛金残高とは、必ず一致していなければなりませんので、両者は定期的に照合しておく必要があります。

また、仕入先元帳の口座別残高に、長期滞留残高やマイナス残高などの異常残高が発生していないか、十分にチェックしておく必要があります。

まず、長期滞留残高は、税務調査で、その「買掛金」の取り

■ 買掛金の管理

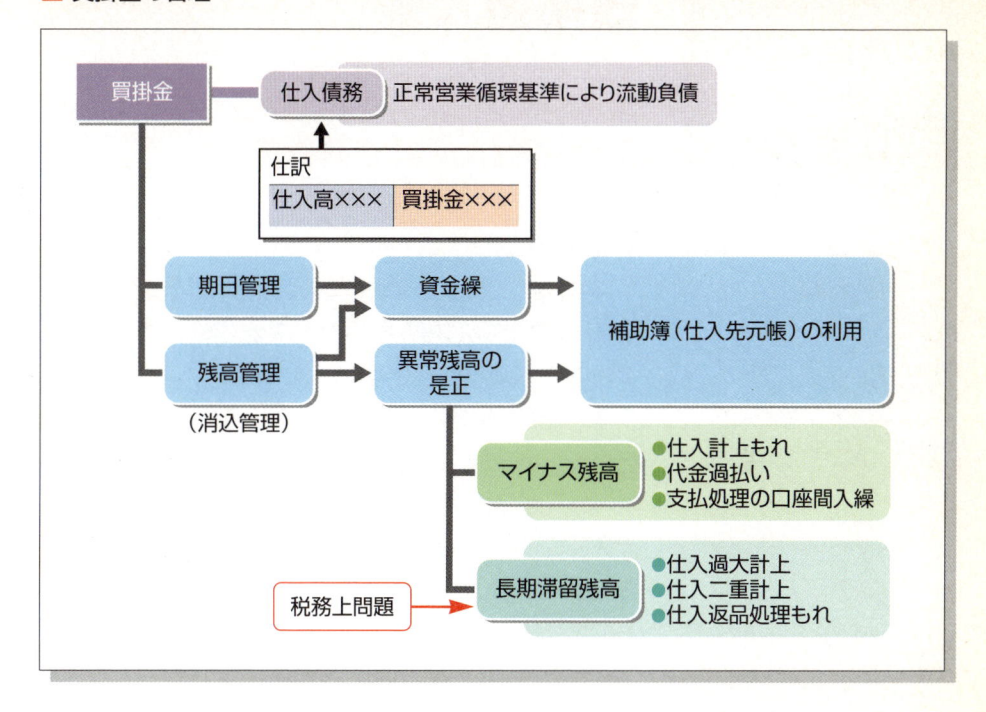

```
買掛金 → 仕入債務  正常営業循環基準により流動負債
         ↑
        仕訳
        仕入高×××  買掛金×××

  ├─ 期日管理 → 資金繰 ──┐
  │                      ├→ 補助簿（仕入先元帳）の利用
  ├─ 残高管理 → 異常残高の是正 ┘
     (消込管理)
                 ├─ マイナス残高 ● 仕入計上もれ
                 │               ● 代金過払い
                 │               ● 支払処理の口座間入繰
                 │
    税務上問題 → └─ 長期滞留残高 ● 仕入過大計上
                                 ● 仕入二重計上
                                 ● 仕入返品処理もれ
```

消しを求められ、追徴課税を受ける場合があります。これは、「買掛金」の長期滞留は、確定債務としての性格に疑義があるものとして損金不算入とされることによります。

一方、マイナス残高は、仕入計上もれ、代金過払い、支払処理の口座間入繰などの理由によって発生し、いずれも商売の上で問題となりますので注意が必要です。

▶ 総額表示

会社の営業取引において、ある会社が、仕入先であると同時に得意先であるという場合は少なくありません。

そのような場合、決算日時点において、同一の会社に対して「売掛金」という債権が発生していると同時に、「買掛金」という債務が発生している場合があります。しかし、両者は相殺することなく、「売掛金」「買掛金」ともに総額をもって貸借対照表に記載しなければなりません。

Memo

仕入先に、自社の指定納品書を統一的に使用させることによって、書類整理などの事務処理を簡素化し、効率化することができる。

Ref.

総額主義の原則
会計上は、取引規模を明らかにするために総額で表示する。このことは、「企業会計原則」の第3「貸借対照表原則」1-Bにより定められている。

Section 38

第3章
負債・純資産項目

短期借入金

決算日後1年以内に支払期限が到来する金融機関等からの金銭債務

Point

「短期借入金」とは、決算日後1年以内に支払期限が到来する借入金であり、「長期借入金」のうち、返済期限が1年以内に到来するものを含む。

Memo

消費貸借という契約では、借主の利息支払義務は特約によって生ずるという建前となっているが、商人の間における金銭消費貸借においては、特約がなくても貸主は法定利息（年6％）を請求できることとなっている。

Memo

原則として、商業手形割引の利息は前払い、当座借越の利息は後払いとなっている。手形借入は前払のケースが多いが、手形の差し入れとともに、証書によって分割返済を約する場合もあり、その場合は利息が後払いとなる。

▶ 借入金

「借入金」とは、金銭消費貸借契約などにより、銀行などの金融機関や取引先、親会社などから資金を借り入れた場合の金銭債務を処理する勘定科目をいいます。

借入金は返済期限の長短により、流動負債と固定負債とに区分表示することになります。この長短区分には、ワン・イヤー・ルールが適用されます。返済期限が、決算日の翌日から起算して1年以内に到来するものを「短期借入金」として流動負債の部に記載。また、1年を超えて返済期限が到来するものを「長期借入金」として固定負債の部に記載します。

▶ 1年以内返済長期借入金

「長期借入金」であっても分割返済の定めがある場合には、その借入金の全体を「長期借入金」で処理しておくことはできません。返済期限が1年以内に到来する部分は、「1年以内返済長期借入金」などの勘定科目によるか、または「短期借入金」勘定に含めて流動負債の部に記載することとなります。

毎決算期には、「長期借入金」のうち、翌期に返済期限の到来する部分を流動負債に振り替える手続きが必要となります。

▶ 手形借入と当座借越

金融機関による短期融資の手法としては、「手形借入」と「当座借越」、および「商業手形割引」があります。手形借入と当座借越は「短期借入金」として処理されますが、商業手形割引は割引手形ですから、「短期借入金」勘定では処理しません。

「手形借入」とは、借り手側が支払手形を振り出して貸し手側に担保として差し入れる方法による融資取引です。借入金

■ 借入金の区分

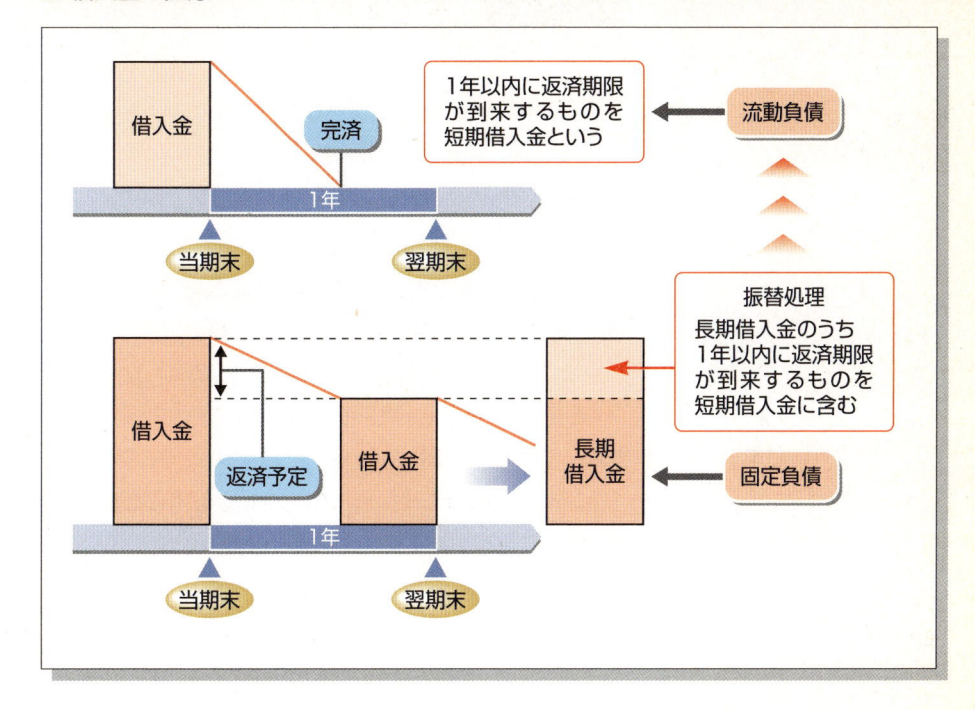

図中:
- 1年以内に返済期限が到来するものを短期借入金という → 流動負債
- 借入金 → 完済（当期末〜翌期末 1年）
- 振替処理：長期借入金のうち1年以内に返済期限が到来するものを短期借入金に含む
- 借入金（返済予定）／借入金 → 長期借入金 → 固定負債
- 当期末・翌期末（1年）

を期日に返済すれば、手形は返却されます。

「当座借越」とは、金融機関との間で当座借越契約を結ぶことによって、一定の範囲内であれば、当座預金の残高が不足する場合であっても、自動的な融資が実行され、手形や小切手の決済を行うことができるというものです。

▶ 区分表示と注記

信用力が十分でない会社の資金調達方法の1つとして、親会社から資金手当てを受けるということがよくあります。その場合発生する債務は、「親会社短期借入金」等の勘定科目を用い、他の借入金と区別して記載するか、他の借入金と同様の勘定科目で処理し、その旨を注記により明らかにする必要があります。

また、取締役や監査役から資金を融通してもらった場合は、その総額を注記しなければなりません。

Memo
役員または従業員からの借入金の金額が、負債・純資産の合計額の100分の1を超える場合は、その内容を示す名称を付して区分掲記しなければならない。
このことは、「財務諸表等規則」第50条により定められている。

Memo
関係会社等についての区分表示および、取締役等に対する金銭債務の注記事項については、「会社計算規則」第134条により定められている。

Section 39

第3章
負債・純資産項目

未払金

主たる営業取引以外の取引により生ずる債務

Point

「未払金」とは、主たる営業取引以外の取引より生じる債務を処理する勘定科目をいう。

Ref.

買掛金
「買掛金」の詳細については、Sec.37を参照のこと。

Ref.

未払費用
「未払費用」の詳細については、Sec.41を参照のこと。

▶ 未払金とは

「未払金」は、会社にとって主たる営業取引以外の取引から発生した金銭債務を処理する勘定科目です。

会社の主たる営業取引である商品などの購入取引は、すでにお話ししたように「買掛金」によって処理されることとなります。それ以外の取引ということになれば、その範囲は広く、交際費、交通費の代金未払額や、広告料、消耗品費、または固定資産や有価証券購入の代金未払額など、さまざまな取引から発生する債務が、「未払金」勘定で処理されます。

「未払金」もワン・イヤー・ルールの適用を受け、決算日の翌日から起算し、1年以内に支払期限が到来するものを流動負債とします。1年を超えて支払期限が到来するものを「長期未払金」などの勘定科目によって固定負債として表示します。

▶ 未払費用との区別

「未払金」と間違いやすい勘定科目に「未払費用」があり、両者は債務の確定によって区別されます。

債務が確定する前の未経過未払額を「未払費用」として扱い、支払期限が到来するなどして債務が確定したものについては、「未払金」として取り扱われることになります。

実務では、固定資産の購入など設備取得に対する確定債務のみを「未払金」として処理し、経費などの未払額を「未払費用」に含める処理も多いようですが、厳密にいえば、そのような処理は誤りです。

▶ 未払給与の取り扱い

中小企業では、役員報酬や部課長の給与などを、資金繰り

■ **未払金の取り扱い**

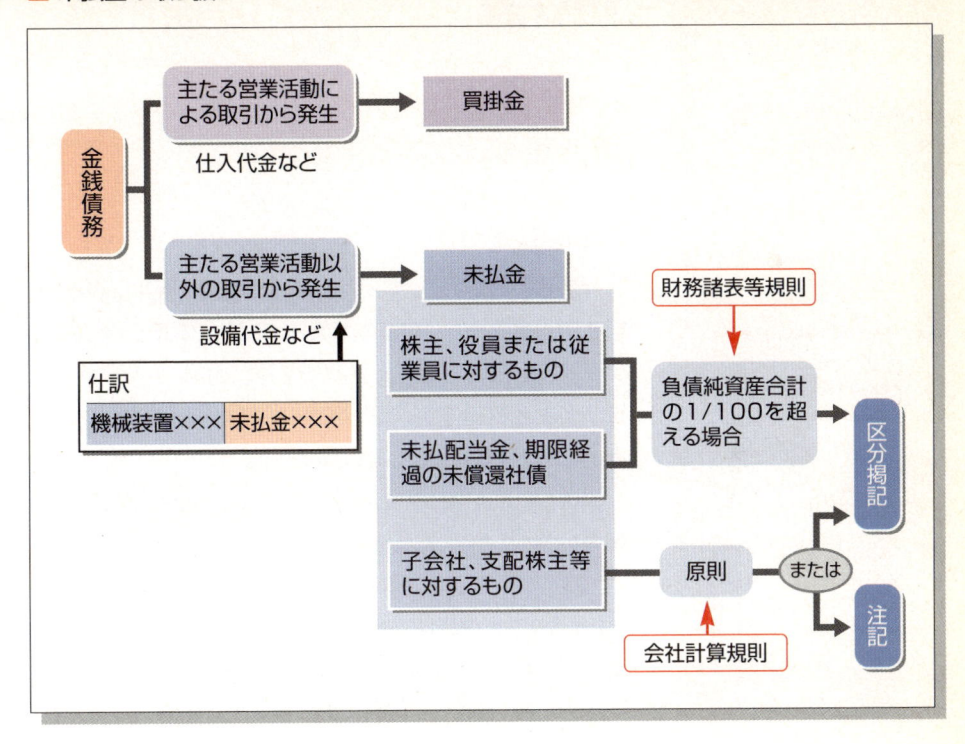

```
                 ┌─ 主たる営業活動     ──→ 買掛金
                 │  による取引から発生
                 │     仕入代金など
   金銭債務 ─────┤
                 │
                 └─ 主たる営業活動以   ──→ 未払金
                    外の取引から発生
                       設備代金など
```

仕訳： 機械装置××× ／ 未払金×××

未払金の内訳：
- 株主、役員または従業員に対するもの
- 未払配当金、期限経過の未償還社債
  → 【財務諸表等規則】負債純資産合計の1/100を超える場合 → 区分掲記
- 子会社、支配株主等に対するもの
  → 【会社計算規則】原則 → 区分掲記 または 注記

の都合で、支給日に正しく支給することができず、支払いを遅らせるようなケースがあります。ところが、支給日において、その支払債務は確定していますので、給与の未払額は、「未払金」勘定を使って処理します。

▶ **区分表示**

　主たる営業取引以外の取引による債務を「未払金」とすれば、その範囲はかなり広くなってしまいます。明瞭表示のために、残高に重要性がある場合には、その債務の内容を示す名称を付して区分表示しなければなりません。

　特に、財務諸表等規則では、株主、役員、従業員に対する「未払金」あるいは、「未払配当金」「未償還社債」について、その残高が、負債・純資産の合計額の100分の1を超える場合には、区分掲記するものとされています。

預り金

預り金はその内訳ごとに管理することが望ましい

第3章 負債・純資産項目

Point
「預り金」とは、役員、従業員などから一時的に預かった金銭等を処理する勘定科目である。

Memo
源泉所得税、住民税は翌月10日まで、社会保険料は翌月末日までに納付することとされている。雇用保険料は1年分を5、8、11月末日の3回に分けて納付するが、8、11月は概算納付で、5月に1年分の実績により精算を行う。

Keyword
普通徴収・特別徴収
納税者本人が住民税を納付する方法を「普通徴収」といい、会社が給料などの支払いの際に天引きして、納税者本人に代わって納付する方法を「特別徴収」という。
特別徴収が原則とされている。

Memo
延滞税や不納付加算税といった附帯税は、罰金としての性格をもつため、法人税の課税所得の計算上は損金不算入とされる。

▶ 預り金とは

「預り金」とは、会社が役員、従業員、取引先等から、後日その者に返金するか、または、その者に代わって第三者に支払いをするために、一時的に金銭等を預かった場合の債務を処理する勘定科目です。預り金はワン・イヤー・ルールにより、ほとんどが流動負債として取り扱われます。

具体例としては、給与から差し引かれる源泉所得税や社会保険料の本人負担分、特別徴収の住民税などがあげられます。

「源泉所得税」とは、役員や従業員へ給与を支払ったり、税理士、弁護士等に報酬を支払ったりする際に、所得税を源泉徴収して、代わりに納税する制度です。源泉徴収の時点で「預り金」として処理し、納税の時点で「預り金」の支払処理を行います。

社会保険料や雇用保険料は、被保険者本人と会社が一定割合を負担し合い、会社がまとめて社会保険事務所などに保険料を支払うしくみです。本人が負担すべき保険料は、給与から天引きされることとなります。この天引きした保険料を「預り金」で処理します。

住民税には、「普通徴収」と「特別徴収」という2種類の徴収方法がありますが、従業員や役員が特別徴収の方法を選択した場合には、社会保険料と同様に、住民税は給与から天引きされ、会社がまとめて納税することとなりますので、この天引きした住民税を「預り金」で処理します。

▶ 預り金の管理

「預り金」は、それぞれ支払いの時期が異なりますが、源泉所得税や住民税、社会保険料を、その支払期日までに納めないと、延滞税、不納付加算税などの附帯税を負担しなければなら

■ 預り金の内容

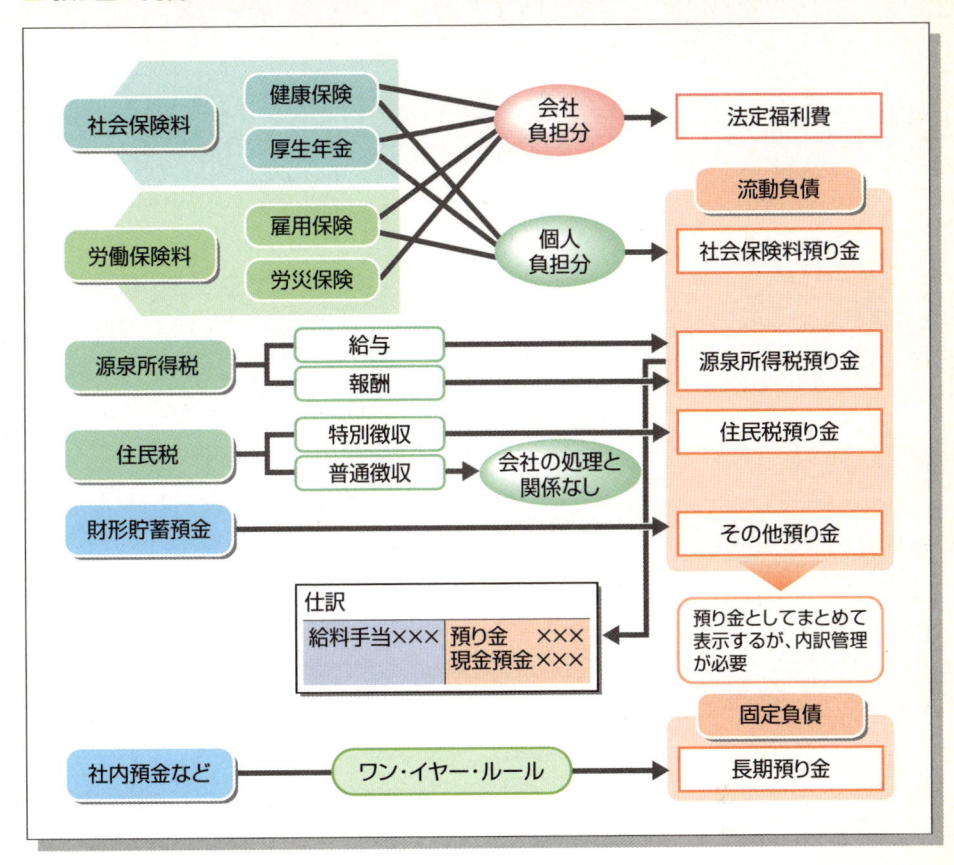

```
社会保険料 ─┬─ 健康保険 ─┐         ┌─ 会社負担分 ──→ 法定福利費
            └─ 厚生年金 ─┤         │
                        ├─────────┤              ［流動負債］
労働保険料 ─┬─ 雇用保険 ─┤         └─ 個人負担分 ──→ 社会保険料預り金
            └─ 労災保険 ─┘

源泉所得税 ─┬─ 給与 ───────────────────────────→ 源泉所得税預り金
            └─ 報酬 ───────────────────────────→

住民税 ─────┬─ 特別徴収 ──────────────────────→ 住民税預り金
            └─ 普通徴収 ──→ 会社の処理と関係なし

財形貯蓄預金 ──────────────────────────────────→ その他預り金
```

仕訳
| 給料手当××× | 預り金 ××× |
| | 現金預金××× |

→ 預り金としてまとめて表示するが、内訳管理が必要

［固定負債］

社内預金など ──→ ワン・イヤー・ルール ──→ 長期預り金

なくなります。このため、「預り金」の内訳を補助簿によって記録し、残高管理、期日管理を行うことが望ましいといえます。

▶ 長期預り金

　従業員の社内預金も「預り金」ということになりますし、また、取引先の信用度に応じて、営業保証金を担保として受け入れることもあります。この場合の受け入れ額も「預り金」として処理しますが、いずれも1年以内に返済する必要がありませんので、流動負債とするわけにはいきません。

　これらは、「長期預り金」「預り保証金」などの勘定科目によって、固定負債として取り扱うこととなります。

Memo

役員または従業員からの預り金の金額が、負債・純資産の合計額の100分の1を超える場合は、その内容を示す名称を付して区分掲記しなければならない。
このことは、「財務諸表等規則」第50条に定められている。

未払費用・前受収益

適正な期間損益計算のために決算整理において計上される

▶ 未払費用

「未払費用」とは、支払利息、給料など、一定の契約に従い継続して役務の提供を受けている場合で、すでに提供を受けた役務に対して、いまだ、その支払期日が到来せず、その対価の支払いが終わっていないものを処理する勘定科目です。

たとえば、利息の未払いなどは、決算整理において、計算値によって「未払費用」により費用計上できます。

▶ 前受収益

「前受収益」とは、未経過の受取利息、受取家賃など、一定の契約に従い継続して役務の提供を行う場合で、いまだ提供していない役務に対して支払いを受けたときの対価を処理する勘定科目です。

通常、家賃は翌月分を当月に支払うといった前払いの方法によることが一般的です。ところが、これを受け取る側からみると、いまだ提供を行っていない翌月分の家賃を前もって受け取っているに過ぎず、翌月以降の収益になるものです。従って、このような収入があったとしても、その月の収益とすることはできませんので、すでに受け入れた現金預金の相手勘定として「前受収益」勘定が用いられることになるのです。

このため、家賃の前受けなども、期中処理の段階では、単純に「受取家賃」などの損益科目によって処理しておき、決算整理の段階で、翌期以降の収益となる部分を「前受収益」勘定に振り替える処理方法が一般的です。

なお、主たる営業取引である商品販売取引において現金預金を前受けした場合には、「前受金」勘定により処理することになりますので注意が必要です。

Section 41

第3章
負債・純資産項目

Point

「未払費用」「前受収益」は、適正な期間損益計算を行うために、決算整理で登場する経過勘定項目である。

Memo

「未払費用」と「未払金」の違いについては、Sec.39を参照のこと。

Memo

給与の支給日が到来して、なお未払いの状態である場合には、「未払金」勘定に振り替えることとなる。Sec.39を参照のこと。

Ref.

経過勘定項目

経過勘定項目については、「企業会計原則」注解5により定められている。

Ref.

重要性の原則

「前払費用」「未収収益」「未払費用」および、「前受収益」のうち、重要性の乏しいものについては、経過勘定項目として処理しないことができる。
このことは、「企業会計原則」注解1により定められている。

■ **未払費用と前受収益**

未払費用
※毎月、給与締日が20日、給与支給日が25日の場合

20日 → 給与締日
25日 → 給与支給日
月末 → 期末

未払給与

仕訳：給料手当 ××× ／ 未払費用 ×××

前受収益

前月末 → 家賃受取
月末 → 家賃受取
期末

毎月1カ月分の家賃を前受け

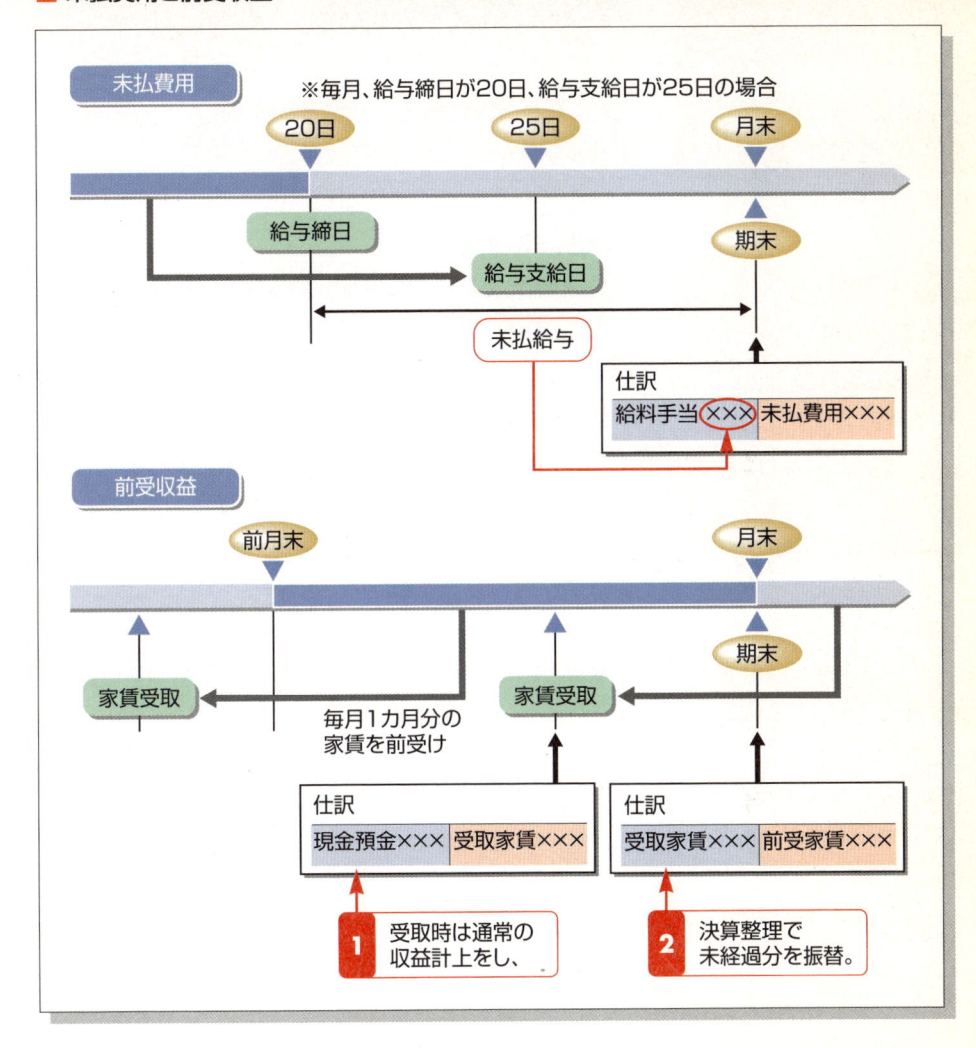

仕訳：現金預金 ××× ／ 受取家賃 ×××
仕訳：受取家賃 ××× ／ 前受家賃 ×××

1 受取時は通常の収益計上をし、
2 決算整理で未経過分を振替。

▶ **未払費用と前受収益の計上時期と表示区分**

「未払費用」「前受収益」はワン・イヤー・ルールの適用を受け、通常は、流動負債として取り扱われますが、固定負債として取り扱われることとなった「前受収益」がある場合には、「長期前受収益」などの勘定科目で表示することとなります。

Section 42

第3章
負債・純資産項目

未払法人税等

法人税、住民税及び事業税の租税債務を流動負債として計上

Point
「未払法人税等」とは、期末における、法人税、住民税及び事業税の確定未納税額を処理するための勘定科目である。

Keyword
申告期限の延長
法人税の確定申告は、会社の確定決算にもとづいて行われることとされているが、金融商品取引法の適用を受ける会社のように、決算日後2カ月では決算が確定しないような場合には、申告期限を1カ月延長することができる。
この延長は、申告期限のみの延長であり、決算日後2カ月という納付期限は延長されないため、納付期限で仮納付を行わなければならない。また、確定決算にもとづく必要のない消費税の申告期限は延長できないという点に注意が必要である。

Memo
消費税の確定未納税額は、「未払消費税等」という勘定科目で処理されることとなり、「未払法人税等」に含めてはならない。

▶ **未払法人税等とは**

「未払法人税等」とは、会社が支払うべき税金で、所得に対して課税される税金の当期負担額のうち、期末の未納税額を処理するための勘定科目です。

この場合の、所得に対して課税される税金とは、法人税、道府県民税、市町村民税および事業税をいいます。道府県民税と市町村民税は合わせて住民税と呼ばれます。

会社は決算日後2カ月以内に、その事業年度の課税所得と納税金額を計算し、確定申告を行わなければなりません。

この確定申告による税額の納付期限も決算日2カ月後の末日とされていますので、決算日現在では、確定納税額が必ず未払いとなっています。そこで、この未納税額を負債として貸借対照表に計上するために、「未払法人税等」という勘定科目が使用されることとなるわけです。

「未払法人税等」は、2カ月後に必ず納付されるものですから、ワン・イヤー・ルールにより、流動負債とされます。

▶ **未払法人税等の計上金額**

「未払法人税等」として処理される金額は、期末時点における未納税額です。ところが、この金額は、その事業年度の確定税額とは異なります。なぜならば、これらの税金には、期中において前払いする部分があるためです。

まず、「予定納税」と「中間納税」があります。いずれも、一時の納税負担を緩和するために、決算日後8カ月を経過したところで、税金の一部を前払いするしくみです。予定納税は、単純に、前期の確定税額の半分を納税するのに対し、中間納税は、半期で仮決算を行い、年度末の確定申告とほぼ同様の

■ 未払法人税等の計上額

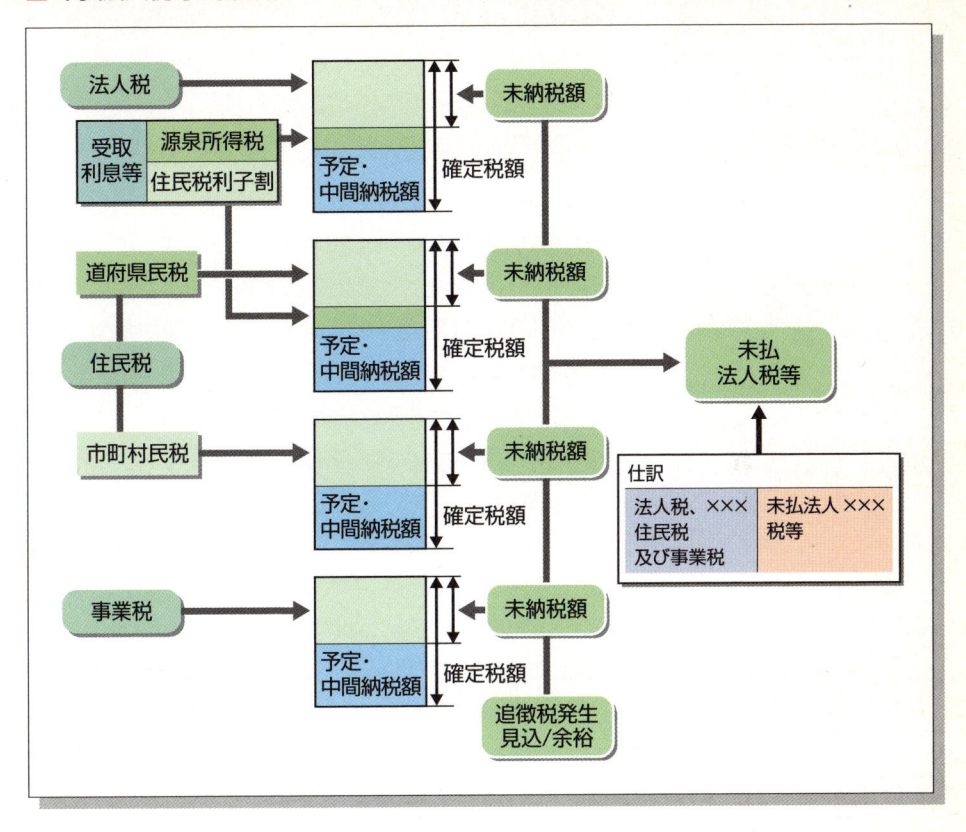

方法によって、半期の課税所得と納税額を計算し、中間申告を行う方法で、会社はどちらかを選択することができます。

この場合の納税額は、その期の確定税額の前払いですから、確定納付の際には、その分を差し引いた残額だけを納めることとなります。

次に、利子や配当金に対する源泉所得税額があります。これらは、法人税、住民税の前払いとみなされますので、予定納税や中間納税の場合と同様に、確定税額から差し引くことができます。

実際の「未払法人税等」の計上額は、このような確定未納税額に、税務調査などによる追加的な税負担の発生を考慮して、やや多めの金額とする場合が多いようです。

Ref.

所得税額控除

利子や配当金の源泉所得税は、そのすべてが法人税等の前払いとして認められるわけではなく、法人税法の規定に従った控除税額計算が必要となる。
このことは、「法人税法」第68条により定められている。

Section 43

第3章
負債・純資産項目

Point

「社債」とは、「社債券」という有価証券の発行を通じて、広く一般大衆から借り入れた長期債務をいう。「社債」には、「普通社債」と「新株予約権付社債」の2種類がある。

Keyword

償還期限

「社債」に償還期限があることが会社にとって重荷になることがある。

Memo

既存株主の利益を侵害する可能性がある場合、つまり、株主以外の者に対して特に有利な新株予約権付社債を発行する場合や、実質的に従来の分離型新株引受権付社債を発行する場合には、株主総会の特別決議が必要になる。

社債

有価証券の発行を通じて一般投資家から調達した長期債務

▶ **社債とは**

「社債」とは、会社が外部から資金調達をするために「社債券」と呼ばれる有価証券を発行し、これにより発生した債務のことをいいます。

将来弁済しなければならない「負債としての性格」は「借入金」と同じですが、借入金は通常「借入証書」を取り交わすことで発生するのに対して、社債は「社債券」という有価証券を発行することで発生するという点で異なります。

また、有価証券を発行して資金調達をするという点では「資本金」と同じです。ただし、「資本金」には弁済義務がないのに対して、「社債」は償還期限があり、期日が到来すると償還(弁済)しなければならないという点で異なります。従って、貸借対照表上の表示も、資本金が「純資産の部」に表示されるのに対して、社債は「負債の部」に表示されることとなります。

▶ **普通社債と新株予約権付社債**

「社債」は「普通社債」と「新株予約権付社債」の2種類に分類されます。「社債」は従来、「普通社債」「転換社債」「新株引受権付社債(ワラント債)」の3種類に分類されていましたが、2002年4月1日施行の商法改正により、後者の2種類の社債は、「新株予約権付社債」に分類されました。

「新株予約権付社債」とは、新株予約権を有する者が会社に対して権利を行使した場合に、会社が新株を発行するか、または会社が保有する自己株式を譲渡することです。あらかじめ決められた価額で株式を取得する権利が付されている社債をいいます。社債の発行には、取締役会の決議(および株主総会の決議)が必要です。

■ 社債の種類

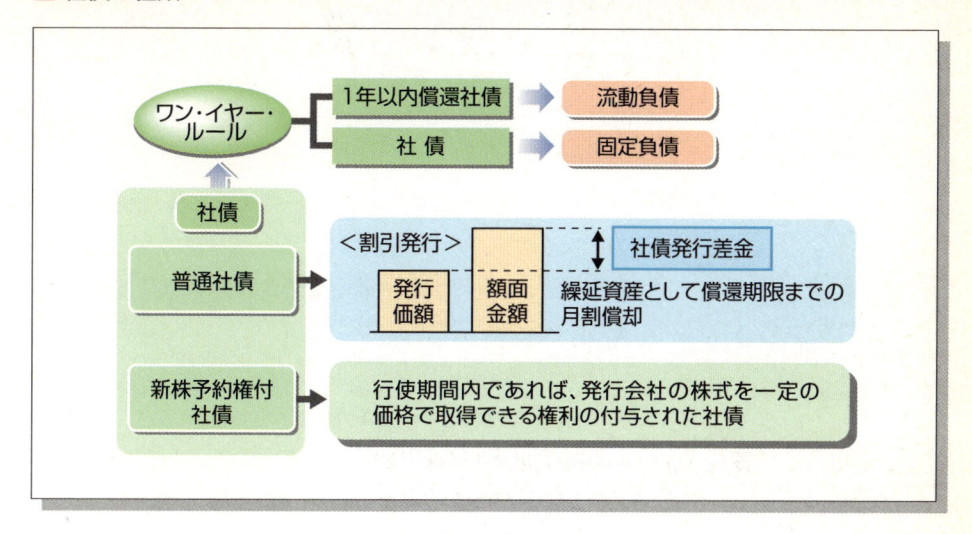

```
             ┌─ 1年以内償還社債 → 流動負債
ワン・イヤー・┤
ルール         └─ 社債            → 固定負債
    ▲
    │
  ┌─社債─┐
  │      │
  │普通社債│ → <割引発行>  発行価額│額面金額  ↕ 社債発行差金
  │      │                              繰延資産として償還期限までの
  │      │                              月割償却
  │新株予約権付│ → 行使期間内であれば、発行会社の株式を一定の
  │社債      │   価格で取得できる権利の付与された社債
```

　新株予約権は、(1)ストック・オプションを付与する場合および一般向けの発行、(2)社債と組み合わせて発行する場合および社債に付せず単独で発行、することができます。この新株予約権は、今後、資本金となる潜在的出資と考えることができるため、純資産の部に新株予約権として記載されることになります。

▶ 貸借対照表上の表示

　「社債」は、その償還期間によってワン・イヤー・ルールが適用されます。当初は償還期限まで1年以上あるものとして発行されますので固定負債に表示されますが、「社債」の償還期限が決算日後1年以内に迫ったものは「1年以内償還社債」として流動負債に振り替え、流動負債として表示されます。

▶ 普通社債の会計処理

　社債には「利札」と呼ばれるクーポンがついており、これとの引き換えにより一定の利息を支払うこととなっています。この利息は「社債利息」として処理します。
　この場合、毎年の金利負担を抑えながらも、投資家にとっ

Ref.

取得した側の処理
「社債」は、取得した側では「有価証券」として処理する。
Sec.19「有価証券」、Sec.31「投資有価証券」を参照のこと。

て魅力的な利回りを確保するための手法として、社債を割引発行するケースがあります。

「割引発行」とは、額面金額を下回る価額で社債を発行することで、この場合の額面金額と発行価額との差額は、償還期限内に利息として処理されることになります。

また、社債発行のために要した、募集公告費、金融機関への取扱手数料、登録免許税などの登記関連費用、社債券印刷費などは「社債発行費」という繰延資産として貸借対照表に繰り延べることができます。

▶ 新株予約権付社債の会計処理

新株予約権付社債の会計処理は、代用払込（現金の払込に代えて、社債に対して払込み済みの金額を新株式の払込金に充当すること）の有無によって異なります。

(1) 代用払込が認められる新株予約権付社債

（実質的に従来の非分離型新株引受権付社債）

発行価額を社債の対価部分と新株予約権の対価部分とに区分します（区分法による）。

〔社債の対価部分の会計処理〕

社債の対価部分は、普通社債の取得に準じて処理します。

〔発行者側の新株予約権部分の会計処理〕

新株予約権の対価は負債の部に計上し、権利が行使されたときは、資本金又は資本金及び資本準備金に振り替え、権利が行使されずに権利行使期限が到来したときは利益として処理します。

〔取得者側の新株予約権部分の会計処理〕

有価証券の取得として処理し、権利行使したときは有価証券（株式）に振り替えます。

(2) 代用払込の請求があったとみなす新株予約権付社債

（実質的に従来の転換社債）

〔発行者側〕

社債の対価部分と新株予約権の対価部分の各々の発

Memo

新株予約権付社債の処理方法としては、右で説明したように、新株予約権の対価相当額を認識して「新株予約権」勘定で流動負債として表示する「区分法」と、一括して社債に含める「一括法」とがある。その仕訳の仕方を右頁に示す。

■ 新株引受権付社債の処理方法

(注)新株予約権は割当金額100円につき20円

	一括法 (新株予約権を社債と区分しない)				区分法 (新株予約権を社債と区分する)				
発行時	現金	1,000	社債	1,000	現金	800	社債	800	新株予約権を区分処理し、同額を社債発行差金とする
					現金	200	新株予約権	200	
期末	社債利息	20	現金	20	社債利息	20	現金	20	社債利息を計上する
					社債利息	40	社債	40	
権利行使	現金	2,000	資本金 資本準備金	1,000 1,000	現金	2,000	資本金 資本準備金	1,000 1,000	権利行使して、新株を取得するとともに、新株予約権が消滅
					新株予約権	100	資本準備金	100	

行価額を合算し、普通社債の発行に準じて処理します(一括法による)。または、代用払込が認められる新株予約権付社債の会計処理に準じて処理します。

〔取得者側〕

社債の対価部分と新株予約権の対価部分の各々の発行価額を合算し、普通社債に準じて処理し、権利行使したときは有価証券(株式)に振り替えます。

上記の処理によって生じた「新株予約券」は純資産の部に記載されることになります。

なお、同時に募集・割当が行われる新株予約権と社債で、両者が一体と見られるもの(実質的に従来の分離型新株引受権付社債)の場合は、新株予約権あるいは社債を個々に会計処理する方法はとりません。両者を一体のものとみなして区分法を適用して、発行者及び取得者は(1)と同様に会計処理します。

長期借入金

決算日後1年を超えて支払期限が到来する借入金をいう

第3章
負債・純資産項目

Point
「長期借入金」とは、借入金のうち、返済期限が1年を超えるものをいう。

Memo
借り入れの際には、金融機関から納税証明書の提出を求められる。これは、弁済不能になった場合に、財産を換価して回収を図ったとしても、税金の法定納期限が、抵当権などの設定以前である場合の未納税額の回収は、抵当権に優先するため、十分な保全を行う上で、税金の滞納などの調査は重要だからである。

Memo
関係会社等についての区分表示および、取締役等に対する金銭債務の注記事項については、「会社計算規則」第134条に定められている。

▶ 長期借入金とは

借入金は、主に銀行などの金融機関から「借入証書」により資金を調達した場合に発生します。また、役員や従業員から金銭を借り入れる場合や、親会社、子会社、関連会社などから借り入れる場合にも借入金が発生します。「長期借入金」とは、これらの借入金のうち、ワン・イヤー・ルールの適用によって、返済期限が決算日後1年を超えて到来するものを処理するための勘定項目です。

ただし、分割返済の定めのある「長期借入金」や、当初、「長期借入金」で処理していた借り入れの返済期限が決算日後1年以内に到来する場合には処理が異なります。「短期借入金」に振り替えるか、「1年以内返済長期借入金」という独立の勘定科目を設けて表示するのです。

この「1年以内返済長期借入金」という科目は、貸借対照表の表示科目ですから、期中において、そのような科目を使って会計処理を行う必要はなく、多くの場合、決算手続において、表示組替の作業を通じて処理されます。

このため、総勘定元帳には「1年以内返済長期借入金」という勘定科目を設けないのが一般的です。

▶ 長期借入金の表示ルール

会社計算規則では、金融機関などからの借り入れの他に、子会社や支配株主等からの長期借入金がある場合には、原則として「子会社長期借入金」などの科目で区分表示することとされています。この場合、「長期借入金」勘定に含めて表示し、注記によって明らかとする方法も認められています。

また、取締役、監査役からの「長期借入金」については、そ

■ 長期借入金の表示処理

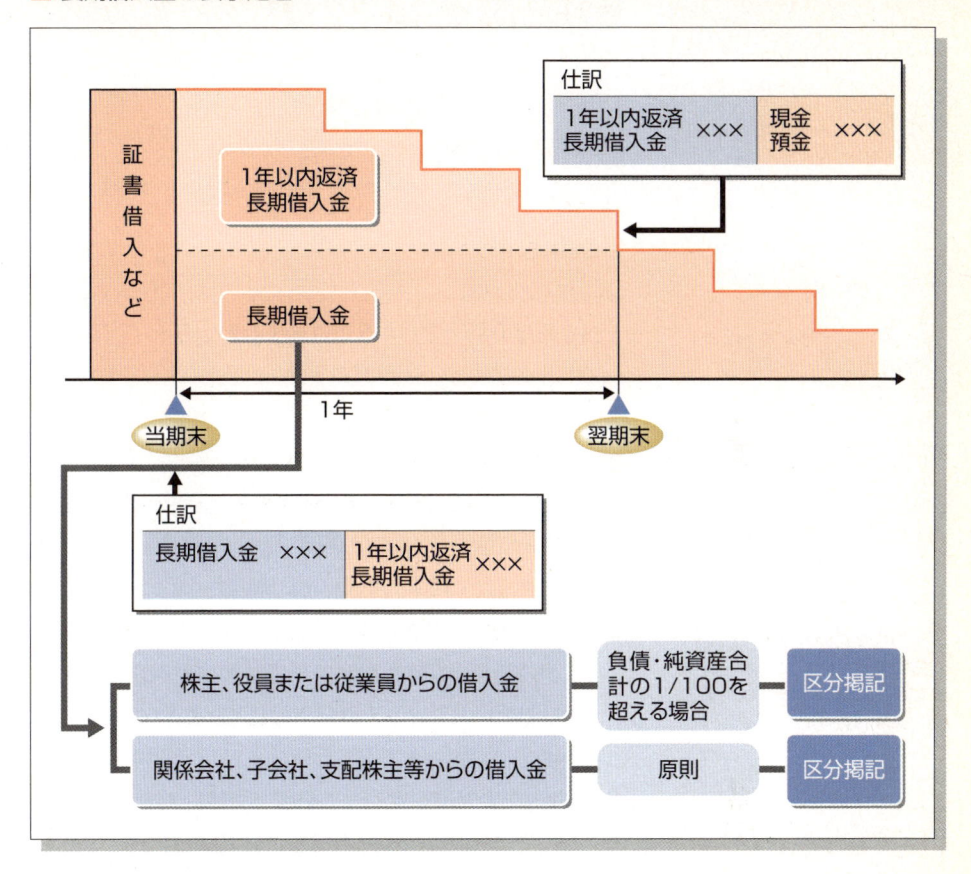

仕訳
| 1年以内返済長期借入金 ××× | 現金預金 ××× |

証書借入など

1年以内返済長期借入金

長期借入金

当期末 ← 1年 → 翌期末

仕訳
| 長期借入金 ××× | 1年以内返済長期借入金 ××× |

- 株主、役員または従業員からの借入金 → 負債・純資産合計の1/100を超える場合 → 区分掲記
- 関係会社、子会社、支配株主等からの借入金 → 原則 → 区分掲記

の総額を注記するものとされています。

　これに対して、財務諸表等規則では、関係会社からの「長期借入金」を「関係会社長期借入金」として区分掲記することが求められ、株主や役員、従業員からの「長期借入金」についても、区分掲記することとされています。

▶ **担保提供資産**

　金融機関から長期で借り入れをする場合には、不動産に対する抵当権設定など、必ず何らかの担保を要求されます。これらの担保に供した資産がある場合には、注記によって開示しなければなりません。

Memo

役員または従業員からの長期借入金の金額が、負債・純資産の合計額の100分の1を超える場合には、その内容を示す名称を付して区分掲記しなければならない。
このことは、「財務諸表等規則」第53条により定められている。

Section 44

Section 45

第3章
負債・純資産項目

引当金とは何か

将来発生するであろう費用や損失にそなえる

Point
「引当金」とは、将来に発生する可能性の高い費用を、その発生原因に着目して、発生以前の期に費用計上することを認めたものである。

Ref.
引当金の定義
引当金の定義については、「企業会計原則」注解18により定められている。

▶ **引当金とは**

「引当金」とは、
（1）将来の特定の費用または損失であって、
（2）その発生が当期以前の事象に起因し、
（3）発生の可能性が高く、
（4）かつ、金額を合理的に見積もれる場合に、
当期の負担に属する費用、または損失を、当期の期間損益計算に繰り入れることにより生ずる負債のことです。

　この引当金が、将来の費用、または損失であるということは、当期の時点では、まだ費用や損失の発生が認められないことを意味しています。現行の発生主義会計を前提とすれば、本来は費用・損失として計上することはできないこととなっています。しかし、その「原因の発生」という事実に着目して、合理的に金額が算定できる範囲で費用計上を認め、原因の発生した期の収益と対応させようとするものです。

▶ **引当金の分類**

　引当金は、まず、「評価性引当金」と「負債性引当金」とに分類されます。「評価性引当金」とは、特定の資産の貸借対照表価額を間接的に控除することによって、資産評価額を貸借対照表に表示させるために設定される引当金のことで、「貸倒引当金」がこれに当たります。

　「負債性引当金」とは、将来に確定する債務を、その原因が発生した期以降の貸借対照表に計上するために設定されます。

　この負債性引当金は、さらに、法的に債務たる引当金と、法的に債務とならない引当金の2種類に分類されます。前者に

■ **引当金の意義と分類**

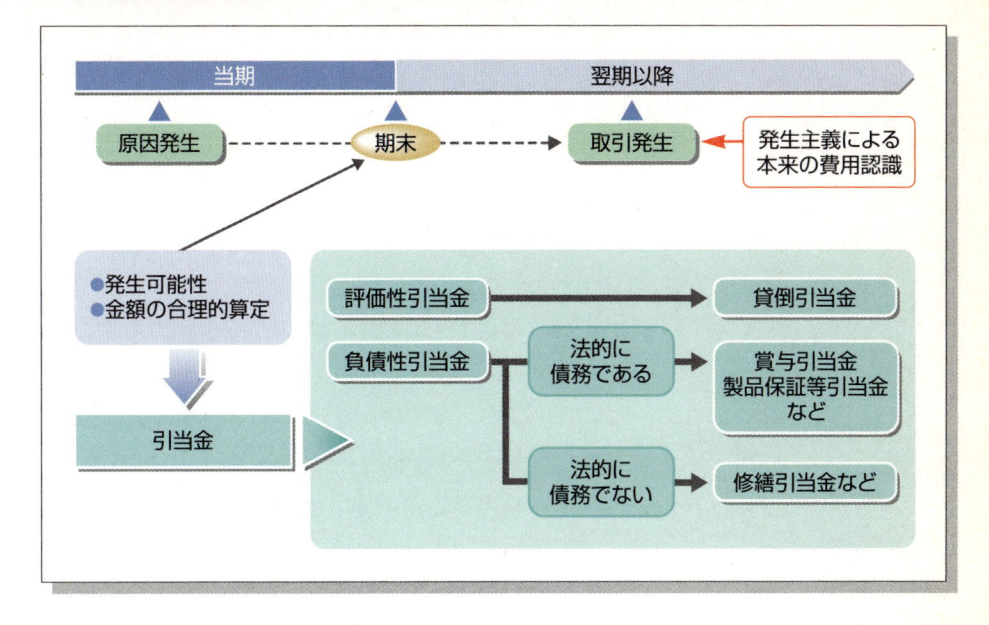

```
           当期              翌期以降
    ▲              ▲              ▲
  原因発生 -------- 期末 -------- 取引発生  ← 発生主義による
                                              本来の費用認識

  ●発生可能性        評価性引当金 ─────────→ 貸倒引当金
  ●金額の合理的算定
                   負債性引当金 ┬ 法的に ─→ 賞与引当金
        ↓                      │ 債務である  製品保証等引当金
      引当金                     │            など
                                 │
                                 └ 法的に ─→ 修繕引当金など
                                   債務でない
```

は、「賞与引当金」「製品保証等引当金」「退職給付引当金」「返品調整引当金」などが含まれ、後者には「修繕引当金」「債務保証損失引当金」などが含まれます。

▶ **賞与引当金**

　「賞与引当金」とは、翌期の賞与支給にそなえるために計上された引当金をいいます。

　一般的に、賞与は夏期と冬期の2回に分けて支給されます。そもそも賞与とは、従業員のそれまでの功績に報いるためのものですので、その計算期間は、支給の直前6カ月程度ということになります。すなわち、決算期末の時点で、当期に帰属する賞与の未払部分が存在することとなります。

　この未払賞与は、支払期日を迎えているわけではありませんし、支給額も確定しているわけではありませんので、確定債務として処理するわけにはいきません。そこで、この賞与の未払について、金額が確定しているか、それに準ずるものと認められる場合に限って、合理的な見積額を「賞与引当金」

として計上することとなるわけです。

　法人税法では、1998年の改正によって「賞与引当金」の廃止が決定され、「賞与引当金」は、純粋に財務会計のみの引当金となりました。

▶ 製品保証等引当金

　「製品保証等引当金」とは、販売後一定期間の補修を無償で行う契約がある場合に、翌期以降に発生するであろう補修費用にそなえるために、合理的な見積額を引当計上したものをいいます。

　法人税法では、「製品保証等引当金」も、「賞与引当金」と同様に、1998年の税法改正によって廃止され、財務会計のみの引当金となりました。

▶ 返品調整引当金

　「返品調整引当金」とは、商品や製品の販売に際して、無条件で返品を受け入れる商慣習や契約があり、実際に返品となる可能性が高い場合設けます。翌期以降の売上返品により発生する販売利益の喪失にそなえるために、合理的に見積もれる範囲で引当計上したものをいいます。

　1998年の税法改正では、「返品調整引当金」のみが旧来の制度のまま残されました。

▶ 修繕引当金

　「修繕引当金」とは、会社が保有する有形固定資産が、修繕を必要とする状況となっている場合に、翌期以降に発生するであろう修繕費負担にそなえるために、引当計上したものをいいます。

　「修繕費」は、実際に修繕を実施し、役務提供を受けた時点で損益計算書に費用計上されるべきものです。従って、修繕が必要な状態となった時点では、引当金による費用計上を行うこととなります。「修繕引当金」は、もともと税務上の損金算入は認められていませんので、財務会計のみの引当金とい

Memo

法人税法では、返品が商慣習となっている出版業などの事業を指定事業とし、そのような事業を営む会社に対してのみ、「返品調整引当金」を認めている。

Ref.

返品調整引当金

「返品調整引当金」については、「法人税法」第53条1項により定められている。

■ 引当金を巡る取扱い

種類	内容	税法上の取扱い	表示
貸倒引当金	債券の貸倒れによる損失にそなえる	個別評価金銭債権と一括評価金銭債権とに分け算定	B/S資産の控除項目
賞与引当金	賞与の支給にそなえる	制度なし	負債科目
製品保証等引当金	契約による無償補修の費用にそなえる	制度なし	負債科目
返品調整引当金	売上返品による販売利益の喪失にそなえる	売掛金基準もしくは売上高基準により算定	負債科目
退職給付引当金	退職金の支給にそなえる	制度なし	負債科目
修繕引当金	修繕費負担にそなえる	制度なし	負債科目

うことになります。

引当金には、この他にもさまざまな種類がありますが、「貸倒引当金」と「退職給付引当金」については、後ほど詳しく説明します。

▶ 引当金の表示

引当金は、どのような会計処理方法を採用するかによって計上金額が大きく変わります。その性格上、利益操作の手段として用いられやすいため、財務諸表等規則、商法施行規則ともに、引当金の計上方法を重要な会計方針として、注記を求めています。

また、貸借対照表における引当金の表示ですが、評価性引当金については、関連する資産から控除する形で、資産の部に計上するものとされます。また、負債性引当金は負債の部に計上するものとされています。

Memo

引当金の計上方法は、重要な会計方針として注記しなければならない。
このことは、「会社計算規則」第132条および、「財務諸表等規則」第8条の2に定められている。
流動資産にかかる評価性引当金は、流動資産から、投資その他の資産にかかる評価性引当金は、投資その他の資産から控除する形で表示される。このことは、「財務諸表等規則」第20条および、第34条により定められている。
一方、負債性引当金もワン・イヤー・ルールにより、流動負債もしくは固定負債として表示される。このことは、「財務諸表等規則」第49条および、第52条により定められている。

第3章 負債・純資産項目

Section 46

貸倒引当金

貸倒引当金は資産の控除項目として表示される

▶ 債権の回収不能額の算定

「貸倒引当金」は、将来の債権の貸倒れによる損失にそなえるために設定される「評価性引当金」です。

相手先の状況によって、回収不能と見込まれる債権が発生した場合、このような回収不能額は、もはや資産とは呼べません。本来であれば損益計算上、損失として処理すべきものと思われます。しかし、実際の不良債権の中には、まったく回収を当てにできないものばかりでなく、もしかすると回収できるかもしれないものや、全額は無理でも一部は回収できそうなものなど、さまざまな状態のものが含まれています。

そこで、決算整理において、債権の評価をやり直し、帳簿価額と回収可能額との差額について「貸倒引当金」を繰り入れ、費用、または損失として処理することとなります。

「貸倒引当金」は、債権の全部、または一部の回収不能の危険性が高いものの、貸倒損失処理にまでは至らないという場合に設定され、その繰入額は期間損益計算に含めることとなります。「貸倒引当金」にも税法の繰入限度額が定められていますが、税法にのみ従っていたのでは健全な企業会計は実現できません。

「貸倒引当金」の繰入れについては、税法の限度を超えて、実質的な債権評価が求められます。

▶ 貸倒引当金の表示

「貸倒引当金」は、評価性引当金であるため、他の引当金のように負債の部に計上しません。「貸倒引当金」の設定対象となった債権から引当額を間接的に控除する形で、資産の部に表示されます。

Point

将来の債権の貸倒れによる損失にそなえるための引当金が「貸倒引当金」である。

Keyword

評価性引当金
「貸倒引当金」は、他の引当金と異なり、債権の回収不能部分を資産金額から間接的に控除する機能を持っているため、「評価性引当金」と呼ばれる。

Memo

債権金額から直接控除し、その債権残額のみを貸借対照表に表示する方法も認められるが、この場合には貸倒引当金の設定額を注記しなければならない。

■ NPVによる債権評価

図の内容:

- 債権 1,000 〈貸倒懸念債権〉
- 回収見込額 → NPV 648
- 貸倒見積高 → 貸倒引当金へ
- 将来の回収見込：債務者の財務内容から見て、2年目までは、約定弁済があっても、3年目に担保処分を行い、それ以降の回収は見込めそうもない場合
- 1年目 回収100
- 2年目 回収100
- 3年目 回収500

$100 \div (1+0.03) = 97$
$100 \div (1+0.03)^2 = 94$
$500 \div (1+0.03)^3 = 457$

※当初の約定利子率3%

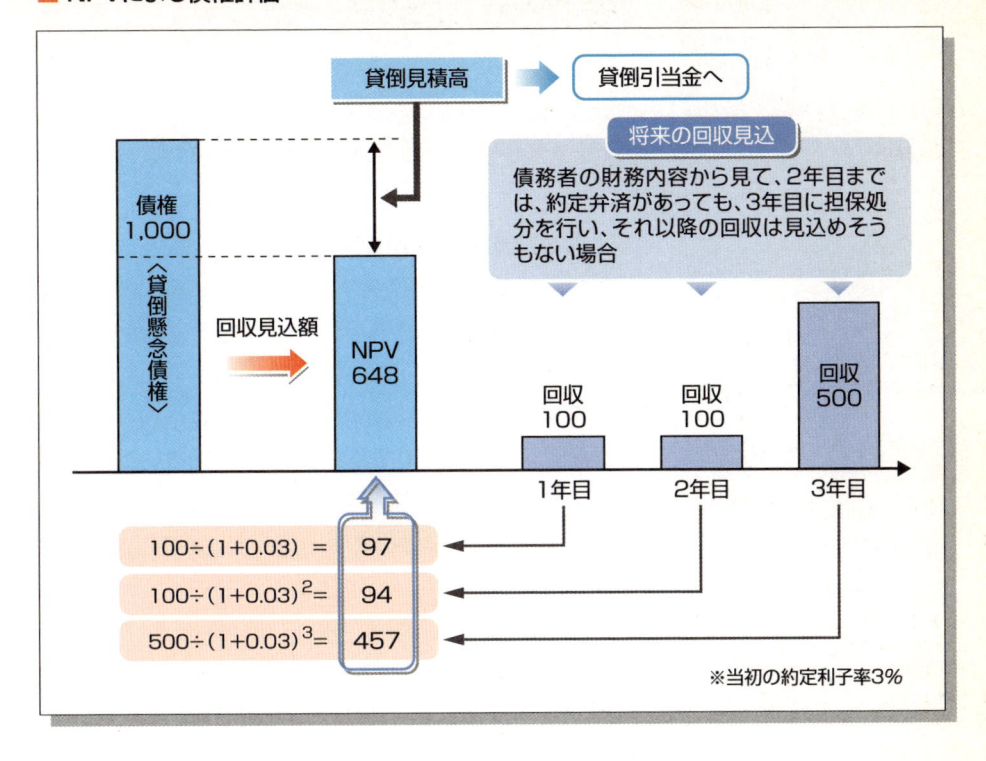

また、いくつかの設定対象債権をまとめて「貸倒引当金」を一括控除する形式が一般的です。しかし、この場合であっても、流動資産に対する「貸倒引当金」と、投資その他の資産に対する「貸倒引当金」とは明確に区別されなければならず、それぞれの区分ごとに表示しなければなりません。

▶ NPVによる債権評価

新会計基準の導入によって、債権の時価ともいえる「NPV」による債権評価が導入されました。これは、貸倒れが懸念される債権について、将来の回収見込額を割引計算することによって、債権評価を行うというものです。

この考え方は、実務では、企業評価や債権評価の特定の場面で古くから利用されていましたが、会計基準に取り込まれたことで、すべての資産負債を時価評価する方向性が確立しました。

Ref.

貸倒見積高の算定
「金融商品に係る会計基準」では、債権を一般債権、貸倒懸念債権、破産更生債権等の3つに分類し、それぞれの債権ごとに貸倒見積高の算定方法を示している。

Keyword

NPV
Net Present Valueの略。複利計算の考え方によって、将来の一定時点のキャッシュの価値を、現在の価値に直したもので、予定利回りによる割引計算によって求められる。

退職給付引当金

第3章
負債・純資産項目

退職給付会計の導入により
退職給与引当金が生まれ変わった

Point

会計ビッグバンにおける国際会計基準の導入の1つが、退職給付会計の導入であった。これにより、従来の「退職給与引当金」は、その内容を大きく変貌させ、名称も「退職給付引当金」へと生まれ変わった。

Keyword

PBO
新基準では、年金負債の計算方法として、予測給付債務（PBO：今後の昇級などを加味して計算された将来給付額の現在割引価値）によるものとされた。
従来の日本基準では累積給付債務（ABO：現状の給与水準等から計算された将来給付額の現在割引価値）に近い考え方であった。

▶ 従来の退職給付会計の問題点と新基準の概要

　日本企業の退職給付制度には、一般的に退職金と呼ばれる「退職一時金」と、厚生年金基金などの「企業年金」とがあります。

　従来の会計基準によれば、退職一時金については、税法基準を取り入れる形で、期末の退職金要支給額を基礎として、その全部、または一部を「退職給与引当金」として計上します。一方、企業年金については、掛金を支出したときに費用として処理していました。

　ところが、このような従来の処理方法は、正しい退職給付債務を貸借対照表に計上するための方法ではありませんでした。すべての退職給付債務を企業の債務として処理する国際的な会計基準と照らした場合など、日本企業の財務諸表は、債務計上が不完全とみなされ、国際企業間比較も困難なものになっていました。

　そこで、退職一時金、企業年金いずれについても、企業が将来負担する可能性のある退職給付額のうち、期末までに発生している部分を「退職給付債務」、当期に発生した部分を「退職給付費用」として示すという会計基準に統一。国際企業間比較にも耐え得る会計基準を導入することとなったのです。

▶ 新基準による退職給付債務の計算

　新基準では、まず、従業員ひとりひとりに将来支払うであろう退職債務の全額（退職一時金と企業年金）を見積もった「退職給付見込額」を計算し、これを入社から退職までの各期間に均等に割り振ります。そして、その配分額を期末時点の現在価値に割り引いた後に、全従業員の退職給付債務を

■ 我が国の退職給付制度

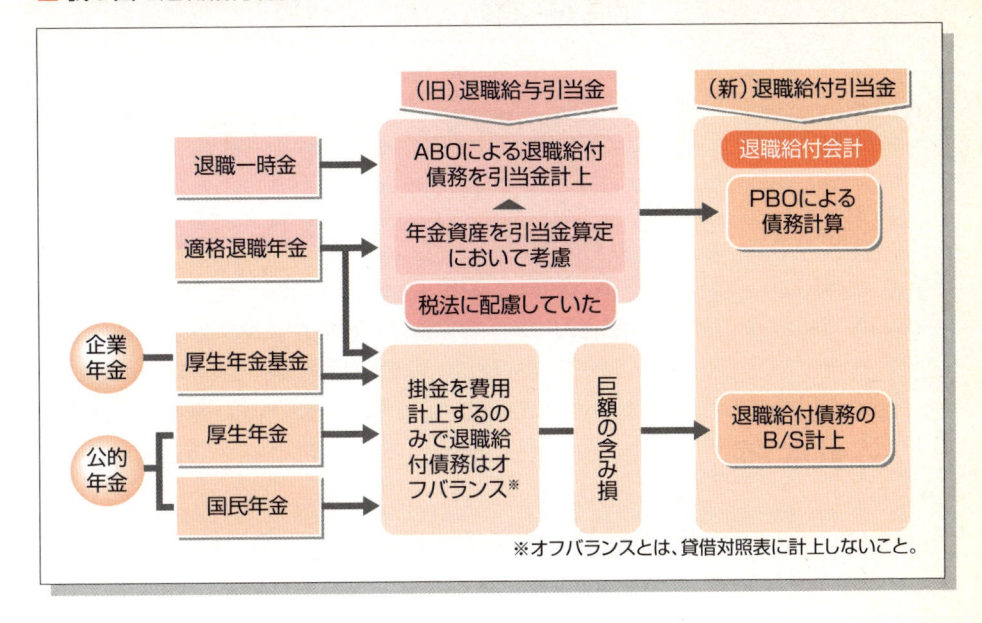

```
                              （旧）退職給与引当金        （新）退職給付引当金

  退職一時金  ──→  ABOによる退職給付       退職給付会計
                    債務を引当金計上
  適格退職年金 ──→                    ──→  PBOによる
                    年金資産を引当金算定         債務計算
                    において考慮
  企業        厚生年金基金 ──→ 税法に配慮していた
  年金
              厚生年金 ──→  掛金を費用    巨    退職給付債務の
  公的                      計上するの    額    B/S計上
  年金        国民年金 ──→  みで退職給    の
                            付債務はオ    含
                            フバランス※   み
                                         損
                     ※オフバランスとは、貸借対照表に計上しないこと。
```

合計して、毎期の期末時点における退職給付債務の総額を計算するという方法となっています。

この退職給付債務について、十分な年金資産残高があるのであれば、貸借対照表に負債を計上する必要はありません。従って、時価評価された年金資産を退職給付債務から差し引いたネットの退職給付債務を計算し、これを貸借対照表に負債として計上することとなります。

▶ 退職給付引当金とは

この、退職給付債務を貸借対照表に計上するための勘定科目が「退職給付引当金」です。これは、従来の「退職給与引当金」と同様に、長期の負債性引当金として取り扱われますので、固定負債として処理されることとなります。

なお、この度の会計基準の変更により生じる多額の債務計上不足額については、15年以内の年数によって按分した額を毎期継続的に計上していくという経過措置が、認められています。

Memo
年金資産が退職給付債務を上回る場合には、前払年金費用として資産計上することとなる。

資本金

会社法で定める法定資本の額をいう

第3章 負債・純資産項目

Point
「資本金」とは、会社法で定める法定資本を処理するための勘定科目であり、その残高は増資によって増える。

Memo
会社法では、株主や債権者を保護するために、資本の維持を強く求めており、資本の減少については、「会社法」第2編第5章の第3節の第二款において、さまざまな規定を設けている。また、株式の払い戻しを認めない代わりに、株券という有価証券によって流通性を高め、株式の換金を保証する制度としている。
なお、資本とすべき金額については、「会社法」第445条により定められている。

Ref.
資本準備金
「資本準備金」については、次項Sec.49を参照のこと。

▶ 資本金とは

勘定科目で「資本金」といった場合には、通常、自己資本のうち、会社法で定める「法定資本」の額を指します。

「法定資本」とは、債権者保護の観点から会社内において最低限維持留保しなければならないものであり、会社法では株式会社の資本金とすべき金額について、発行済株式の発行価額の総額を原則としながらも、「株式に対する払込額の1/2を超えない額を資本金としないことができる」としています。

株式払込金のうち、資本金に組み入れられなかった金額は、株式払込剰余金として「資本準備金」勘定で処理されます。

▶ 資本金の増加時期

会社が出資の募集をして払い込みを受けた場合、払込期日の前日までは、「新株式申込証拠金」勘定により処理し、払込期日において、「資本金」勘定に振り替えられます。

これは、「資本金」が会社法の規定する法定資本を処理する勘定科目であるため、各タイミングにおける増資払込金の法的な性格を貸借対照表に反映させることを意味しています。

実務上も、払込期日までの間は、払い込まれた金額は別段預金に預け入れられており、会社が任意に引き出すことはできません。払込期日の翌日になると、初めて有効な資本金となりますので、その時点で普通預金へと振り替えられ、会社が自由に使用できるようになります。

▶ 授権資本制度

株式会社の機動的な新株発行のために、会社法は、株主総

■ 資本金のしくみ

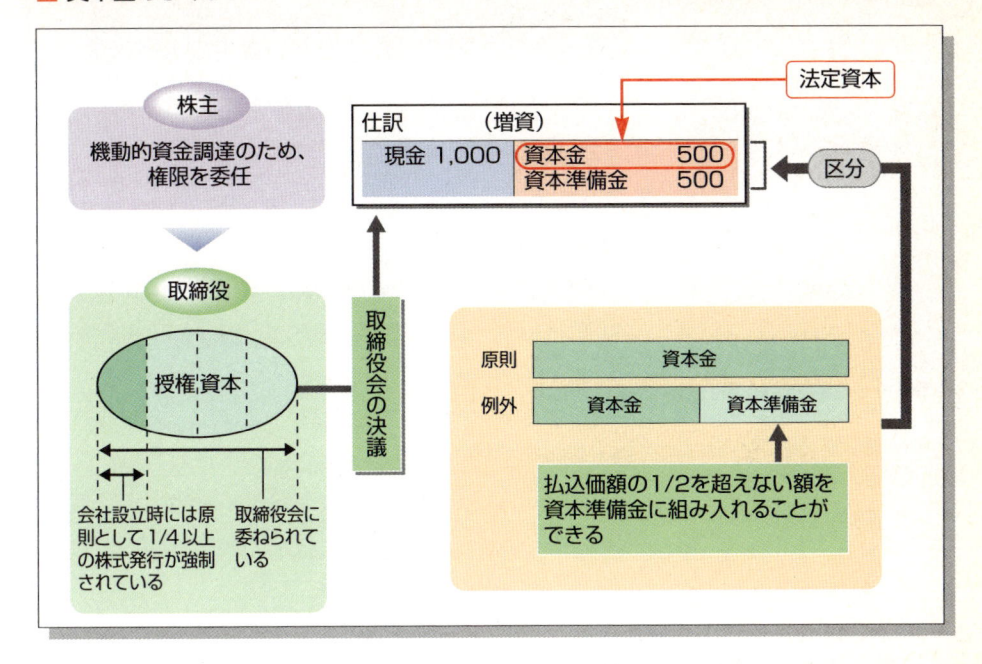

```
                    ┌─────────────────── 法定資本
株主
機動的資金調達のため、     仕訳    （増資）
  権限を委任           現金 1,000  資本金    500  ┐
        │                      資本準備金  500  ├─ 区分
        ▼                                      ┘
      取締役              原則  │      資本金        │
        │          取     例外  │ 資本金 │ 資本準備金 │
    ┌───────┐    締                        ▲
    │ 授権資本 │   役   払込価額の1/2を超えない額を
    └───────┘    会   資本準備金に組み入れることが
      │  │      の   できる
      │  │      決
  会社設立時には原則  議
  として1/4以上
  の株式発行が強制  取締役会に
  されている      委ねられて
                いる
```

会の決議によって、会社が発行する株式の総数をあらかじめ定められます。そのうち、未発行の株式については、取締役会の決議のみで、増資を行うことができるものとしています。

この場合の、会社が発行する株式の総数を「授権資本」「発行可能株式総数」といい、会社設立の際は、原則として発行可能株式総数の4分の1以上の株式を発行しなければいけないこととされています。従って、残りの4分の3について、取締役会の決議により、機動的な新株式が可能となります。

▶ **最低資本金規制の撤廃**

2006年5月1日より以前は、会社の設立に際し、最低1,000万円の資本金が必要であり、これを最低資本金制度と呼びました（「商法」第168条の4）。しかし、2006年5月1日に施行された会社法では、出資は1円でもよいとされ、さらに設立に必要な費用を差引くことも認められました。そのため、形式的には資本金0円の会社も認められています。

Memo

増資の方法には、株主割当、第三者割当、公募などの方法があるが、株主以外の者に対して特に有利な発行価額によって、新株を発行する場合には、原則として株主総会の特別決議が必要であるが、例外として取締役会決議によることもできる。

Section 49

第3章
負債・純資産項目

法定準備金と資本剰余金・利益剰余金

会社法の規定によって積み立てる準備金と法定資本を超える部分の剰余金

Point

「資本準備金」とは、株主拠出等の資本取引による剰余金の一部を、会社法の規定により積み立てたものをいい、「利益準備金」とは、利益処分や中間配当によって社外に支出される金額がある場合に、その一定割合を、会社法の規定により積み立てたものをいう。

▶ 法定準備金

会社法では、会社資本の充実のために、自己資本の一部を強制的に積み立てるものとしており、これを「法定準備金」といいます。

ただし、企業会計では、貸借対照表の純資産の部について、資本と利益とを明確に区分することを求められています。従って、資本取引から積み立てるべき「資本準備金」と、利益から積み立てるべき「利益準備金」とは、勘定科目の上で明確に区別され、処理されることとなります。

法定準備金が資本の4分の1を超えた場合は、その超えた金額を、株主総会の決議により、資本準備金は資本剰余金に、利益準備金は利益剰余金に組み入れることができます。

▶ 資本剰余金

資本剰余金は、剰余金（会社の純資産額が法定資本を超える部分）の内、利益の留保額からなる利益剰余金を除いた部分で、資本準備金とその他資本剰余金に分類されます。

- 資本準備金…法定準備金であり、具体的には以下の内容を含んでいます。
  (1) 設立時や増資時に、払込額のうち資本金としなかった金額
  (2) 合併会社分割、株式交換、株式移転などに伴って生じる差額
- その他資本剰余金
  (1) 自己株式を処分（もしくは消却）した場合の差額
  (2) 減資による差額

■ 純資産の部

```
Ⅰ 株主資本                      Ⅱ 評価・換算差額等
   1 資本金                         1 その他有価証券評価差額金
   2 新株式申込証拠金                 2 繰越ヘッジ損益
   3 資本剰余金                      3 土地再評価差額金
      (1) 資本準備金
      (2) その他資本剰余金
   4 利益剰余金                   Ⅲ 新株予約権
      (1) 利益準備金
      (2) その他利益剰余金
           ××積立金
           繰越利益剰余金
   5 自己株式
   6 自己株式申込証拠金
```

▶ **利益剰余金**

　利益剰余金は、剰余金(会社の純資産額が法定資本を超える部分)のうち、利益の留保額からなる部分で、損益取引によって生ずる剰余金であり、次のように分類されます。

　　●利益準備金…法定準備金であり、剰余金の配当時に積み立てます。
　　●その他利益剰余金
　(1) 任意積立金(Sec.50参照)
　(2) 繰越利益剰余金(Sec.51参照)

　利益準備金について、会社法(第445条)は、資本準備金の額と併せて資本金の4分の1に達するまで、剰余金の配当額の10分の1を積み立てなければならないと規定しています。

▶ **評価・換算差額等**

　なお、純資産の部には、資本剰余金や利益剰余金に分類できない剰余金として、資産の時価評価に伴う含み損益があります。認められているのは「その他有価証券評価差額金」「土地再評価差額金」「繰越ヘッジ損益」の3つであり、「評価・換算差額等」として株主資本とは区分・表示されます。

Section 50

第3章 負債・純資産項目

Point

任意積立金は、株主総会の決議にもとづき、会社が任意に積み立てる利益の留保額で、その内容を具体的に示す名称を付して、貸借対照表の純資産の部、「利益剰余金」の区分に表示される。

任意積立金

任意積立金は、株主総会の決議により積み立てられた利益の留保額である

▶ 任意積立金

　会社の利益留保額のうち、その処分方法が定められていない金額を繰越利益剰余金（Sec.51参照）といいます。それに対して、すでに株主総会の利益処分決議において積み立てることが決定された利益留保額を「任意積立金」といいます。

　この任意積立金は、法律によって積み立てが強制されているものではなく、定款の定めや株主総会の決議により、会社が任意に設定できるものです。その内容は、一定の目的のために積み立てられる「目的積立金」と、目的を持たずに積み立てられる「無目的積立金」とに分けられます。

　これら任意積立金は、株主総会の決議によって決定するものですから、当期に確定した繰越利益剰余金の処分項目です。ただし、貸借対照表に計上される時期は、翌期に開催される株主総会の後ということになりますので、翌期末の貸借対照表より登場することになります。

▶ 任意積立金の取崩し

　任意積立金は株主総会の決議を経て積み立てられたものですから、本来は株主総会の決議によって取り崩されるべきです。ところが、取締役は、株主から会社の経営を任されていることから、取締役会の決議により任意積立金を取り崩すことができます。

　しかし、無目的積立金である別途積立金については、株主総会においてその目的を明確にしたうえで、株主の承認を得なければ取り崩すことはできません。

　また、目的積立金である「配当平均積立金」「欠損填補積立金」も、その内容の重要性から、定款あるいは積立てをした

■ 任意積立金の取崩し

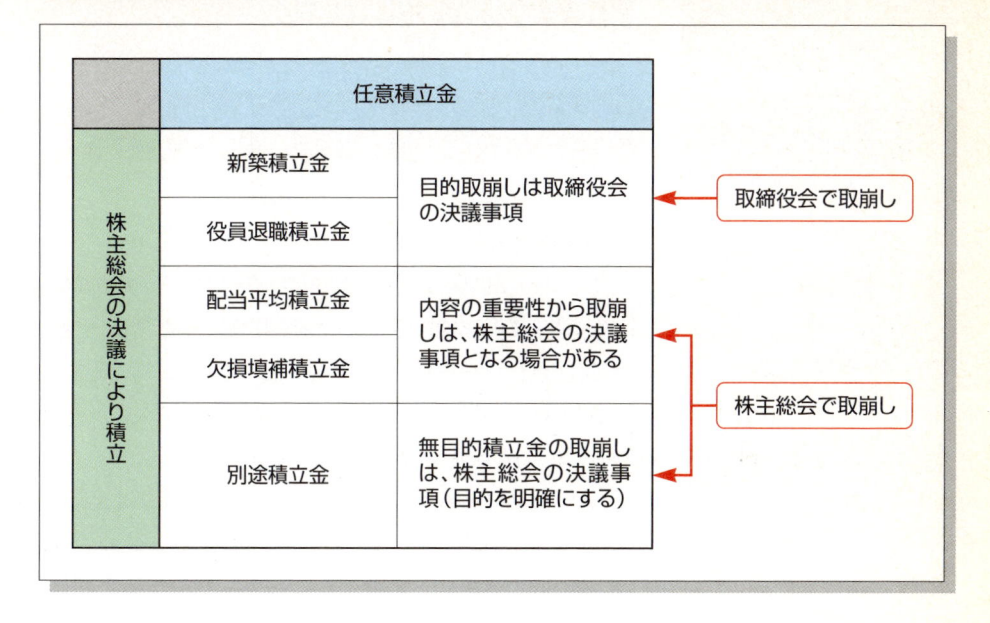

株主総会の決議により積立	任意積立金		
	新築積立金	目的取崩しは取締役会の決議事項	取締役会で取崩し
	役員退職積立金		
	配当平均積立金	内容の重要性から取崩しは、株主総会の決議事項となる場合がある	株主総会で取崩し
	欠損填補積立金		
	別途積立金	無目的積立金の取崩しは、株主総会の決議事項（目的を明確にする）	

　株主総会の決議内容によっては、株主総会において株主の承認を得なければ取り崩すことはできない場合もあります。

　これら任意積立金取崩額は、株主資本等変動計算書に計上されることになります。

　なお、任意積立金に限らず、純資産の部に含まれる項目に増減があった時には、株主資本等変動計算書に計上されることになります。

▶ 任意積立金の表示

　任意積立金は、勘定科目の名称ではなく、「利益剰余金」という、純資産の部の内訳区分の、さらに内訳を示しています。

　従って、株主総会の決議により積み立てられることが決定した任意積立金は、貸借対照表の純資産の部のうち、「利益剰余金」の区分に「任意積立金」の項目を設け、その中で「別途積立金」などのように、その内容を示す名称を付して明細表示することとなります。

Memo

株主総会における利益処分により積み立てられた海外投資等損失準備金などの租税特別措置法上の準備金も、翌期の貸借対照表上、任意積立金として扱われる。

繰越利益剰余金

貸借対照表の純資産の部の増減は株主資本等変動計算書にまとめられる

Section 51
第3章
負債・純資産項目

Point
会社法の施行により、株主資本等変動計算書の作成が必要となった。

Memo
株主に配当をする場合には、原則として20％の源泉徴収が必要である。配当金未払いのため源泉徴収をしていなかった場合でも、配当金支払確定日から1年経過後の翌月10日には配当金の20％の源泉所得税を納税しなければならない。

Ref.
配当制限
配当制限に関しては、「会社法」第461条により定められている。

Memo
時価会計の導入にあたって、損益計算書で収益として取り扱う含み益と、配当可能利益との問題は古くから議論されてきたが配当制限とすることによって、とりあえずの解決をみた。

▶ **繰越利益剰余金**

　会社が一会計期間の間に獲得した収益から、発生した費用を差し引いて算出されるのが「当期純利益」です。
　この当期純利益に、前期から繰り越された利益と、任意積立金の目的取崩額を加算し、さらに、中間配当額および、中間配当に伴う「利益準備金」の積立額を減算して算出されるのが「繰越利益剰余金」です。従って、「繰越利益剰余金」は、株主に対する「配当可能利益」を表し、貸借対照表の純資産の部に表示されます。

▶ **利益処分**

　「繰越利益剰余金」とは、処分可能な利益ではありますが、処分内容が未決定の利益ですので、株主総会で処分内容を決定してもらわなければなりません。
　この処分は、配当金としていくら、利益準備金への積立てがいくら、任意積立金にいくらというように、処分内容を決算終了後3カ月以内に開催される定時株主総会において株主の承認を得ることによって確定します。
　なお、配当できる上限金額は、会社法による制限があるので注意が必要です。

▶ **株主資本等変動計算書**

　株主資本等変動計算書とは、貸借対照表の純資産の部の変動についてまとめた一覧表です。会計年度の期首と期末の残高とその変動理由について、純資産の部の表示区分に準じて整理したものになります。

■ 株主資本等変動計算書

	株主資本									
	資本金	資本剰余金			利益剰余金				自己株式	株主資本合計
		資本準備金	その他資本剰余金	資本剰余金合計	利益準備金	その他利益剰余金		利益剰余金合計		
						××積立金	繰越利益剰余金			
前期末残高	××	××	××	××	××	××	××	××	△××	××
当期変動額										
新株の発行	××	××		××						××
剰余金の配当					××		△××	△××		△××
××積立金の積立						××	△××			
自己株式の処分			××	××					××	××
当期純利益							××	××		××
当期変動額合計	××	××	××	××	××	××	××	××	××	××
当期末残高	××	××	××	××	××	××	××	××	△××	××

*1 その他利益剰余金については、その内訳項目(任意積立金・繰越利益剰余金)の記載を注記によることもできる。
*2 各合計欄の記載は省略することができる。

	評価・換算差額			新株予約権	純資産合計
	その他有価証券評価差額金	繰延ヘッジ損益	評価・換算差額等合計		
前期末残高	××	××	××	××	××
当期変動額					
株主資本以外の項目の当期変動額(純額)	××	××	××	××	××
当期変動額合計	××	××	××	××	××
当期末残高	××	××	××	××	××

第4章

経常損益項目

Sec.

- 52 損益計算書の構造
- 53 段階利益
- 54 売上高
- 55 商品仕入高
- 56 期首・期末商品棚卸高
- 57 棚卸減耗損・商品評価損
- 58 役員報酬
- 59 給料手当・雑給
- 60 賞与・賞与引当金繰入額
- 61 退職金・退職給付費用
- 62 法定福利費・福利厚生費
- 63 荷造発送費
- 64 外注加工費
- 65 広告宣伝費
- 66 交際費
- 67 会議費
- 68 旅費交通費
- 69 通信費・消耗品費
- 70 減価償却費
- 71 修繕費
- 72 水道光熱費・新聞図書費・支払手数料
- 73 支払保険料
- 74 地代家賃
- 75 賃借料
- 76 寄附金
- 77 貸倒損失
- 78 貸倒引当金繰入額
- 79 租税公課・雑費
- 80 受取利息・受取配当金
- 81 支払利息
- 82 為替差益・為替差損
- 83 仕入割引・売上割引・雑収入・雑損失
- 84 有価証券売却損益・有価証券評価損益

Section 52

第4章
経常損益項目

損益計算書の構造

損益計算書では、収益から費用を
差し引くことによって利益を計算する

▶ 損益計算書の利益計算

損益計算書における利益の計算は、

利益 ＝ 収益 － 費用

という算式によって行われます。ところが、損益計算書は期間利益の計算明細書ですから、単純に収益の総額と、費用の総額を示せばよいというものではありません。具体的に、どのような収益がそれぞれいくらあって、それに対する費用としては、どんなものにいくらほど使われているかということを簡潔明瞭に記載しなければならないこととされています。

このため、収益・費用について、それぞれ要因別にいくつかのグループに分類します。そして、そのグループに対して、内容を示す名称を付し、そこに集計された金額を並べて記載するという方法によって、損益計算書が作成されることとなります。

これらの要因別グループに付けた名称こそが勘定科目となるわけですから、損益項目の勘定科目は、損益計算書の表示方法にもとづいて設定されることとなります。

▶ 発生主義と実現主義

損益計算書における期間利益計算にとって、収益や費用の「期間帰属」の問題は非常に重要です。「期間帰属」とは、収益や費用をいつの事業年度に計上するかということを意味します。これは収益や費用をいつの時点で認識するかということに他なりません。期間損益を正しく計算するためには、両者の認識基準をはっきりさせておかなければなりません。

この点について「企業会計原則」では、「発生主義」という考え方によるものとしています。「発生主義」とは、費用は、その役務の享受や財の費消が完了し、その支払対価として債

Point

損益計算書では、収益から費用や損失を差し引くことによって利益を計算する。
この場合、費用の認識は発生主義にもとづいて行われ、収益の認識は実現主義にもとづいて行われる。

Keyword

費用・損失

利益計算の構造を説明する場合には、しばしば費用と損失とを区別しないで、単に費用という概念によって説明が行われるが、損益計算書の表示では、収益獲得のために直接要したものを費用、収益獲得に直接関係ないものを損失として、明確に区分しなければならないこととされている。

Memo

損益計算書の具体的なフォームについては、「財務諸表等規則」および「会社計算規則」によって定められている。また、その作成要領については、「一般に公正妥当と認められる企業会計の基準」に準拠するものとされている。

■ 損益計算書の利益計算構造

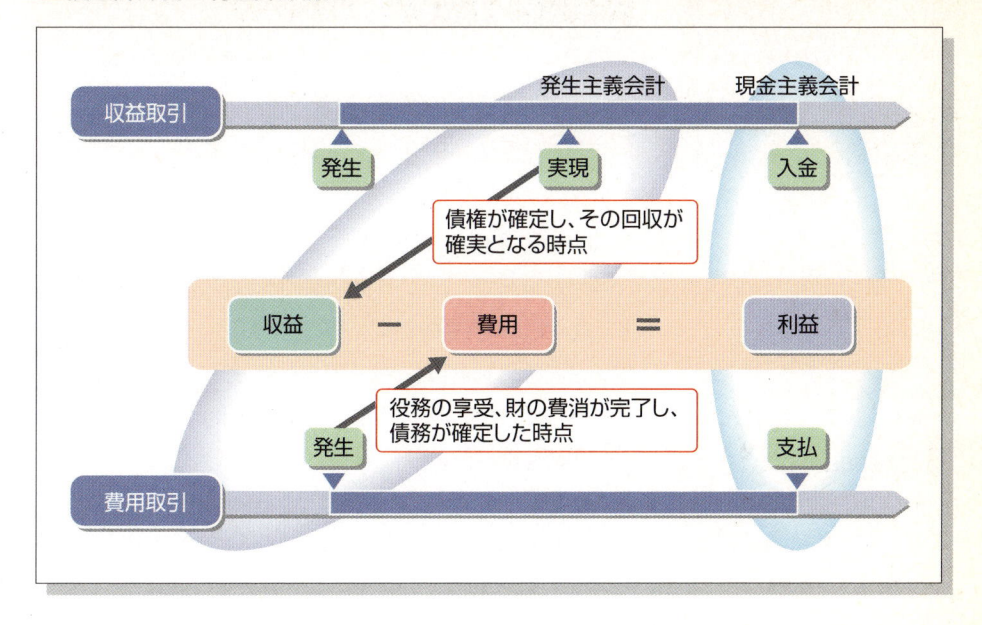

```
収益取引 ─────────────発生主義会計──現金主義会計──→
           発生        実現            入金
                  ┌─────────────┐
                  │債権が確定し、その回収が│
                  │確実となる時点       │
                  └─────────────┘
           収益  －  費用  ＝  利益
                  ┌─────────────┐
                  │役務の享受、財の費消が完了し、│
                  │債務が確定した時点       │
                  └─────────────┘
           発生                        支払
費用取引 ──────────────────────→
```

務が確定した時点をもって認識するというものです。

　従って、その対価の支払い以前の段階で、費用を認識するということになるわけですから、その費用計上の際には、さまざまな種類の債務が発生することとなります。

　ちなみに、実際の支払いの時点で費用を認識する方法を「現金主義」と呼びます。

　一方、収益についても発生主義によるものとされてはいますが、こちらは、費用の認識と比べると、より慎重な立場をとっています。これは、会社法が求める期間損益計算は、株主に対する配当可能利益を計算させようとするものであることに起因します。財産的な裏付けに著しく乏しい内容の収益を計上して、その利益を配当によって社外に流出させ、会社の財産的基盤を弱めることを怖れているのです。

　そこで、収益については、債権の確定だけでなく、その回収が確実となる時点まで認識を遅らせることとなっており、これを「実現主義」と呼んでいます。実現主義は、発生主義の枠内で、収益の認識に、より確実性を求めるものです。

Ref.

実現主義
実現主義の具体的な適用については、Sec.54を参照のこと。

Section 53

第4章
経常損益項目

Point

損益計算書では費用収益対応の原則や、経常性概念を使って5段階の利益計算を行い、それぞれ意味合いの異なる5種類の利益を計算している。

段階利益

段階利益を計算することによって利益計算の過程を明瞭に示す

▶ 5つの段階利益

損益計算書では、その期間利益の計算プロセスをわかりやすく表現し、利用者の便宜を図るために、いくつかの段階的な利益を算出することとなっています。

その段階とは次の5つです。

（1）売上総利益
（2）営業利益
（3）経常利益
（4）税引前当期純利益
（5）当期純利益

これらの段階利益は、それぞれ固有の意味をもっていますので、順を追って解説していきます。

▶ 売上総利益

「売上総利益」は、「売上高」から「売上原価」を差し引いて計算される第一段階の利益です。「売上高」とは、主たる事業活動から得られる収益のことで「営業収益」とも呼ばれているものです。

これに対して「売上原価」とは、売上高に個別的に対応する仕入原価や製造原価のことです。売上高から売上原価を引くことによって計算された利益は、一般的には「粗利」と呼ばれるものですが、この粗利を1年間にわたって集計したものが「売上総利益」ということになります。

売上総利益は、それを獲得するために必要な経費などの財源となるもっとも基本的な利益です。

■ 損益計算書における段階利益の意味

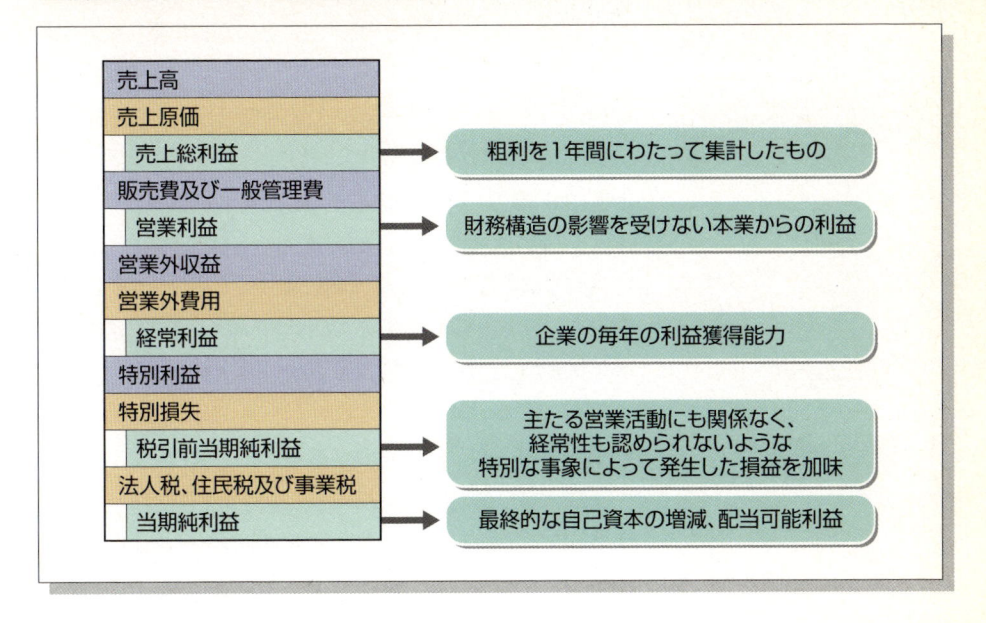

売上高	
売上原価	
売上総利益	→ 粗利を1年間にわたって集計したもの
販売費及び一般管理費	
営業利益	→ 財務構造の影響を受けない本業からの利益
営業外収益	
営業外費用	
経常利益	→ 企業の毎年の利益獲得能力
特別利益	
特別損失	
税引前当期純利益	→ 主たる営業活動にも関係なく、経常性も認められないような特別な事象によって発生した損益を加味
法人税、住民税及び事業税	
当期純利益	→ 最終的な自己資本の増減、配当可能利益

▶ 費用収益対応の原則

ここで、重要な概念として「費用収益対応の原則」についてお話ししておかなければなりません。

「費用収益対応の原則」とは、損益計算上、収益から差し引かれる費用は、その収益と何らかの対応関係があるものに限定されるという会計ルールです。

売上総利益の計算では、販売された商品を媒介として、その売価と原価との差し引き計算をさせています。売れ残った商品の原価は損益計算に含められないことから、売上高と売上原価との対応関係は「個別対応」と呼ばれます。

しかし、営業経費や、その他の収益、費用については、そのような個別対応が見られませんので、事業年度という期間を基準とした対応関係を考えます。すなわち、売上高と同じ事業年度に発生した費用は、その売上高の獲得に、全体として対応していると考えるわけです。このような対応関係を「期間対応」と呼びます。

Memo

引当金は「原因」、繰延資産は「効果」という発生主義と異なる概念にまで、費用収益対応の原則を拡大している。

Section 53

Keyword

販売費及び一般管理費
販売費と一般管理費とを明確に区別することは、現実問題として無理である。このため、両者の区別を行わず、まとめて表示することとされている。

Memo

経常利益は、毎期の利益獲得能力を示しているため、企業評価の場面で、もっとも重要視される利益である。

Keyword

経常性
毎期の事業活動において、継続的、反覆的に発生が認められるという概念。

▶ 営業利益

「営業利益」は、売上総利益から、その獲得に要した「営業経費」を差し引くことによって計算されます。営業経費としては、販売のためにかかるコストである販売費と、事務所の維持などのためにかかる一般管理費があるため、営業経費のことを「販売費及び一般管理費」と呼びます。また、期間対応によって、損益計算書に計上されることとなります。

企業が事業を続ける以上、事業運営のためのコストは不可欠です。従って、売上総利益よりも営業利益の方が、より現実的な本業からの利益を表しているといえます。

▶ 経常利益

「経常利益」は、営業利益に、主たる営業活動以外の活動から得られた収益を加え、主たる営業活動以外の活動にかかった費用を差し引いて計算されます。この場合の主たる営業活動以外の活動にかかる収益を「営業外収益」といい、費用の方を「営業外費用」といいます。また、両者を合わせて「営業外損益」と呼ぶこともあります。

営業外損益として処理される収益・費用としては、まず、金融取引にかかる収益・費用があげられます。

会社が預金や貸付金から獲得する「受取利息」や、借入金に関連した「支払利息」などが営業外の収益・費用として処理されるわけです。経常利益は、企業の財務構造をも含めた毎年の利益獲得能力をもっとも如実に反映しているとする見方が一般的です。

▶ 税引前当期純利益

「税引前当期純利益」は、経常利益に「特別利益」を加え、「特別損失」を差し引くことによって計算されます。「特別利益」と「特別損失」とは、主たる営業活動にも関係なく、経常性も認められないような特別な事象によって発生した損益をいいます。

具体的には、臨時的なもの、過年度の損益計算の誤りを修

■ 費用収益対応の原則と経常性

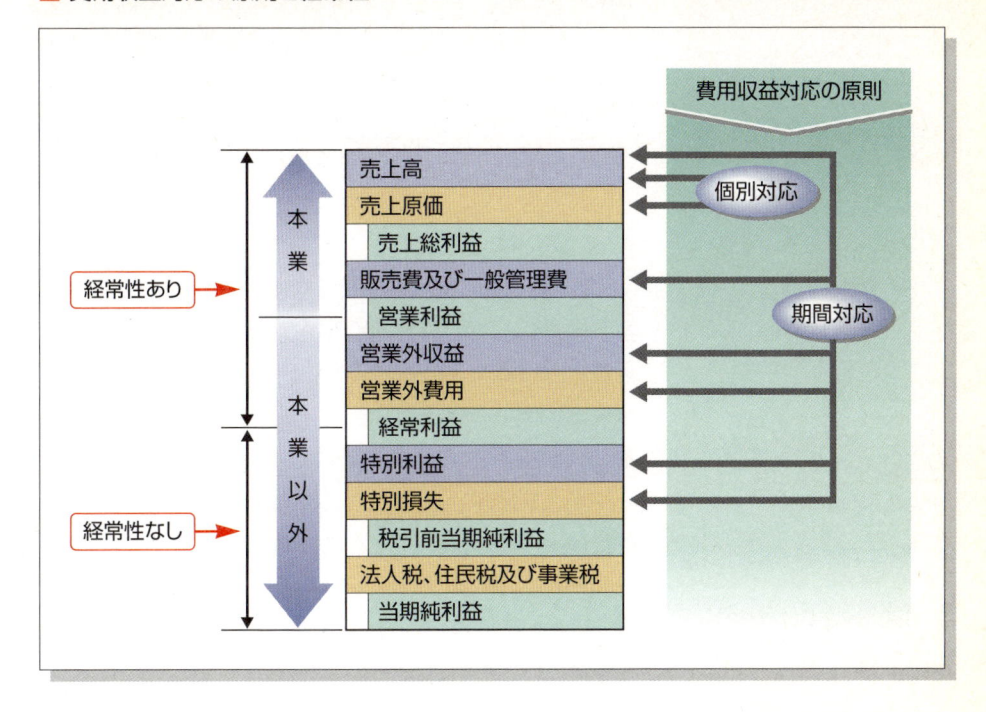

```
                            費用収益対応の原則

          ┌ 売上高 ←─────┐
     本    │ 売上原価 ←────┤  個別対応
     業    │   売上総利益
          │ 販売費及び一般管理費 ←┤
経常性あり │   営業利益
          │ 営業外収益 ←────┤  期間対応
     本   │ 営業外費用 ←────┤
     業   │   経常利益
     以   │ 特別利益 ←─────┤
     外   │ 特別損失 ←─────┘
経常性なし │   税引前当期純利益
          │ 法人税、住民税及び事業税
          └   当期純利益
```

正する内容のものなどが含まれることとなりますが、臨時性の判定は厳密に行われなければなりません。

▶ 当期純利益

「当期純利益」は、税引前当期純利益から法人税、住民税、事業税などの税金を差し引いて計算された利益です。これらの税金は、費用とも損失ともいえないようなものではありますが、明らかに資本の減少を招きます。従って、その期の損益計算に含めておかなければ、最終的な配当可能利益を正しく計算できません。

このため、期間利益計算の最終的な目標である利益は、この当期純利益であるといえます。

なお、損益計算書に計上される税金の金額は、税効果会計（Sec.93参照）により調整されたものになります。

Memo

特別利益、特別損失に重要性のない場合に限り、これらの損益を営業外収益、営業外費用として処理することも認められている。

Memo

国際会計の場では、税金をコストであると認識し、その他の費用と同様に対応関係をもって損益計算書に計上しようとする考え方が一般的である。
税効果会計の導入は、そのような国際会計基準に歩み寄るものである。

Section 53

売上高

売上高では本業から発生する収益のみを処理する

Point
「売上高」は本業からの収益を意味する。「売上高」の認識は実現主義による。

Memo
製造業の場合、製品の製造過程において発生する副産物や作業屑を外部へ売却することがあるが、この場合の収益も本業によるものと認め、「売上高」に含めることとされている。
このことは、「財務諸表等規則」第72条1項に定められている。

Memo
商品売上と役務売上の区分は、「企業会計原則」第二および、「損益計算書原則」三Aに定められている。

Ref.
売上高の区分記載
「売上高」の区分記載については、「財務諸表等規則」第72条2項、3項、第73条に定められている。
また、第71条では、事業の種類ごとに区分して「売上高」を記載することも妨げてはいない。

▶ 売上高とは

「売上高」とは、会社の主たる営業活動から生じた収益を意味します。損益計算書の段階損益の計算では、本業による収益と、本業以外の付随的な取引から生ずる収益とを明確に区分しなければなりません。「売上高」勘定は、本業による収益のみを処理しなければならないのです。

企業会計原則では、商品等の売上高と役務による営業収益を区別して記載することとされています。また、財務諸表等規則では、「製品売上高」と「商品売上高」とを区分して記載することとされており、割賦販売による「売上高」に金額的に重要性があれば、区分表示が求められています。

▶ 実現主義

「売上高」の計上にあたって、期間帰属が問題となります。損益計算書では、継続企業を前提にして、人為的に会計期間を区切り、その期間の損益を計算することとなっていますので、期間帰属の問題は、非常に重要な意味を持っています。

商品の販売を例にとれば、商品の注文を受け、その商品を引き渡し、その対価を受け取るという一連の行為があるわけです。もしも、この一連の行為が、たまたま決算日をまたぐようなことになれば、そのうちの、どの時点で売上高の計上を行うかを明らかにしておかなければ、当期の売上高とすべきか翌期の売上高とすべきかを決めかねることとなります。

ここで、費用の計上基準として「発生主義」というものがあります。これは、物品や役務の受領と債務の確定にもとづいて、費用を認識しようとするものです。ところが、現代の会計基準では、「保守主義」という考え方があり、収益の計上は、費

■ 売上高の区分表示

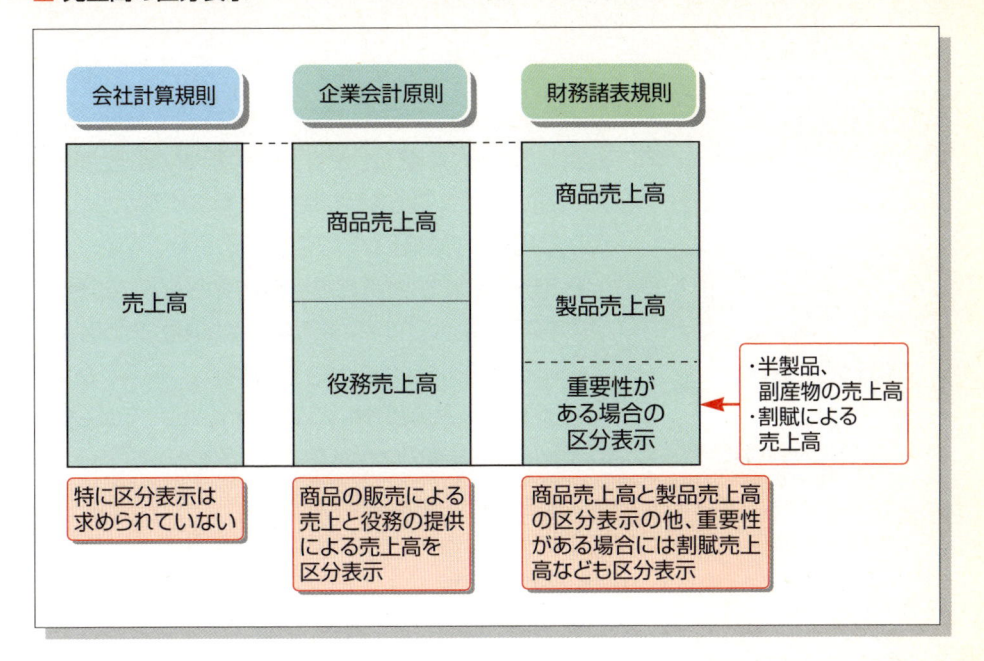

会社計算規則	企業会計原則	財務諸表規則
売上高	商品売上高 / 役務売上高	商品売上高 / 製品売上高 / 重要性がある場合の区分表示
特に区分表示は求められていない	商品の販売による売上と役務の提供による売上高を区分表示	商品売上高と製品売上高の区分表示の他、重要性がある場合には割賦売上高なども区分表示

・半製品、副産物の売上高
・割賦による売上高

用の計上よりも慎重に行うべきであるとされていますので、収益を単純に発生主義で認識するというわけにはいかない場合があります。

このため、費用の計上基準である発生主義に、売上代金の回収確実性という要件を付け加えます。これにより、発生主義を修正して、より確実性の高い「実現主義」という基準が設けられました。「実現主義」とは、商品や製品の引渡しが完了し、その売上代金を受け取ることが確実となった日をもって収益を計上することをいいます。

▶ 実現主義の適用例

そうはいっても、通常の販売取引であれば、発生主義と実現主義はそれほど大きく異なるということはありません。つまり、物品もしくは役務の引き渡しが完了し、債権が成立したときに「売上高」が認識されます。

ところが、次のような場合には、実現主義と発生主義とで

Keyword

保守主義
企業の財政に不利な影響を及ぼす可能性がある場合には、これにそなえて適当に健全な会計処理をしなければならない。これにより、費用はできるだけ早期に、収益はできるだけ慎重に計上されることとなる。

取り扱いに差がでて、実現主義という考え方が具体的に理解できます。

(1)「委託販売」では、委託先に商品を引き渡した時点ではなく、委託先における実際の販売日が売上計上日となります。が、売上を確認する必要があることから、これに代えて、委託先からの売上計算書が到着した日を「売上高」の計上日とすることが認められています。

(2)「割賦販売」では、商品を引き渡した時点で売上債権も確定します。しかし、その回収に長期を要し、回収不能となる危険性が高く、さらに、回収コストもかかりますので、収益の認識を慎重に行うために、入金日もしくは売上代金の回収期限の到来日をもって「売上高」を計上することとされています。

▶ 売上の計上金額

「売上高」の計上について、次に問題となるのが、「売上高」の計上金額をいったいいくらにすればよいかということです。これは、当然、販売代金として回収されるべき金額と一致しなければならないわけですが、ここで問題となるのが、「売上値引」や「売上返品」「売上割戻」があった場合です。

値引、返品、割戻があった場合の処理としては、2つの方法が考えられます。1つは、これらを「売上高」から控除して、純額によって売上高を計上する方法で、もう1つは、これらを「売上高」から控除せず、それぞれ別建てで、総額によって計上する方法です。

値引、返品、割戻は、販売の時点から遅れて決定されることが多いので、その場合には、前者であれば「売上高」をマイナスする処理となります。また、後者であれば、「売上高」をマイナスせずに、「売上値引・返品・割戻高」という勘定科目を設けて処理することになります。

この2つの方法のうち、どちらを採用すべきかということについては、何の定めもありません。内部の営業管理的な側面からいえば、値引、返品、割戻の金額を売上と区分して把握

Keyword

委託販売

商品の販売を代行する委託先に商品を預け、委託先が販売した分だけ、代金を回収する販売方法。委託先で売れ残っている商品の代金は、もちろん請求できない。

Keyword

割賦販売

商品の販売代金を長期にわたって分割して回収することを約した販売方法。

Memo

委託販売、割賦販売の取り扱いについては、「企業会計原則」注解6により定められている。

Ref.

売上割引

売上割引については、Sec.83を参照のこと。

Memo

売上値引および、戻り高の取り扱いについては、「財務諸表等規則」第72条により定められている。

■ 実現主義の適用

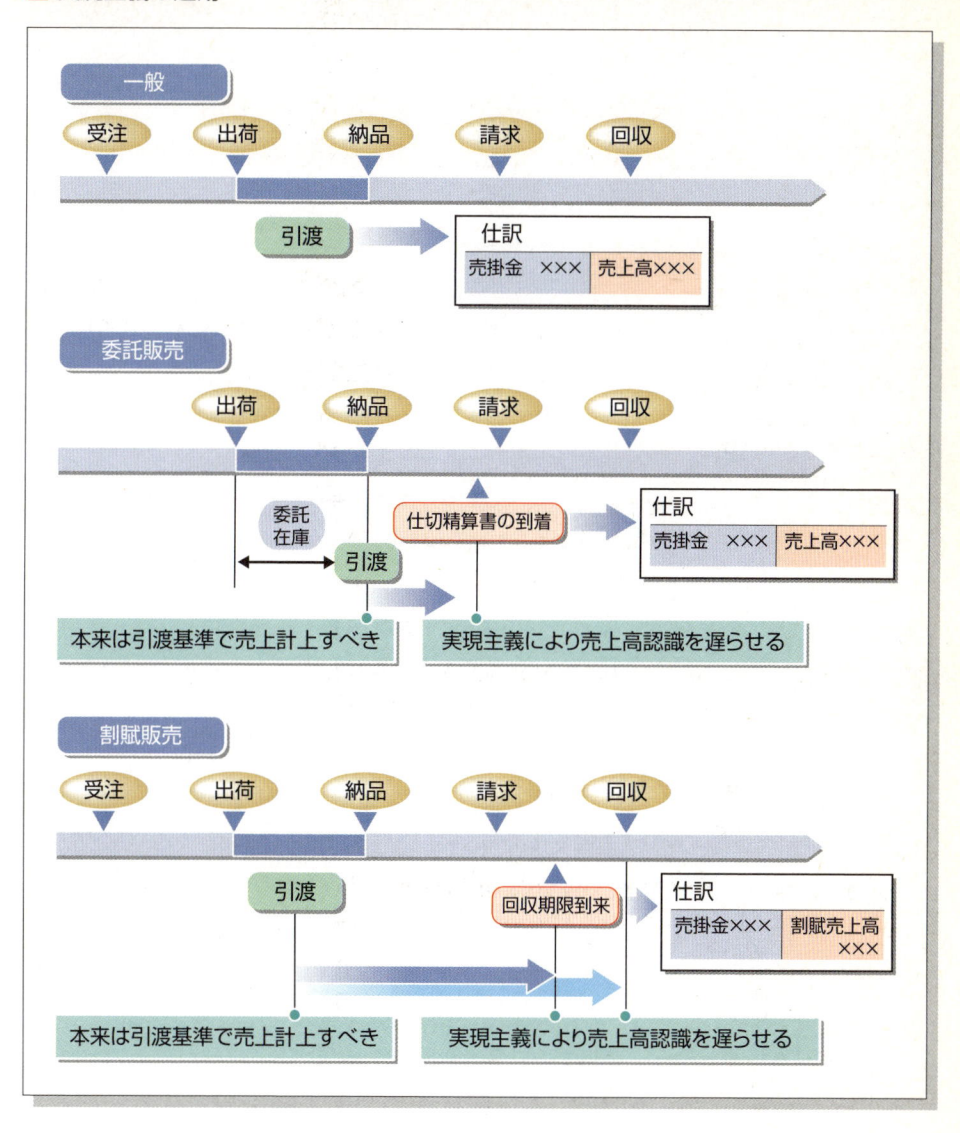

一般
受注 → 出荷 → 納品 → 請求 → 回収

引渡 → 仕訳
売掛金 ××× | 売上高×××

委託販売
出荷 → 納品 → 請求 → 回収

委託在庫 ←→ 引渡

仕切精算書の到着 → 仕訳
売掛金 ××× | 売上高×××

本来は引渡基準で売上計上すべき　　実現主義により売上高認識を遅らせる

割賦販売
受注 → 出荷 → 納品 → 請求 → 回収

引渡

回収期限到来 → 仕訳
売掛金××× | 割賦売上高 ×××

本来は引渡基準で売上計上すべき　　実現主義により売上高認識を遅らせる

しておくことは、それなりに有意義でしょう。ただし、損益計算書の表示に関しては、「財務諸表等規則」でも、どちらの方法でも構わないとする規定があります。

　結局、どちらの方法を採用するかということは、会社の実情に合わせて処理すればよいということになります。

Section 55

第4章
経常損益項目

商品仕入高

販売目的の資産の購入代価に付随費用を加算して計算する

Point

主たる事業として販売目的で購入する商品の購入対価および、付随費用のことを「仕入高」、または「当期商品仕入高」という。仕入高は検収基準で計上する。

Memo

複数の事業を行っている場合には、事業毎の利益を計算するために、「売上高」と同様に「仕入高」を事業毎に区分するように勘定科目を設けることもあるが、「売上高」のような区分表示の規定はない。

▶ **商品仕入高とは**

「商品仕入高」とは、販売を目的として購入した資産の購入代価のことをいいます。ここで「販売を目的とする」とは、主たる事業としての販売目的ということを意味します。

従って、不動産会社がその主たる営業活動にもとづいて販売するために土地や建物を購入した場合には、その購入代価は「商品仕入高」勘定で処理されることになります。

ところが、一般事業会社が、自分で使うために購入した建物を、たまたま転売した場合の建物の購入代価は、主たる事業としての販売目的とはいえませんので仕入には該当しません。

▶ **仕入高の計上金額**

当期の商品の仕入高は、売上原価を計算する上で非常に重要なものです。その計上金額をいくらにするかということが問題となりますが、単に、その資産を購入するために要した金額だけではなく、その資産の取得のために直接要した付随費用を加算することとされています。

購入代価は、現金販売であれば「現金」の支出額に一致し、買掛金での購入であれば「買掛金」での契約価額に該当します。一方、付随費用は、その商品にかかる買取費、荷役費、引取運賃や倉庫での保管料、外国からの輸入品であれば関税といった費用が該当します。

これらの付随費用については、「仕入諸掛」「輸入諸掛」という勘定科目を設定して処理することもあります。損益計算書の表示上は、「当期商品仕入高」として合計表示します。

また、「仕入値引」「仕入返品」「仕入割戻」についても、損

■ 付随費用と検収基準

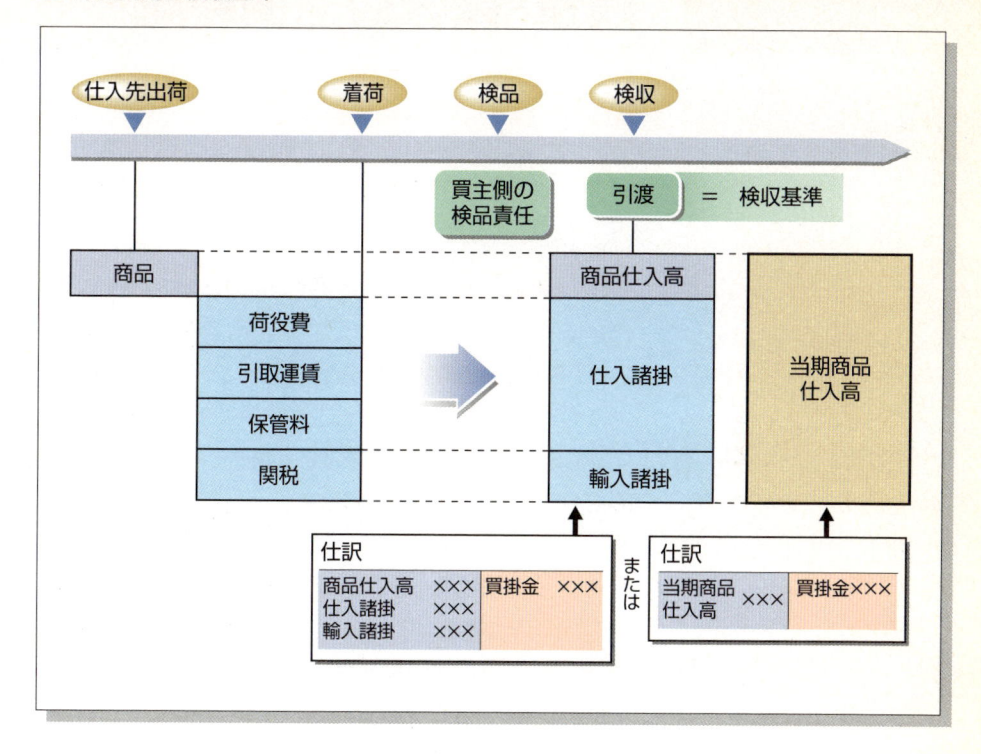

```
仕入先出荷 ──→ 着荷 ──→ 検品 ──→ 検収
                    買主側の     引渡  =  検収基準
                    検品責任

商品
  ├ 荷役費
  ├ 引取運賃      ──→   商品仕入高
  ├ 保管料              仕入諸掛        当期商品
  └ 関税                輸入諸掛        仕入高

仕訳
  商品仕入高 ×××  買掛金 ×××
  仕入諸掛   ×××
  輸入諸掛   ×××
                        または
仕訳
  当期商品仕入高 ×××  買掛金 ×××
```

益計算書上の表示では、仕入価額から控除しても、区分掲記しても、どちらでもかまいません。ただし、独立の勘定科目を設けて処理すれば、管理上は有用な経営情報となります。

▶ 仕入の計上のタイミング

仕入の計上時期については、商品が到着した時点、もしくは商品の検品を完了した時点をもって仕入高を計上することとされており、それぞれ「着荷基準」「検収基準」といいます。

本来は、商品の着荷こそが、商品の引き渡しではありますが、会社法では、商取引について売り主を保護することをうたっています。つまり、買い主側に検品責任を負わせていますので、仕入債務は、検品の完了を待って、確定することとなると考えることもできます。このため、検収基準により仕入計上が行われているケースが多いようです。

Section 56

第4章 経常損益項目

期首・期末商品棚卸高

期末の棚卸資産の評価は
売上原価確定のための重要な手続き

Point

「期首・期末商品棚卸高」は、損益計算書の売上原価の内訳科目であり、3分法による売上原価確定に重要な意味を持っている。

▶ 売上原価の確定

「売上原価」は、売上高との個別的な対応関係にもとづいて集計されますので、売上原価の確定は、期間損益計算そのものの確定に重要な役割があります。

売上高と売上原価との個別的対応とは、要するに、仕入れた商品のうち、売れた分だけを売上原価とし、売れ残った分は売上原価としないということです。従って、売上原価の確定は、3分法による記帳を前提とすれば、当期仕入高から売れ残った商品の金額、すなわち、期末の商品棚卸高を差し引いて計算することとなります。

このため、「期末商品棚卸高」の確定によって、売上原価が確定するということになります。

実際の売上原価の計算式は、

> 売上原価
> ＝「期首商品棚卸高」＋「当期商品仕入高」
> －「期末商品棚卸高」

という算式となります。これは、当期の販売対象商品は、期首の商品棚卸高と当期の「商品仕入高」の合計であり、そこから、期末の商品棚卸高を引いてやれば、当期に売った分の原価が計算できるということを意味しています。そして、「期首・期末商品棚卸高」勘定は、損益計算書上でも、売上原価の内訳科目として表示されます。

Memo

「財務諸表等規則」第75条1項では、損益計算書の売上原価の内訳として、3分法による記帳を前提として、期首と期末の商品棚卸高、当期仕入高を区分掲記するものと定めている。

▶ 期末商品棚卸高の評価

「期末商品棚卸高」の評価は、数量の確定と評価単価の確定という2段階の手続きによって行われます。数量の確定は、実地棚卸を行って、実際に商品の数を数えることとなります。

■ 商品の評価方法

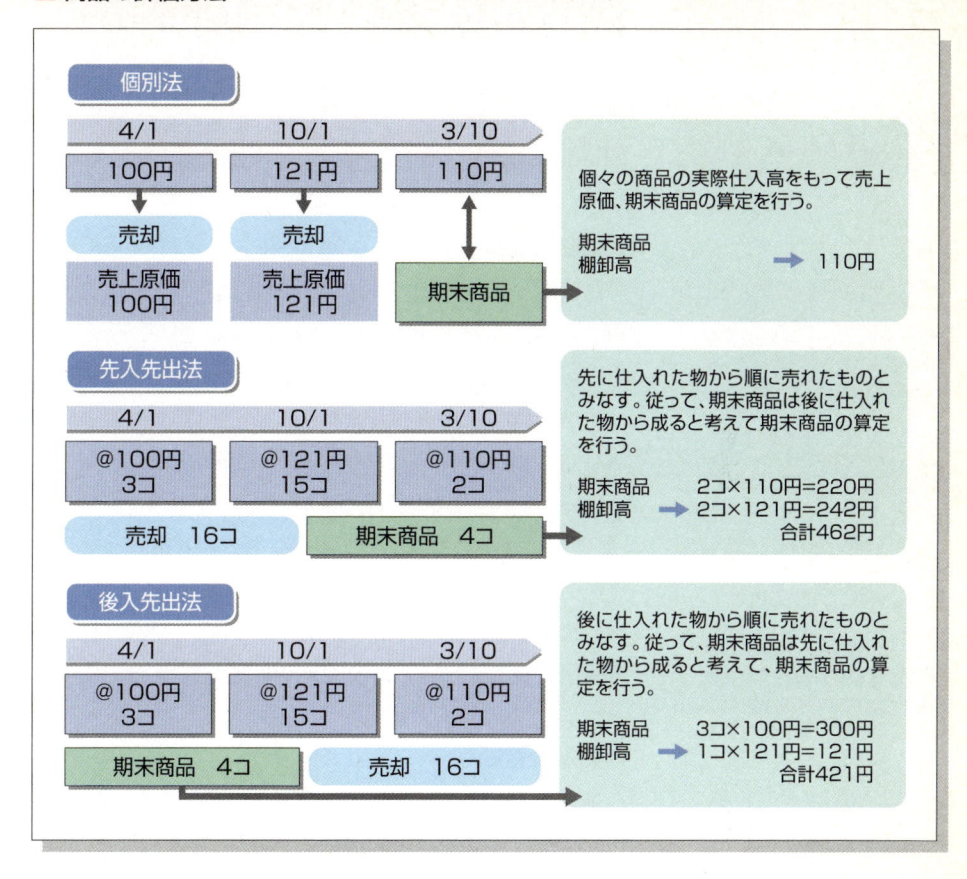

個別法

4/1	10/1	3/10
100円	121円	110円
↓	↓	↕
売却	売却	
売上原価 100円	売上原価 121円	期末商品

個々の商品の実際仕入高をもって売上原価、期末商品の算定を行う。

期末商品棚卸高 → 110円

先入先出法

4/1	10/1	3/10
@100円 3コ	@121円 15コ	@110円 2コ

売却 16コ　　期末商品 4コ

先に仕入れた物から順に売れたものとみなす。従って、期末商品は後に仕入れた物から成ると考えて期末商品の算定を行う。

期末商品棚卸高 → 2コ×110円=220円
　　　　　　　　2コ×121円=242円
　　　　　　　　合計462円

後入先出法

4/1	10/1	3/10
@100円 3コ	@121円 15コ	@110円 2コ

期末商品 4コ　　売却 16コ

後に仕入れた物から順に売れたものとみなす。従って、期末商品は先に仕入れた物から成ると考えて、期末商品の算定を行う。

期末商品棚卸高 → 3コ×100円=300円
　　　　　　　　1コ×121円=121円
　　　　　　　　合計421円

　一方、単価の確定ですが、こちらの方は一筋縄ではいきません。なぜならば、同じ商品であっても仕入ごとに購入単価が異なることがあるからです。

　評価単価の確定については、「先入先出法」「後入先出法」「総平均法」等の方法が認められています。

　「先入先出法」は、商品が実際にどのように売れたかを無視して、古く仕入れたものから順に売れたとみなし、新しい仕入単価をもって期末商品の評価単価とする評価方法です。同様に「後入先出法」は古い仕入単価によって、また「総平均法」は期中の平均的な仕入単価によって期末商品を評価します。これらの評価方法は、自由に選択することができます。

Memo

期末商品の評価方法としては法人税法上も、個別法、総平均法、移動平均法、単純平均法、先入先出法、後入先出法、売価還元法、最終仕入原価法の8つの方法を認めており、継続適用を前提として、自由に選択できるものとしている。

棚卸減耗損・商品評価損

商品の数量ロスと品質低下
陳腐化による評価単価の切り下げ

▶ 棚卸減耗損

　会社は、在庫の補助簿によって、棚卸資産の受け払いを記録し、管理しておくことが望ましいでしょう。そして、その受け払い記録の正確性を確かめるために、定期的に実地棚卸をして、実際数量を数え帳簿有高との照合を行います。本来であれば、両者は一致するはずですが、盗難によるロスなどがあれば不一致が生ずることとなります。

　この、帳簿棚卸数量と実地棚卸数量との差を「棚卸減耗」といい、この棚卸減耗によって失った商品原価を「棚卸減耗損」という費用として処理することになります。「棚卸減耗損」は、商品ロスの数量に評価単価を乗じて計算します。

▶ 商品評価損

　従来の会計ルールでは、棚卸資産の評価方法として、原価法と低価法の二つが認められていました。原価法とは、取得原価を基準として棚卸資産を評価する方法であり、低価法とは、棚卸資産の時価が簿価を下回った場合に、その評価額を時価まで切り下げ評価損を認識する方法であり、継続適用を前提に、企業の自由な選択を認めていました。

　しかしながら、国際会計基準では、棚卸資産の評価方法としては低価法が原則とされていることから、2009年3月期より、わが国の会計基準も、遅ればせながら低価法を強制適用することとなりました。

　また、従来は、原価法を採用している場合であっても、
（1）取得原価と比較して時価が著しく下落し、回復する見込みがない場合
（2）品質低下や陳腐化によって、通常の販売価格では販

第4章
経常損益項目

Point
棚卸資産の数量ロスによる費用を「棚卸減耗損」、評価単価切り下げによる費用を「商品評価損」という。

Memo
「棚卸減耗損」は、数量のロスによる費用であるため、実際には、「期末商品棚卸高」の評価において、実地棚卸による商品数量確定の際に認識され、結果的に、売上原価の中に混入させる方法が一般的である。

Ref.
棚卸資産の評価損
棚卸資産の評価損については、「企業会計原則」貸借対照表原則五Aおよび、注解10により定められている。

Memo
2009年3月期より、棚卸資産について低価法の強制適用がルール化された。企業会計基準委員会「棚卸資産の評価に関する会計基準（企業会計基準第9号）」により定められている。

■ 減耗損・評価損

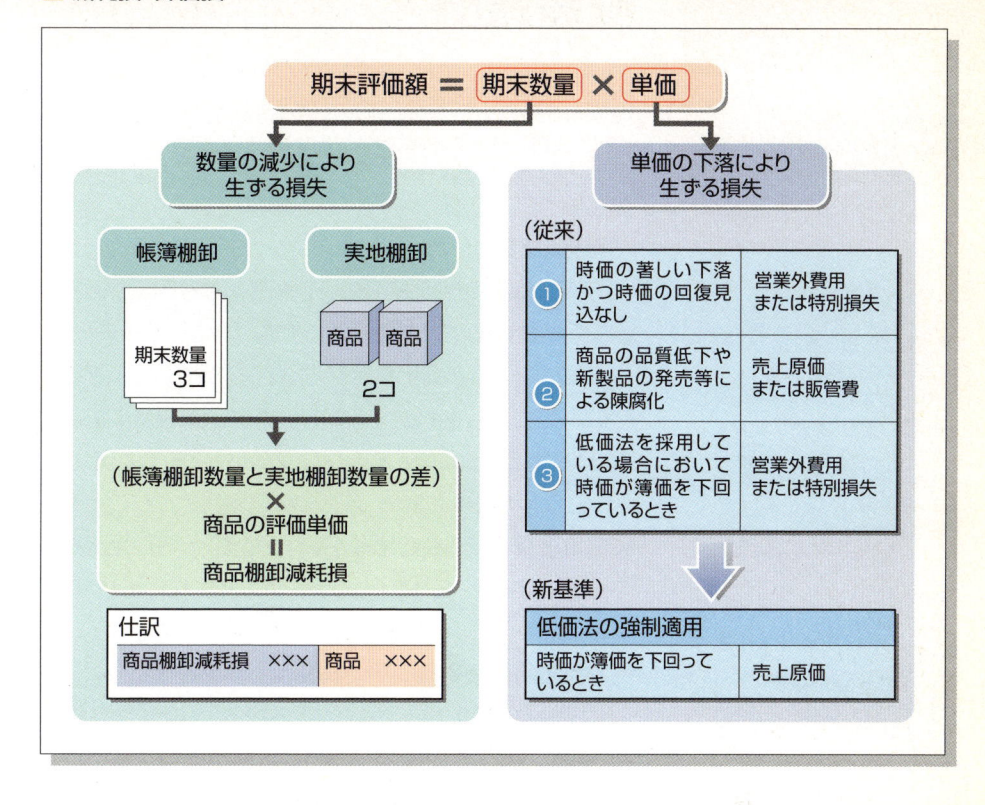

```
                 期末評価額 = 期末数量 × 単価
```

数量の減少により生ずる損失

- 帳簿棚卸：期末数量 3コ
- 実地棚卸：商品 商品 2コ

（帳簿棚卸数量と実地棚卸数量の差）
× 商品の評価単価
＝ 商品棚卸減耗損

仕訳

| 商品棚卸減耗損 | ××× | 商品 | ××× |

単価の下落により生ずる損失

（従来）

①	時価の著しい下落かつ時価の回復見込なし	営業外費用または特別損失
②	商品の品質低下や新製品の発売等による陳腐化	売上原価または販管費
③	低価法を採用している場合において時価が簿価を下回っているとき	営業外費用または特別損失

（新基準）

低価法の強制適用

| 時価が簿価を下回っているとき | 売上原価 |

売できないこととなった場合について、強制評価減という手続によって、棚卸資産の期末評価額を切り下げる処理が行われてきましたが、この度の会計基準の変更により、低価法として統一されることとなりました。

このため、棚卸資産の評価損失は、損益計算書の上では、その性質に応じて売上原価として計上したり、販売費及び一般管理費として計上したり、営業外費用や特別損失として処理されることがこれまで認められてきましたが、新しい会計基準では、全て売上原価として処理することとされています。

Memo

法人税法では、単なる物価変動、過剰生産や建値の変更による価格低下については、損金として認めないこととしており、低価法による評価損も損金とはならないので注意したい。
ただし、災害による著しい損傷や著しい陳腐化、破損などの物理的劣化があった場合には評価損を損金として取り扱うことができる。
このことは、「法人税法施行令」第68条および、「法人税基本通達」9-1-6により定められている。

Section 58

第4章
経常損益項目

役員報酬

役員に対して支払われる役務の対価にはさまざまな制限が定められている

Point

「所有と経営の分離」により、出資者より、会社経営を委任された者を「役員」といい、その役員に対する給与を「役員報酬」という。
「役員報酬」には、その性格上、会社法や税法でさまざまな制限が設けられている。

Ref.

取締役の任期
株式会社では、取締役の任期は2年(短縮可能)、監査役の任期は4年と「会社法」第332、336条により定められている。

Memo

会社法では、役員報酬を役員自らが自由に決定し、お手盛りによって株主の利益を害しないように、その上限額を株主総会で定めることとしている。
このことは、「会社法」第361条により定められている。

Ref.

役員の報酬
役員の報酬については、「法人税法」第34、35条により定められている。

▶ 所有と経営の分離

「役員」とは、取締役、監査役、理事、監事などその会社の経営を株主より委任された人をいいます。

本来であれば、出資者が自ら会社経営を行えばよいところですが、出資者の中には、出資だけはできるが、経営に関することは苦手という人もいます。そこで、現代企業では、そのような出資者の資金を集め、経営の専門家が代わって会社経営を行い、稼いだ利益を出資者に分配するしくみが発達することとなりました。これを「所有と経営の分離」といいます。

▶ 役員報酬と税務

「役員報酬」勘定では、役員が収受する給与のうち、賞与および退職給与以外のものを処理することとなります。

通常の会社の使用人と同様、役員も会社のために仕事をしているため、その役務に対しては給料が支払われます。ただ、役員と従業員とは立場が違うので、法人税法では「役員報酬」について、役員に対する「賞与」や「役員報酬」が不当に高額である場合には、その高額部分は、損金として認めないこととされています。

役員は、従業員と異なり、自分たちの給与の額を自ら決めることのできる立場にあります。従って、報酬額の決定を通じて、恣意的に利益を操作し、租税回避を行う余地があります。

このような状態を無制限に認めるならば、課税の公平を保つことができませんので、「役員報酬」を企業会計上は費用として認めながら、税務上は一定の制限を加え、その範囲内の部分だけ損金として認めることとしているのです。

■ 役員報酬に対する制限規定

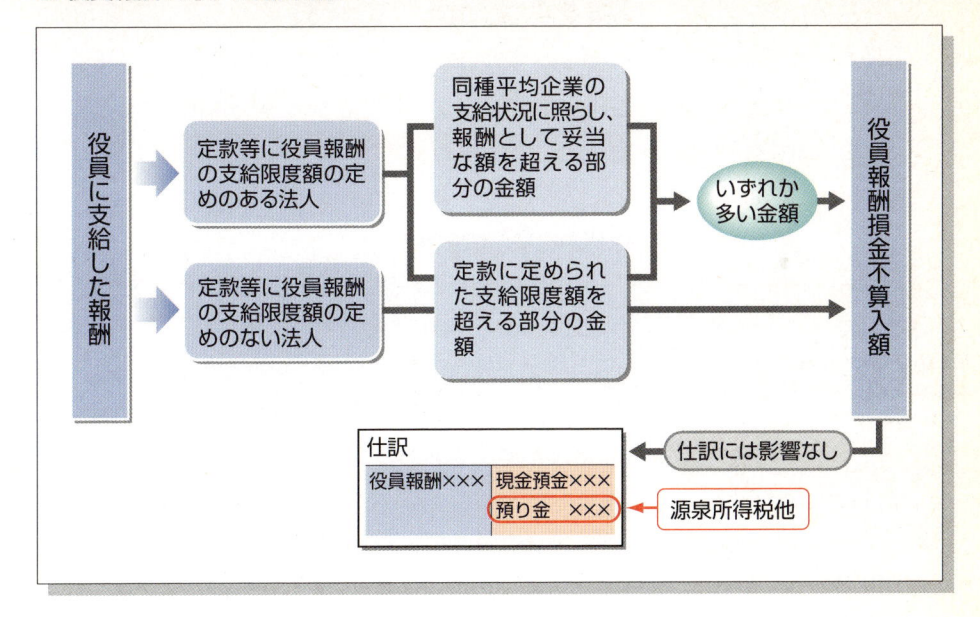

```
役員に支給した報酬
├→ 定款等に役員報酬の支給限度額の定めのある法人
│    ├→ 同種平均企業の支給状況に照らし、報酬として妥当な額を超える部分の金額 ┐
│    │                                                                        ├→ いずれか多い金額 →┐
│    └→ 定款に定められた支給限度額を超える部分の金額 ─────────────────────────┘                      │
│                                                                                                     ├→ 役員報酬損金不算入額
└→ 定款等に役員報酬の支給限度額の定めのない法人 → 定款に定められた支給限度額を超える部分の金額 ──→┘
```

仕訳

| 役員報酬××× | 現金預金××× |
| | 預り金　××× ← 源泉所得税他 |

仕訳には影響なし

▶ 給与は現金だけではない

「役員報酬」にこのような税務上の制限があるため、「役員報酬」に関してはいくつかの税務ルールが定められています。

（1）「役員報酬」は、現金での支給だけではなく、現物支給や経済的利益を含む一切のものをいうこととされています。

（2）「役員報酬」は、あらかじめ月以上の単位で定額に定められた部分とし、報酬の額に変動がある場合には、その変動部分は「役員賞与」とみなされます。

（3）同族会社の使用人のうち、一定の持ち株要件を満たす人も、実質的に企業の経営に参加しているとして、役員とみなされます。

（4）役員のうち、取締役経理部長のように、使用人としての職制上の地位を有している者については、その給与、賞与の一部を、使用人としての役務の対価として受給しているものとして、「役員報酬」としないことを認めています。

Memo

会社法施行後、会社の組織形態が多様化したため、法人税法もそれに歩み寄って、業績に連動する変動的な役員報酬の損金算入を一定のルールの下で認めることとなった。

Keyword

同族会社
同族株主グループのうち、その会社の持分の多い方から上位3グループの持分合計が、会社全体の持分の50％を超えるような会社のこと。
同族会社は、それらの同族グループに実質的に支配されているとみなされる。

給料手当・雑給

給料手当として計上する金額は、
源泉徴収前の総額である

▶ 源泉徴収と年末調整

　「給料手当」とは、雇用契約にもとづき、自社の従業員に対して支払われる役務の対価で、簡単にいえば、皆さんが会社からもらっている給料のことです。給与明細をよく見ると、基本給、職能給の他、時間外手当、役職手当、家族手当、住宅手当といった諸手当も加えられていますが、これらはすべて「給料手当」勘定で処理されることとなります。

　給料を処理する場合に重要な点は、所得税法との関係です。我が国では、サラリーマンの所得税は、会社が毎月行う「源泉徴収」と、年末に行う「年末調整」によって確定するものとされており、サラリーマン本人は、特別な事情のない限り、自ら確定申告を行う必要がないこととされています。

　「源泉徴収」とは、毎月の給料の額から計算される源泉所得税を、給料の支給の際に会社が天引きして預かり、翌月10日までに、会社が従業員に代わって納税するしくみです。

　この場合の納税は、いわば仮払的な性格のものですので、毎年12月には、従業員ひとりひとりの所得を確定させ、正しい税額を計算して、源泉所得税による仮払を精算しなければなりません。この手続を「年末調整」といい、確定所得税と源泉所得税との差額は、本人から追加徴収、または還付することとなります。

　源泉徴収の際に、注意しなければならないのは、給料として支給される金額の中に、源泉所得税の課税対象となるものと、ならないものとが混在しているという点です。具体的には、実費精算と考えられるような通勤手当や残業食手当などが、課税対象外とされます。

　給料の手取額は、給与総額と比べると、源泉徴収分だけ少

Section 59

第4章
経常損益項目

Point

従業員に対して支払われる役務の対価は、「給料手当」勘定で処理される。「給料手当」の計上額は、源泉徴収前の総額である。

Keyword

手当

会社が労務の対価として支給する以外に特定の支出に充当するためや、特定の業務に対する対価として特別に支給するもの。

Memo

出向社員を受け入れる場合も、自社の社員を出向させている場合にも、その社員に対する給料の自社負担部分は、「給料手当」として計上する。

Memo

会社が源泉徴収した源泉所得税は、原則としてその月の翌月10日までに納付しなければならないが、従業員が10名未満の会社は、納期の特例をうけることによって、毎年1～6月分を7月10日、7～12月分を1月10日の年2回の納税とすることができる。

■ 源泉徴収と年末調整

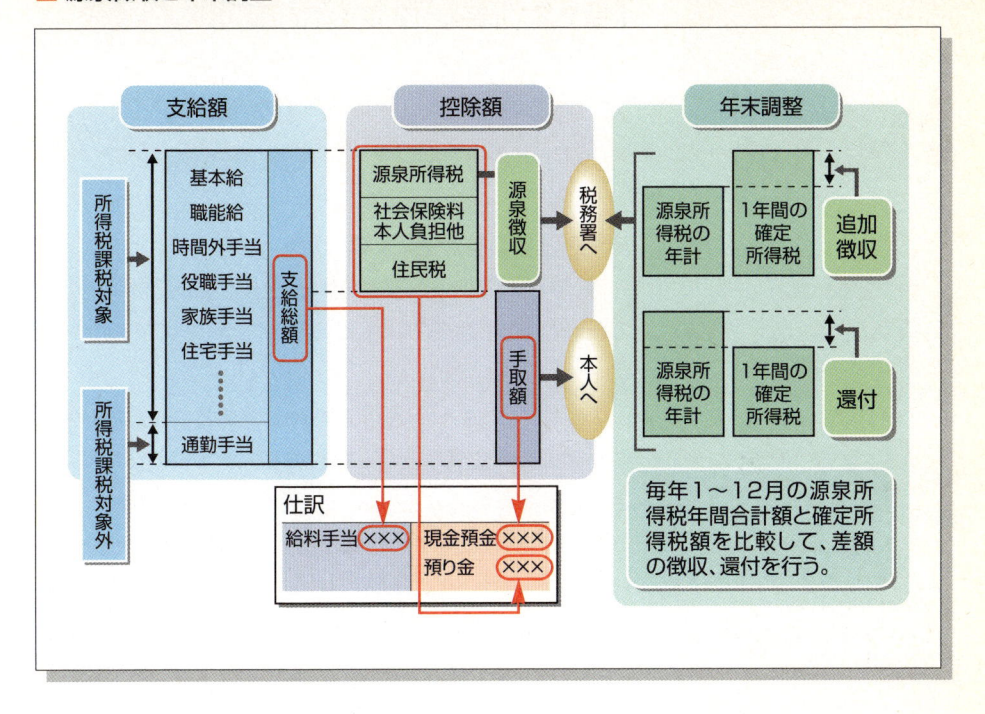

```
[支給額]                    [控除額]              [年末調整]
                            源泉所得税 ┐
所得税  ┌ 基本給            社会保険料 ├ 源泉徴収 → 税務署へ    源泉所得税  1年間の        追加
課税    │ 職能給            本人負担他 │                        の年計      確定所得税      徴収
対象    │ 時間外手当        住民税    ┘
        │ 役職手当   支給
        │ 家族手当   総額
        │ 住宅手当                                              源泉所得税  1年間の        還付
        │  ⋮                        手取額 → 本人へ            の年計      確定所得税
所得税  └ 通勤手当
課税
対象外                                                       毎年1～12月の源泉所
                                                             得税年間合計額と確定所
              [仕訳]                                         得税額を比較して、差額
              給料手当 ×××   現金預金 ×××                  の徴収、還付を行う。
                              預り金   ×××
```

なくなりますが、「給料手当」勘定に計上すべき金額は、手取額ではなく、源泉徴収前の総額であることに注意して下さい。

▶ 雑給

会社では、正社員の他に、臨時的にアルバイトやパートタイマーを雇い入れることがあります。正社員は、基本的に毎日会社で働くわけですし、その雇用期間も長期を予定していますが、アルバイトやパートタイマーは、繁忙期などの臨時的な労働力で、比較的短期の採用を予定しています。

このような雇用形態の違いから、正社員に対する給与と、アルバイトやパートタイマーに対する給与は、費用としての性格も異なります。このため、両者を区別して処理するために、アルバイトやパートタイマーに対して支給する給料は、「給料手当」勘定を使わずに、「雑給」勘定で処理することが多いようです。

Ref.

預り金
給料のうち、源泉徴収した部分は「預り金」勘定で処理される。源泉徴収は、源泉所得税以外に、社会保険料の本人負担部分や住民税の特別徴収などがある。Sec.40を参照のこと。

賞与・賞与引当金繰入額

賞与は労働対価の後払いと考えられている

▶ 賞与と賞与引当金繰入額

「賞与」とは臨時的に支給される給与で退職給与以外のものをいいます。簡単にいうと、一般的に夏と冬に支給されるボーナスのことです。

この賞与は、会社の業績に連動して支給されるものですので、もともと利益の処分という性格が強いのが特徴です。使用人に対する賞与は、利益の処分というよりは、労働に対する対価の後払いとしての性格が強いために、税務上も損金として取り扱われます。

この場合、「賞与」の計算期間は賞与支給前の6カ月程度となります。従って、その途中で決算をむかえることとなれば、翌期支給の「賞与」のうち、期末までの労働に対する部分はその期に発生した費用と考えることもできます。

この翌期賞与の当期負担部分を当期の費用として期間損益計算に含めるためには、「賞与引当金」を設定することとなります。賞与引当金の費用計上を処理する勘定科目が、「賞与引当金繰入額」です。

▶ 賞与引当金の取崩し

「賞与引当金」は、翌期の賞与の支給にそなえるためのものですので、翌期の「賞与」の支給時には、「賞与引当金」の取崩処理を行うこととなります。

通常は、前期末までの期間に関係する部分についてのみ「賞与引当金」を設定したわけですから、翌期の実際支給額は、賞与引当金残高を上回ることとなります。従って、実際の支給時には、「賞与引当金」の取崩処理と同時に、前年度に設定した「賞与引当金」と実際支給額との差額を「賞与」勘定

Section 60

第4章
経常損益項目

Point

ボーナスを処理する勘定科目が「賞与」勘定である。「賞与引当金」と「賞与」との関係を理解して欲しい。

Ref.

役員賞与
「役員賞与」は、税務上は損金として扱われない。Sec.58を参照のこと。

Memo

財務会計上の「賞与引当金繰入額」の計算は、かつてはほとんどの会社が、税法基準として、法人税法の定める「賞与引当金繰入額」の損金限度額の計算を利用していた。
しかし、1998年の税法改正で、法人税法上の「賞与引当金」廃止により、支給見込額基準などで引当金を設定せざるをえなくなった。

■ 賞与と賞与引当金繰入額

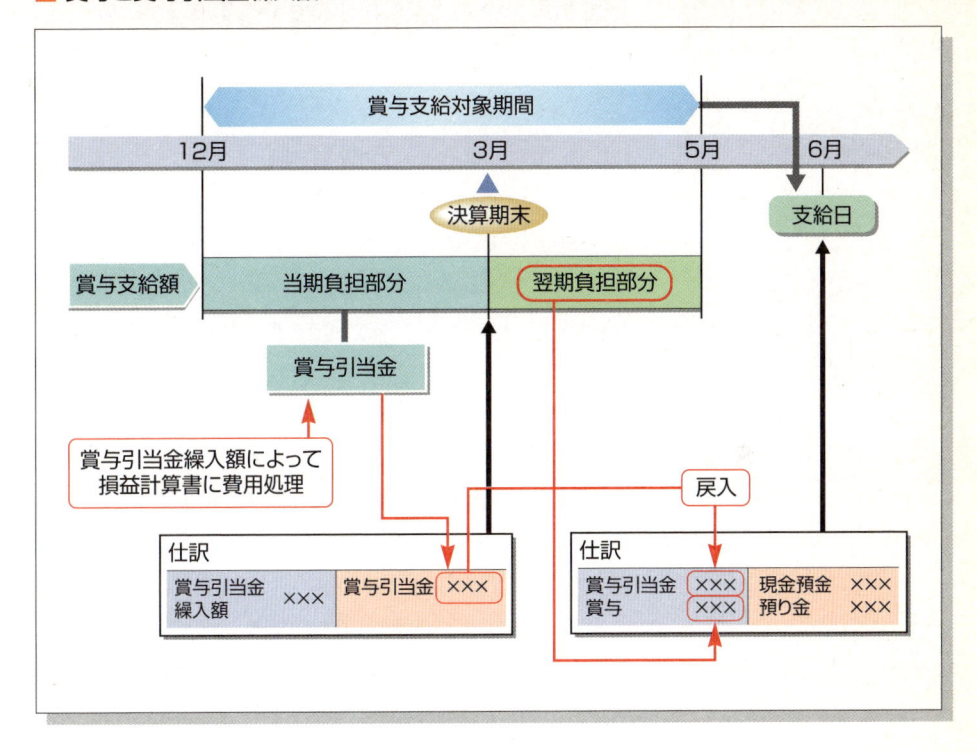

```
          賞与支給対象期間
    12月        3月        5月    6月
                ▲決算期末      ●支給日

賞与支給額 | 当期負担部分 | 翌期負担部分

賞与引当金
賞与引当金繰入額によって損益計算書に費用処理

戻入

仕訳
賞与引当金繰入額 ×××  賞与引当金 ×××

仕訳
賞与引当金 ×××  現金預金 ×××
賞与     ×××  預り金   ×××
```

として取り扱います。

　一方、何らかの事情で、「賞与」の実際支給額が前年に設定した「賞与引当金」の金額よりも少ない場合には、その差額は「賞与引当金戻入益」勘定で特別利益として処理します。

▶ 役員賞与の発生計上

　法人税法で役員賞与を損金不算入として取り扱ってきたことから、わが国では、役員賞与を利益処分とする会計処理が一般的でした。しかしながら、商法改正や会社法の施行により、会社の組織設計が多様化したことを契機に、役員賞与に関する会計処理の方法が見直され、当期の職務に関わる役員賞与は、たとえ、その支給が翌期となる場合であっても、発生主義により当期の期間費用として処理することとなりました。

Ref.

役員賞与の発生計上については、企業会計基準委員会による「役員賞与に関する会計基準（企業会計基準第4号）」を参照のこと。

Section 61

第4章
経常損益項目

退職金・退職給付費用

退職給与規程を定めて
将来の退職金にそなえる

Point

「退職金」とは、退職に起因する臨時的な給付をいう。使用人と役員では、その契約形態が異なるため、「退職金」の取り扱いも異なり注意が必要である。
一方、「退職給付費用」は、退職給付会計の当期の費用を処理するための勘定科目である。

Ref.

雇用契約・委任契約
企業と従業員との就業形態には「雇用契約」と「委任契約」の2種類がある。雇用契約は、会社と使用人に代表される契約であり、委任契約は企業とその役員に代表される契約である。

▶ 退職金

「退職金」とは、会社が支給する臨時的な給与のうち、退職を起因として支給する退職一時金や退職年金をいいます。退職金は過去の勤務に対する功労金としての性格と、過去の給与の後払いとしての性格をあわせ持っています。

▶ 使用人の退職金と役員退職金

使用人に対する「退職金」は、その債務が確定した事業年度において費用計上し、法人税法上も損金算入が認められています。しかし、役員に対する「退職金」については、たとえ財務会計で費用計上したとしても、その「退職金」が不当に高額であれば、その高額な部分は損金算入が認められていません。

このような取り扱いをする理由は、「役員賞与」と同様に、「退職金」も過去の勤務に対する功労金、すなわち利益処分的な性格を持っているためです。また、役員の立場を利用して、「退職金」の額を恣意的に増減させることで利益操作を行い、租税回避が可能となることから、一定の制限を設ける必要があるからです。

▶ 退職給付会計の導入と退職給付費用

従来は、会社が直接の支給義務を負う退職一時金や退職年金に限定して、「退職給与引当金」が繰り入れられてきました。

しかし、2000年4月以降開始された事業年度からは、退職給付会計が導入され、厚生年金基金や適格退職年金など外部積立てによる給付も含めた退職給付債務のすべてについて、「退職給付引当金」として貸借対照表に計上しなけれ

■ 退職給与引当金と退職給付引当金

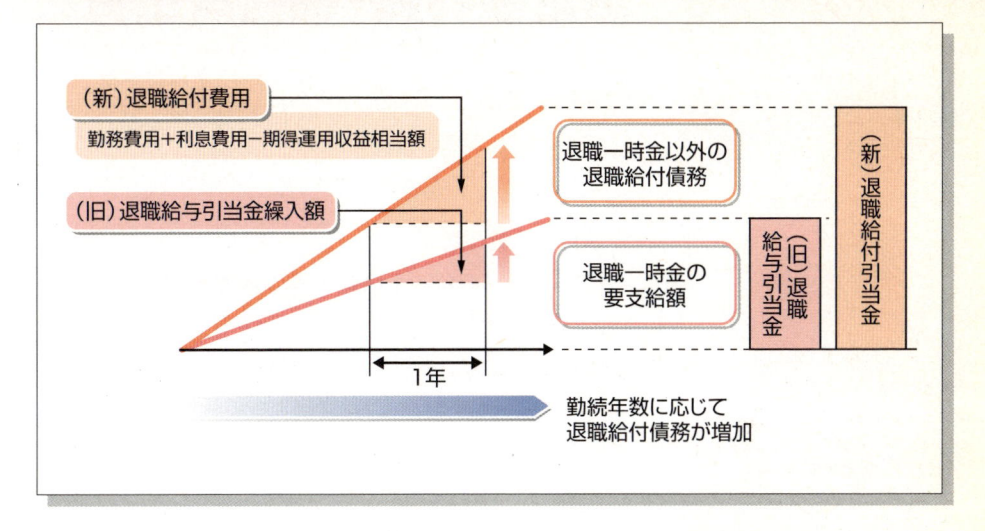

図中のラベル：
- （新）退職給付費用：勤務費用＋利息費用－期待運用収益相当額
- （旧）退職給与引当金繰入額
- 退職一時金以外の退職給付債務
- 退職一時金の要支給額
- （旧）退職給与引当金
- （新）退職給付引当金
- 1年
- 勤続年数に応じて退職給付債務が増加

ばならないこととなりました。この退職給付債務の当期発生額を処理するための勘定科目が「退職給付費用」です。

退職給付費用は、次のような内容からなっています。

（1）勤務費用

　　1期間の労働の対価として発生したと認められる退職給付のことで、退職給付見込額の当期増加を、一定の割引率、残存勤務期間にもとづいた割引計算によって算定されます。

（2）利息費用

　　割引計算によって算定された期首時点における退職給付債務について、時の経過により発生する計算上の利息のことで、期首の退職給付債務に割引率を乗じて算定されます。

（3）期待運用収益相当額

　　期首の年金資産の残高に、合理的に予測される収益率を乗じて算定されます。

すなわち、「退職給付費用」とは、勤務費用に利息費用を加え、期待運用収益相当額を差し引いて求めることとなります。

Memo

退職給付会計の導入により、以下の注記が必要となった。
(1) 企業の採用する退職給付制度の概要
(2) 退職給付債務等の内容
　　①退職給付債務の額
　　②年金資産の額
　　③退職給付引当金の額
(3) 退職給付費用等の内容
　　①退職給付費用の額
　　②勤務費用、利息費用の額
(4) 退職給付債務等の計算基礎
　　①割引率、期待運用収益率
　　②退職給付見込額期間配分方法
　　③過去勤務債務の額、処理年数

Section 61

Section 62

第4章
経常損益項目

Point

従業員に対する福利厚生活動のうち、加入義務を伴う社会保険や労働保険の会社負担保険料は「法定福利費」として処理し、その他の費用は「福利厚生費」として処理する。

Memo

「法定福利費」は、消費税の非課税取引となる。

Memo

社会保険の加入手続は、所轄の社会保険事務所で行う。
一方、労働保険の加入手続は、まず、労災保険の加入を労働基準監督局で行い、その後最寄のハローワークで雇用保険の加入手続を行う。

法定福利費・福利厚生費

従業員に対する福利厚生活動は2つの勘定科目で処理される

▶ 法定福利費とは

　会社で1人でも従業員を雇えば「労働保険」に、また、5人以上の従業員を雇っていれば「社会保険」にそれぞれ加入しなければならないこととされています。

　社会保険料も労働保険料も、個人負担分と会社負担分とに分けられており、個人負担分については、源泉所得税と同様に、毎月の給料、賞与から源泉徴収します。会社は、従業員から預かったこれらの保険料に会社負担分を加えて保険料を納付するしくみとなっています。

　「法定福利費」とは、この会社負担分の社会保険料と労働保険料を処理する勘定科目です。具体的な処理は、右図のように、ちょっとわかりにくいかもしれません。

▶ 社会保険

　「社会保険」とは、「健康保険」と「厚生年金保険」の総称で、「健康保険」は、従業員およびその家族が、ケガをしたり病気をして病院に行ったときに給付が受けられる保険です。「厚生年金保険」とは、従業員が一定の年齢に達したり、障害者となった場合は本人が、死亡した場合は遺族が、年金などの給付を受けられる保険です。

▶ 労働保険

　「労働保険」とは、「雇用保険」と「労災保険」の総称で、「雇用保険」は、従業員が失業した場合に支給される保険です。また、「労災保険」は、従業員が仕事中や通勤途中に事故にあった場合、または、勤務が原因で災害にあった場合に給付される保険です。

■ 法定福利費の負担割合と実務処理

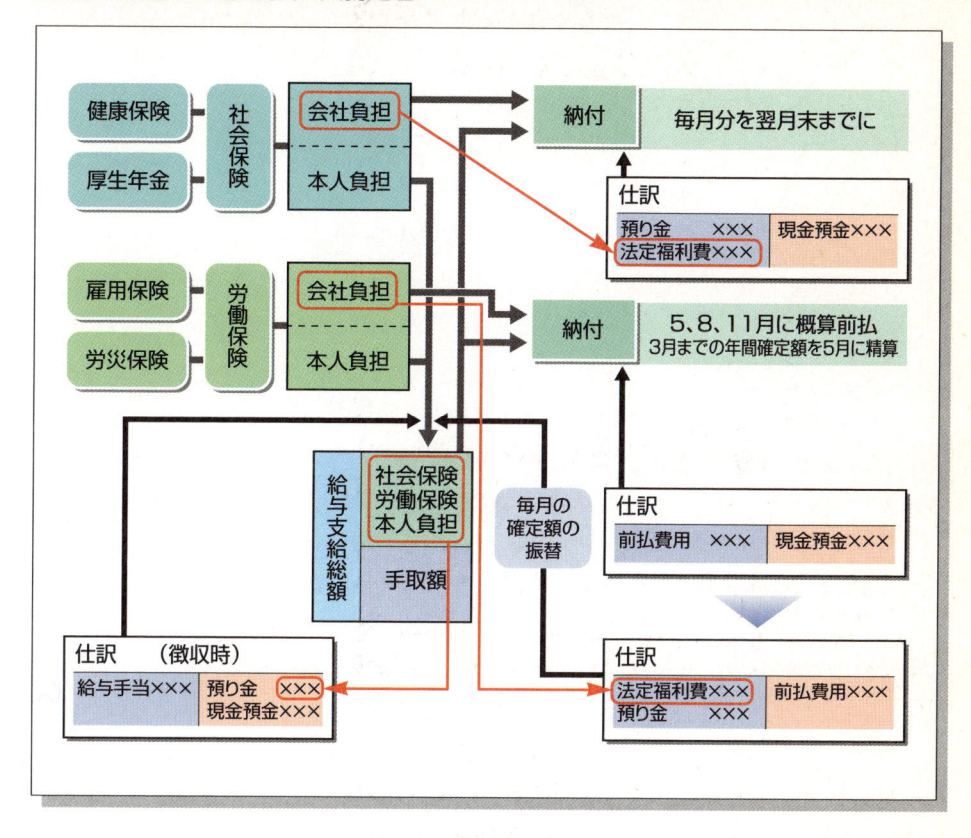

```
健康保険 ┐                    ┌→ 納付  毎月分を翌月末までに
          ├ 社会保険 ┤ 会社負担 ┤
厚生年金 ┘           │ 本人負担 │      仕訳
                                      預り金   ×××│現金預金×××
                                      法定福利費×××

雇用保険 ┐                    ┌→ 納付  5、8、11月に概算前払
          ├ 労働保険 ┤ 会社負担 ┤       3月までの年間確定額を5月に精算
労災保険 ┘           │ 本人負担 │
                                      仕訳
                給与支給総額│社会保険    前払費用 ×××│現金預金×××
                            │労働保険
                            │本人負担  毎月の
                            ├────      確定額の
                            │手取額    振替

仕訳  （徴収時）                        仕訳
給与手当×××│預り金   ×××            法定福利費×××│前払費用×××
            │現金預金×××             預り金    ×××
```

▶ 福利厚生費とは

　クラブおよび、サークル活動の費用、社員旅行の費用、社員が飲むお茶などの費用、社員食堂の運営費用、慶弔禍福に対する費用などのように、社員の職場環境改善のために会社が任意で支出する費用のことを「福利厚生費」といいます。

　あくまでも、会社が行う福利厚生活動は、すべての従業員に公平に参加の機会を与えるものでなくてはなりません。このため、特定の従業員を対象としたものについては、従業員の福利厚生目的で会社が支出した費用であるとしても、個人に対する経済的利益の供与であるとして、給与と認定され、従業員に対する源泉所得税の課税対象となります。

Memo

通常の「福利厚生費」は、消費税の課税取引となるが、従業員の禍福に際して支給する祝金、見舞金、共済会、互助会、サークル活動に対する補助金などは、不課税取引となる。

Memo

福利厚生は、自社の従業員に対するものであり、取引先の従業員に対するものは「交際費」とされる。

Section 62

荷造発送費

販売された商品の出荷に要する費用
類似の費用に注意

▶ 荷造梱包費と発送費

　企業は、顧客からの依頼により、商品を顧客の指定納品場所まで送り届ける場合があります。この場合、商品をむき出しのまま送るというわけではなく、荷造りし、梱包して発送するということになります。

　荷造梱包のためには、段ボール箱・ガムテープ・荷造用のひもが必要になりますし、割れ物の場合には保護材や発泡スチロールなどが必要になることもあります。

　これら荷造梱包用の資材の購入費用のうち、販売による出荷にかかるものを「荷造梱包費」といいます。そして、販売により荷物を送るための運賃を「発送費」といい、この両者をあわせて「荷造発送費」といいます。

　両者を区分して、それぞれ「荷造梱包費」「発送費」として独立の勘定科目を設定する場合もありますが、まとめて損益計算書に表示するのが一般的です。

▶ 引取運賃と発送運賃

　仕入に関する「引取運賃」と、販売に関する「発送運賃」は、外見上は同じ運賃ですが、会計処理では大きな違いがあります。引取運賃は、購入付随費用ですから、売上原価として処理されますが、発送運賃は、販売費として処理されます。

　引取運賃は、「仕入高」勘定、もしくは「仕入諸掛」「輸入諸掛」勘定で処理され、期末の在庫評価における評価単価の計算で考慮しなければならないこととなります。従って、期中発生した引取運賃の一部は、期末商品として翌期に繰り越されることとなります。

　一方、発送運賃は、「荷造発送費」として販売費及び一般管

Section 63

第4章
経常損益項目

Point

商品の販売にもとづく出荷のために必要となる梱包用の資材費と発送運賃は、合わせて「荷造発送費」勘定で処理する。

Memo

貨物の輸出運賃は、消費税法では免税取引とされる。

Memo

仮に、引取運賃が1個あたり300円かかっているとすれば、仕入商品の本体価格が、500円であったとしても、期末商品の評価単価は、引取運賃を加えた800円としなければならない。輸入取引など、引取運賃が多くかかるケースでは注意したい。

■ 荷造発送費と類似の費用

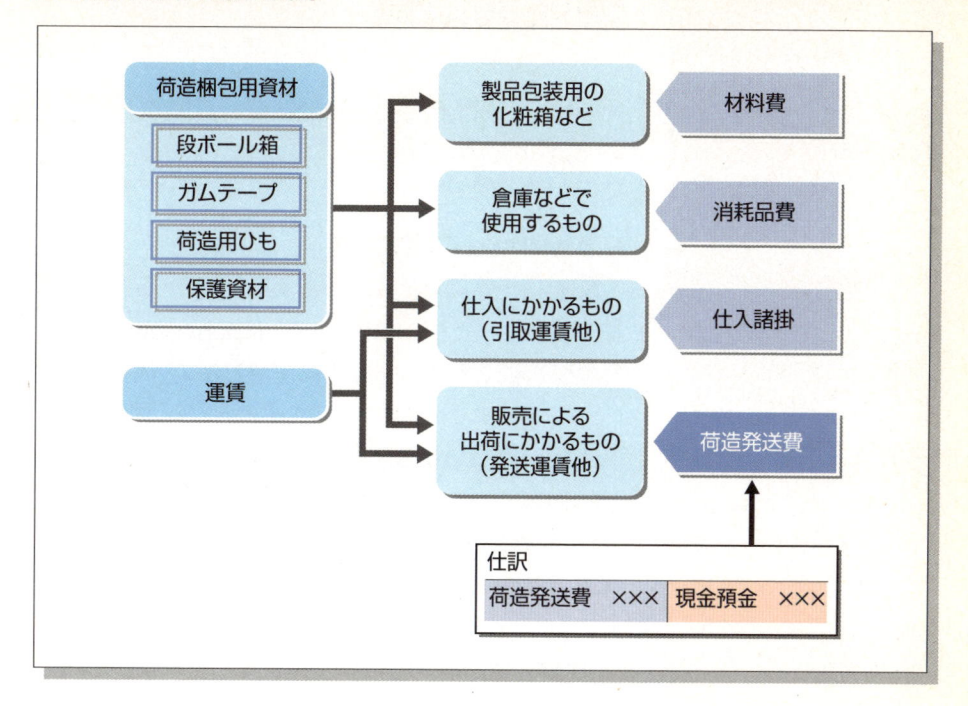

```
荷造梱包用資材
├ 段ボール箱
├ ガムテープ      →  製品包装用の化粧箱など    → 材料費
├ 荷造用ひも      →  倉庫などで使用するもの    → 消耗品費
└ 保護資材        →  仕入にかかるもの          → 仕入諸掛
                     （引取運賃他）
運賃              →  販売による出荷にかかるもの → 荷造発送費
                     （発送運賃他）
```

仕訳
| 荷造発送費 ××× | 現金預金 ××× |

理費に計上されますので、期中発生額のすべてが、その期の費用となります。

▶ 消耗品費と荷造費用

「荷造発送費」のうち、荷造梱包に要する費用については、「材料費」や「消耗品費」との区別がポイントとなります。

「荷造発送費」として処理すべき資材は、商品の販売による出荷の際に必要となるものです。従って、同じ包装用の資材であっても、製品包装用の化粧箱などは製品の構成要素の1つと考えられますので、「材料費」勘定で製造原価として処理することとなります。

また、まったく同一のガムテープや段ボール箱であっても、それを倉庫で商品を保管するために使ったとすれば、その分は「荷造発送費」とせずに、「消耗品費」として処理することが望ましいと思われます。

Memo
「消耗品費」と「荷造梱包費」を厳密に区分することは、技術上困難な場合も多い。このため、梱包用資材も含めて「消耗品費」として処理し、発送費のみを単に「（荷造）運賃」という勘定科目で処理することも多い。

外注加工費

外部業者から役務提供を受けるための費用
源泉徴収を忘れないように

第4章 経常損益項目

Point
外部業者への作業委託に要する費用を「外注加工費」、または「外注費」といい、製造業や建設業とそれ以外の業種では取り扱いが異なる。源泉徴収に注意。

Ref.
工事原価
建設業では、製造業における製造原価のことを「工事原価」と呼ぶ。

Memo
製造業で工程の一部を外注しているとはいっても、部品の製造工程などを外注し、完成した部品を購入しているような場合には、「材料仕入高」として処理し、「外注加工費」とはしない。「外注加工費」は、加工作業の外注など役務提供を受けるための費用を処理する勘定科目であって、物品の調達にかかる費用を処理するものではない。

▶ 製造業における外注加工費

製造業を営んでいる会社では、製造工程の一部を他の会社に委託することもあります。この外部業者への作業委託に要する費用のことを「外注加工費」と呼びます。

「外注加工費」は、製造業や建設業ばかりではなく、サービス業などの一般事業会社でも使用されます。しかし、製造業や建設業における「外注加工費」が製造原価として取り扱われるのに対して、それ以外の会社では、販売費及び一般管理費として取り扱われます。

▶ 製造業以外の外注加工費

製造業以外の業種でも、自社の行う業務の一部を外部業者に委託する場合には、「外注加工費」もしくは、単に「外注費」として処理することとなります。

具体的には、たとえば、テレビ番組の製作をしている会社が、照明やカメラマンを外部業者に委託している場合が該当します。また、最近では人材派遣会社に対する費用を「外注費」で処理するケースも増えています。

ただし、人材派遣の費用は、機能的には人件費と考えるのが普通で、これを「外注費」として処理をすれば、人材派遣の利用によって人件費が増減する結果となります。これでは、経営実態を正確に反映できない懸念があります。このため「雑給」として処理したり、「派遣人件費」などの新しい勘定科目で、「外注費」と区別することをおすすめします。

▶ 源泉税を預かる

「外注加工費」、もしくは「外注費」を支払う場合、支払相手

■ 源泉徴収が必要な報酬・料金の例

区分	内容	左の内容に類似するが該当しないもの
原稿の報酬	(1) 原稿料 (2) 演劇、演芸の台本の報酬 (3) 書籍等の編さん料又は監修料　他	(1) 懸賞応募作品の選稿料又は審査料 (2) ラジオ、テレビジョンその他のモニターに対する報酬 (3) 直木賞、芥川賞、野間賞、菊池賞等としての賞金品等
挿絵の報酬	書籍、新聞、雑誌等の挿絵の料金	
写真の報酬	雑誌、広告その他の印刷物に掲載するための写真の報酬・料金	
翻訳の報酬・料金	翻訳の料金	通訳の報酬
デザインの報酬	(1) 次のようなデザインの報酬 　①工業デザイン 　　自動車、オートバイ、カメラ、家具等のデザイン 　②クラフトデザイン 　　茶碗、灰皿等のようないわゆる雑貨のデザイン 　③グラフィックデザイン 　　広告、ポスター、包装紙等のデザイン 　④パッケージデザイン 　　化粧品、薬品等の容器のデザイン 　⑤広告デザイン 　　ネオンサイン、広告塔のデザイン 　⑥インテリアデザイン 　　航空機、列車、船舶の客室等の内部装飾 　⑦ディスプレイ 　　陳列棚、商品展示会等の展示装飾 　⑧服飾デザイン 　　衣服、装身具等のデザイン 　⑨ゴルフ場、庭園、遊園地等のデザイン (2) 映画関係の原画料、線画料又はタイトル料 (3) テレビジョン放送のパターン製作料 (4) 標章の懸賞の入賞金	(1) 織物業者が支払う、いわゆる意匠料又は紋切料 (2) 字又は絵等の看板書き料 (3) ネオンサイン、広告塔とのデザインとその施工とを併せて請け負った者にその対価を一括して支払うような場合には、その対価の総額をデザインの報酬・料金と施工の対価とに区分し、デザインの報酬、料金について源泉徴収を行うが、そのデザインの報酬・料金の部分が極めて少額であると認められるときは、源泉徴収をしなくて差し支えありません。

（注）源泉徴収する所得税の金額は、上記の報酬・料金の10％。
　　　ただし、同一人に対し1回に支払われる金額が100万円を超える場合には、その超える部分については20％。

が個人事業主であった場合には、依頼した作業の内容によっては、原則として10％の源泉徴収をしなければなりません。

　このような外注先に対する源泉所得税は、税務上「報酬の源泉所得税」と呼ばれ、どのような場合に、源泉徴収をしなければならないかということについては、上図のように具体的に規定されています。

Section 64

Section 65

第4章
経常損益項目

広告宣伝費

広告宣伝活動に要する費用は
効果のおよぶ期間に注意

Point
広告宣伝活動に要する費用は「広告宣伝費」として処理される。「広告宣伝費」は、その効果のおよぶ期間にわたって費用計上する。

Memo
「広告宣伝費」の計上時期は、その広告の効果が現れたときである。新聞や雑誌の広告であれば、掲載の時点が原則となるし、折り込みチラシであれば配布日が基準となる。

Memo
広告宣伝用の印刷物などが、期末の時点で大量に社内に残っている場合には、「貯蔵品」として資産計上しなければならない。

▶ 広告宣伝活動

　会社の広告宣伝活動に要した費用を「広告宣伝費」といいます。ひとくちに広告宣伝活動といっても、社名や商品の広告、人材の募集広告、広報活動などジャンルもさまざまで、その広告媒体も多様化しています。しかし、これらをひとまとめにして「広告宣伝費」勘定で処理することとなります。

　「広告宣伝費」の具体例としては、自社名または自社の製品名の入ったタオル、ライター、ティッシュ・ペーパー、テレホンカードなどの販促物の作成や配布に要する費用、ポスター、チラシの印刷費用、ダイレクトメール、折り込み広告などの作成、配布費用、テレビ、ラジオのコマーシャル費用や懸賞に要する費用、新聞、雑誌などの広告掲載料などがあります。

　1年を超える長期契約の「広告宣伝費」の支払いは、翌期以降の部分を「前払費用」として資産計上しなければなりません。なお、「広告宣伝費」は、不特定多数の人に対する広告宣伝を目的とする費用です。もしも、取引先の一部など、特定の者を対象として販促物を配布したりした場合には、その費用は「交際費」として処理されることになります。

▶ 固定資産となるケース

　都心のネオンサインは、ほとんどが会社の宣伝のために利用されていますが、これらも「広告宣伝費」になるのかというと、必ずしもそうではありません。

　法人税法の規定によって、取得価額が10万円以上の資産については有形固定資産として資産計上します。そして、有形固定資産の費用化は減価償却という手続きによって行われ、「減価償却費」として計上しなければなりません。

■ 広告宣伝費の取扱い

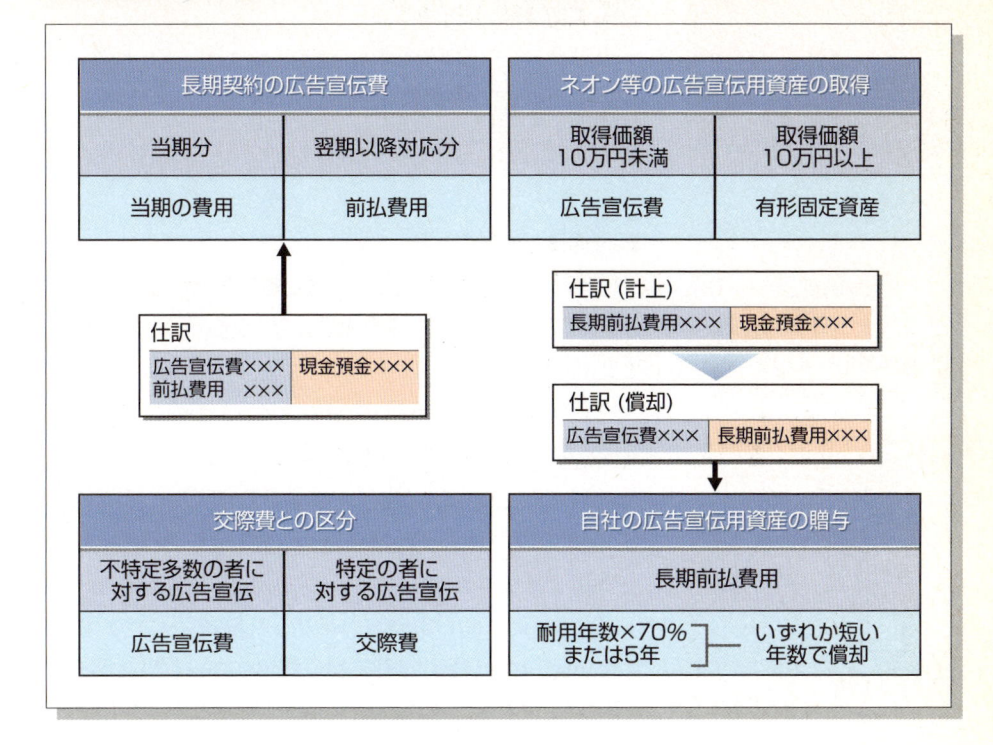

長期契約の広告宣伝費	
当期分	翌期以降対応分
当期の費用	前払費用

仕訳
広告宣伝費 ×××	現金預金 ×××
前払費用 ×××	

ネオン等の広告宣伝用資産の取得	
取得価額 10万円未満	取得価額 10万円以上
広告宣伝費	有形固定資産

仕訳(計上)
長期前払費用 ×××	現金預金 ×××

仕訳(償却)
広告宣伝費 ×××	長期前払費用 ×××

交際費との区分	
不特定多数の者に 対する広告宣伝	特定の者に 対する広告宣伝
広告宣伝費	交際費

自社の広告宣伝用資産の贈与
長期前払費用
耐用年数×70% または5年 ─ いずれか短い年数で償却

ただし、これらの支出が10万円未満であれば、資産計上しなくてもよいわけですから「広告宣伝費」として処理します。

▶ 広告宣伝用資産を贈与した場合

映画館や劇場の緞帳や商品名入りのショーケースなど、自社の広告宣伝を目的とする資産を他社に贈与したり、低額で譲渡することがあります。この場合、その贈与の効果がその資産の使用期間にわたると考えられることから、全額をその期の費用とするわけにはいきません。ところが、その一方で、すでに相手に渡してしまっているものですから有形固定資産に計上するわけにもいきません。

これらは、税務上の繰延資産として取り扱われることとなり、「長期前払費用」に計上して、耐用年数の70%、または5年のいずれか短い年数で償却計算をすることとなります。

Memo

広告宣伝用資産をもらったり、低額で譲渡を受けた会社は、資産に計上して減価償却することになる。

Section 66

第4章
経常損益項目

交際費

接待、饗応、慰安、贈答の費用は
損金算入に厳しい制限がある

Point
法人税法では、会社の冗費節約という政策的な目的により、「交際費」の損金算入には厳しい制限が定められている。

Ref.
交際費
「交際費」の定義については、「租税特別措置法」61の4（3）により定められている。

Memo
見舞金、祝金、香典などの金銭の交付や、商品券の贈答などは、消費税では不課税取引とされる。

Ref.
交際費の損金不算入
「交際費」の損金不算入については、「租税特別措置法」61の4により定められている。
なお、事業年度が1年に満たない期については、右の定額控除限度額も月割調整される。

▶ **交際費とは**

「交際費」とは、得意先、仕入先など事業の関係者に対して、接待、饗応、慰安、贈答、その他これらに類似する行為のために支出される費用をいいます。

「交際費」は、取引関係を円滑に進めるとともに、何らかの見返りを期待したものであり、事業とまったく無関係の費用というわけではありません。しかしながら、このような費用を無条件に認めてしまうと、本来の商取引の姿である製品や商品の質、あるいはサービスの質による競争ではない不健全な接待競争がおこりかねません。また、「交際費」という冗費の無駄づかいにより会社の財務基盤が損なわれる怖れがあると考えることもできます。

このため、財務会計上は費用として認めながらも、法人税法では、一定の金額のみを損金と認め、それを超える金額については認めないという取り扱いをします。

▶ **税法上の制限**

租税特別措置法では、まず、資本金の額によって、一定の額を超える「交際費」の損金不算入を定めています。

具体的には、次の金額が損金不算入とされます。
（1）期末資本、出資の額が1億円以下の法人
　　　　　　　　　…年間400万円を超える金額
（2）期末資本、出資の額が1億円超の法人　…全額

さらに（1）のケースでも、上記の範囲内の金額に対する10％の損金不算入額を定めています。

また、この「交際費」の取り扱いは、たとえ科目の名称が「交際費」とされていない場合であっても、実質的な判断によ

■ 交際費の損金不算入

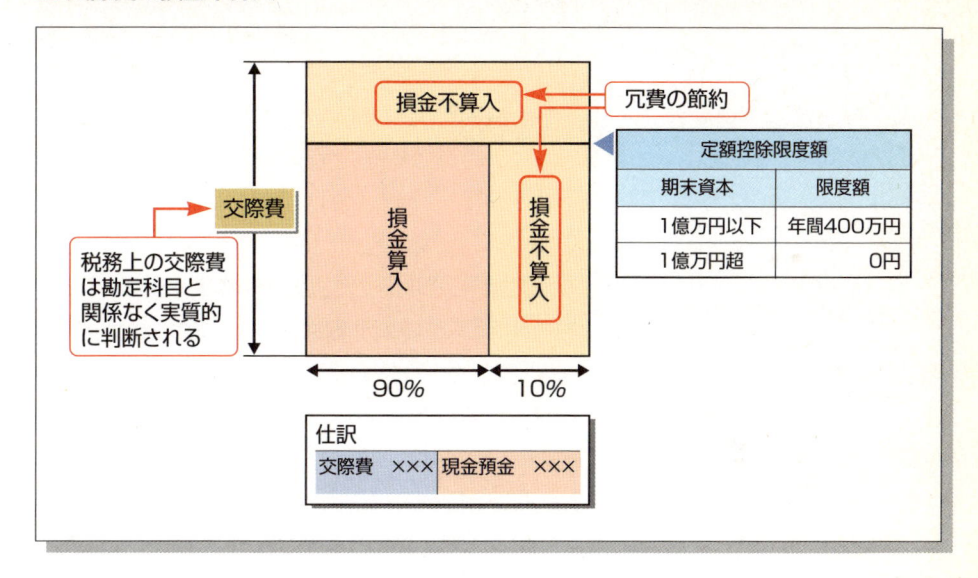

```
                    ┌─ 損金不算入 ←── 冗費の節約
                    │
交際費 ──→           │                定額控除限度額
税務上の交際費        │         ┌──────────┬──────────┐
は勘定科目と         損金      │ 期末資本   │ 限度額    │
関係なく実質的       算入      ├──────────┼──────────┤
に判断される                   │ 1億万円以下│年間400万円│
                              ├──────────┼──────────┤
                    損金       │ 1億万円超 │    0円   │
                    不算入     └──────────┴──────────┘
                     
          ←── 90% ──→←10%→

仕訳
┌────────────────────────────┐
│ 交際費 ×××  現金預金 ××× │
└────────────────────────────┘
```

り適用することとされています。

▶ 交際費とその他の費用の判別

「交際費」については、他の費用と異なり、税務上の厳しい取り扱いがあるために、科目処理にも注意を要しますし、税法でも類似費用との区別について、細かく基準を示しています。

「交際費」の類似費用としては、「寄附金」「売上割戻」「販売促進費」「広告宣伝費」「諸会費」「福利厚生費」「会議費」などさまざまなものがあります。

「交際費」は、
（1）接待、饗応、贈答などの費用であること。
（2）得意先、仕入先等の特定の事業関係者に対するものであること。
（3）事業上の何らかの見返りを期待した支出であること。
（4）相手方で収益として計上されないこと。

などの基本的な要件はありますが、実際は、個々の取引実態によって判定されます。具体的には、次のような点に注意しながら、判別することとなると思われます。

Ref.

交際費等の範囲
交際費等の範囲については、法人税申告書別表15により定められている。

Memo

資産の取得価額に含まれる支出や、売上原価に含まれる支出であっても、「交際費」として取り扱われるものがある。

> **Ref.**
>
> 寄附金との区分
> 「寄附金」との区分については、「租税特別措置法関係通達」61の4(1)-2に定められている。

> **Ref.**
>
> 売上割戻との区分
> 「売上割戻」との区分については「租税特別措置法関係通達」61の4(1)-3および61の4(1)-4に定められている。

> **Ref.**
>
> 情報提供料
> 情報提供料については、「租税特別措置法関係通達」61の4(1)-8に定められている。

> **Ref.**
>
> 広告宣伝費との区分
> 「広告宣伝費」との区分については、「租税特別措置法関連通達」61の4(1)-9により定められている。

(1) 「寄附金」との区分

　　政治団体に対する献金、神社の祭礼等の寄附のように、事業に直接関係のない者に対する金銭による贈与は、原則として「寄附金」となりますが、両者の区分は、個々の取引実態により判定します。

(2) 「売上割戻」「販売手数料」との区分

　　先方において収益計上のない場合は、原則として「交際費」とされ、また「売上割戻」「販売手数料」の支払いに代えて、旅行や観劇に招待したようなケースも「交際費」とされます。さらに、「情報提供料」などの名目で支出した費用については、支出の相手先が、情報提供を業としていない場合には、

a. あらかじめ締結された契約にもとづくこと。
b. 提供を受ける役務の内容が契約において具体的に明らかにされており、かつ、これにもとづいて実際に役務の提供を受けていること。
c. 交付した金品の価額が、提供を受けた役務の内容に照らして相当と認められること。

といった要件のすべてを充たし、正当な対価の支払いと認められない限り、相手方で収益に計上していたとしても「交際費」とみなされますので注意が必要です。

(3) 「広告宣伝費」との区分

　　不特定多数の一般消費者を対象とする広告宣伝活動の費用は「広告宣伝費」となりますが、それが特定の人に対するものである場合には「交際費」とされます。

(4) 「諸会費」との区分

　　会社の仕事と直接関係のない、入会者相互の親睦を目的とするような会に対する会費は「交際費」とされます。また、会社の仕事と直接関係するような会であっても、懇親会費として支払ったものは「交際費」です。

(5) 「福利厚生費」との区分

　　得意先等社外の者に対し、慶弔禍福の際に支出される金品は「交際費」とされます。また、社会通念上相

■ 交際費と類似費用

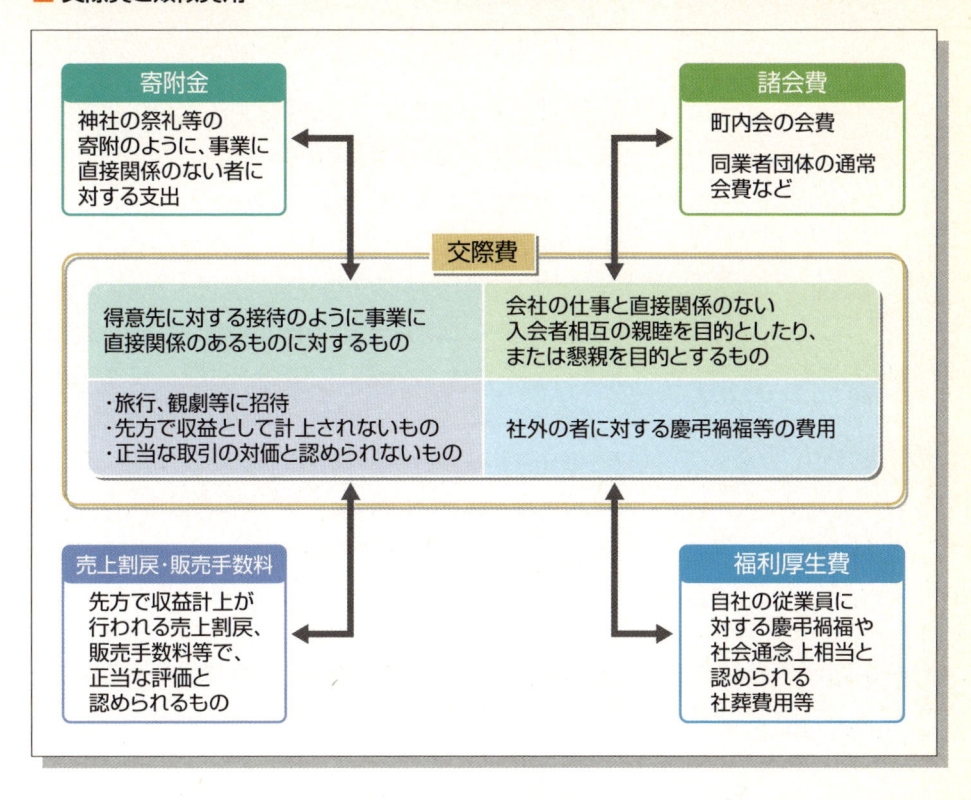

寄附金	諸会費
神社の祭礼等の寄附のように、事業に直接関係のない者に対する支出	町内会の会費 同業者団体の通常会費など

交際費

得意先に対する接待のように事業に直接関係のあるものに対するもの	会社の仕事と直接関係のない入会者相互の親睦を目的としたり、または懇親を目的とするもの
・旅行、観劇等に招待 ・先方で収益として計上されないもの ・正当な取引の対価と認められないもの	社外の者に対する慶弔禍福等の費用

売上割戻・販売手数料	福利厚生費
先方で収益計上が行われる売上割戻、販売手数料等で、正当な評価と認められるもの	自社の従業員に対する慶弔禍福や社会通念上相当と認められる社葬費用等

当と認められる金額を超える社葬費用は、自社の役員、従業員のものでも「交際費」とみなされます。

(6) 交際費の5,000円基準

　　平成18年度税制改正において、1人あたり5,000円以下の一定の飲食費について交際費から除外されることになりました。従来も「1人あたり概ね3,000円」という目安がありましたが、これは明文化された規定ではなく、当局が慣例的に運用していたものです。これが、今回はじめて明文化(法令化)されたわけです。

　　具体的には、社外の者に振る舞った飲食費等について、その金額が5,000円以下であれば接待交際費ではなく、その実態に合わせた費用(会議費、福利厚生費など)にできるということです。

Memo

取引先を旅行に招待した場合に、引率者として同行した従業員にかかる費用も「交際費」となる。
従業員に対するものは「交際費」とはならないという考え方は誤りである。

Section 66

Section 67

第4章
経常損益項目

会議費

会議に要したさまざまな費用のすべてが会議費として処理される

Point
「会議費」と「交際費」とはよく似ているため、間違いも多い。会議の実態をそなえている場合に限り、「会議費」となるため、議事録などを作成しておきたい。

Memo
お茶やお茶菓子を自社の従業員とお客様の兼用として置いてある場合、厳密にお客様に出したものを把握することは不可能であるため、一括して「福利厚生費」または「会議費」とすることも認められる。

▶ 会議費とは

　会社が、会議を実施するにあたっては、実にさまざまな費用がかかります。自社の会議室を使用せず、外部の会議室を使用した場合には、会議室の使用料を支払うこととなりますし、会議中に飲むコーヒーやお茶代、会議が食事時にかかるようであれば、弁当を用意する場合もあります。

　これら、会議に際して支払ったすべての費用を処理する勘定科目が「会議費」勘定です。

　また、会議というほど大袈裟ではないまでも、得意先や仕入先の人が来社して、商談や打ち合わせをすることも多く、そのような場合に出すお茶やお茶菓子などにかかる費用も「会議費」として処理することとなります。

▶ 交際費との区分

　前項でも説明しましたが、「会議費」と「交際費」は、外見が似ていることから、しばしば誤った処理がなされ、税務調査でもターゲットとなりやすいところです。

　「会議費」は、会社の活動にとって必要不可欠なものですから、法人税法上も損金として認められています。しかし、会議の名を借りた接待により、租税回避を行うケースが非常に多いのも事実です。

　このため、具体的に会議としての実態を証明できるような資料を作成し、税務資料として保管しておく心がけも必要かもしれません。

　日程、議題、議事を明らかにする意味で、議事録などを残しておくことをお勧めします。

■ 会議費と交際費の区分

来客との商談、打ち合わせ等に要する費用			会議費
社内で行う会議に要する費用	会議中の茶菓弁当等で相当と認められる費用		会議費
	会議中の茶菓弁当等で相当と認められない費用		交際費
旅行とあわせて行った会議に要する費用	会議場の賃貸料等の会議に要する費用	会議としての実態㈲	会議費
		会議としての実態㈲	交際費
	旅行に要した費用の額		

▶ 1人5,000円以上の高額な食事や酒類に注意

　会議としての実態をそなえていたとしても、そこで供される飲食が高額である場合には、「交際費」として取り扱われることもあります。

　また、スナックやカラオケ・ボックスなど会議にふさわしくない場所で行われた場合や、常識的に見て、会議にふさわしくないような酒類の振る舞いがあった場合なども「交際費」とされます。

　なお、接待であっても、1人5,000円以下の飲食代などであれば、全額「会議費」などの損金算入ができます。その場合、年月日や参加者の氏名、人数、飲食店などの名称および所在地の事項を記述した書面の保存が必要です。

▶ 会議費と交際費が混在する場合

　打ち合わせと親睦を兼ねて、得意先といっしょに温泉旅行に行ったりするような場合はどうでしょう。

　その打ち合わせが実態をそなえている限り、打ち合わせに要する費用部分と親睦に要する費用部分とを区分して、打ち合わせに要した費用は「会議費」として認められます。そして、その他の費用のみを「交際費」として処理することができます。

Memo

自社の従業員だけで行う会議であっても、高額な食事が供されるような場合は「交際費」として取り扱われる。

Section 68

第4章
経常損益項目

Point

交通機関の利用による費用が「旅費交通費」である。宿泊費、高速道路の通行料金、車両の利用、維持に関する費用もこの科目で処理する。
「通勤交通費」の税務取り扱いに注意。

Memo

国内で利用する電車、バス、航空機などの費用は消費税では課税取引とされるが、国際線航空機による海外旅費は、たとえ日本から出発する部分であっても免税取引とされる。

Ref.

非課税とされる通勤手当
非課税とされる通勤手当については、「所得税法施行令」第20条の2により定められている。

旅費交通費

電車、バス、タクシー、航空機の乗車料金の他、宿泊費や車両費も含む

▶ 旅費と交通費

「旅費交通費」は、「旅費」と「交通費」を合わせて処理するための勘定科目です。

「旅費」とは、会社の役員や従業員が出張に要した費用で、電車賃や飛行機代の他に、現地での宿泊費や出張手当も含めることとなります。

「交通費」とは、従業員の通勤定期代や、移動のための電車賃、バス代、タクシー代などが該当します。

これらは、一括して「旅費交通費」勘定で処理する場合もありますし、「旅費」勘定と「交通費」勘定とを区分して処理することもあります。さらに「交通費」勘定も、通勤交通費と通常の交通費とに区分して処理することもあります。

▶ 通勤交通費の非課税枠

「通勤交通費」を給料に含めて、通勤手当として支給する場合、この通勤手当は、通勤のためにかかる交通費の実費的な精算です。従って、社会通念上相当と認められる額までは、所得税が課税されないこととされています。

ただし、最近のように遠距離通勤が増えてくると、無制限に非課税所得とするわけにもいかないため、右の表のような非課税枠が定められています。

▶ 社用車の取り扱い

社用車として営業用車両を使っている会社であれば、ガソリン代や高速道路の通行料がかかります。

このガソリン代や高速料金は、移動のために要する費用ですので「旅費交通費」として処理されることとなりますが、社

■ 旅費交通費の区分

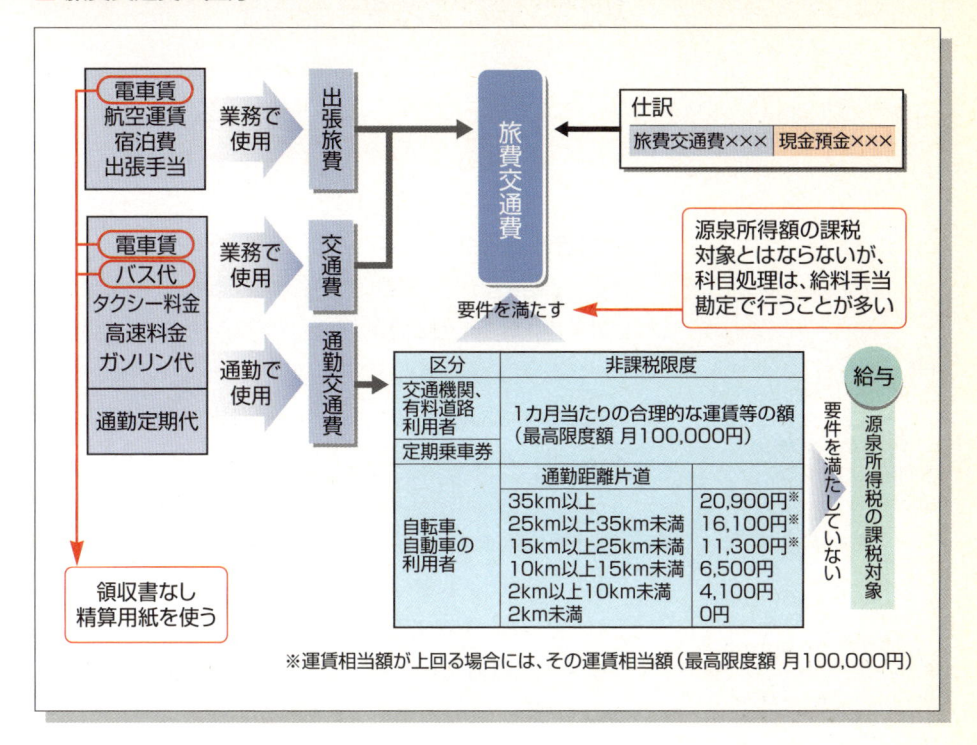

```
電車賃         業務で    出張
航空運賃       使用     旅費
宿泊費
出張手当                        ┌─ 仕訳 ──────────────┐
                               │ 旅費交通費××× │ 現金預金××× │
                       旅費     └────────────────────┘
電車賃         業務で    交通
バス代         使用     費      旅費交通費
タクシー料金                    
高速料金                        源泉所得額の課税
ガソリン代     通勤で    通勤    対象とはならないが、
               使用     交通    科目処理は、給料手当
通勤定期代                      勘定で行うことが多い
                       要件を満たす
```

区分	非課税限度	
交通機関、有料道路利用者 定期乗車券	1カ月当たりの合理的な運賃等の額（最高限度額 月100,000円）	
自転車、自動車の利用者	通勤距離片道	
	35km以上	20,900円※
	25km以上35km未満	16,100円※
	15km以上25km未満	11,300円※
	10km以上15km未満	6,500円
	2km以上10km未満	4,100円
	2km未満	0円

※運賃相当額が上回る場合には、その運賃相当額（最高限度額 月100,000円）

給与：要件を満たす→源泉所得税の課税対象／満たしていない

領収書なし 精算用紙を使う

用車そのものの「減価償却費」は、「旅費交通費」に振り替える必要はありません。

また、このように車両にかかる費用を、「旅費交通費」とは分けて、「車両維持費」「車両費」などの勘定科目を設けて処理する場合もあります。

▶ 領収証が発行されない場合

「旅費交通費」の中には、高速道路の通行料のように領収証が発行されるものもあれば、切符代やバス代のように領収証が発行されない費用もあります。

領収証が発行されない費用については、会社で精算用紙を作成し、その精算用紙に必要事項を記入して、領収証の代わりに保管しておくこととなります。

Section 69

第4章
経常損益項目

通信費・消耗品費

切手と消耗品は
期末の未使用残高に注意

Point

通信に要した費用が「通信費」であり、事業用の消耗品の使用による費用が「消耗品費」である。「消耗品費」は、「事務用品費」と区分されることもある。

Memo

国内で使用される通常の「通信費」は消費税の課税取引とされる。国際電話料金や国際郵便料金のように外国にまたがる「通信費」については、免税取引とされる。

Memo

収入印紙は、切手とよく似ているため、「通信費」と間違いやすいが、これは印紙税という税金の納付のために使用されるものであるため、「租税公課」として処理する。

▶ 通信費

　会社が、得意先や仕入先との連絡をする場合、その手段にはさまざまなものがあります。電話、電報、封書やはがき、ファックス、宅配便の他に、最近では、バイク便やEメールの利用も急激に増えています。また、携帯電話も爆発的に普及し、新しい情報端末として注目を集めています。

　これらの通信手段の利用に要する費用を処理するための勘定科目が「通信費」です。

　しかしながら、通信に必要な費用であっても「通信費」として処理されないものもあります。

　まず、「電話加入権」ですが、これは、使用の期間に定めがなく、解約時には相応の金額で引き取ってもらえることから、使用や時の経過による減価もないものと考えられます。電話回線を解約するまでの間は無形固定資産として処理するのです。減価償却などによる費用化もできません。

　封筒代や便せん代、ファックス用紙などは、機能的には「通信費」として処理されるべきものではありますが、形態としては事務用品のジャンルに入るため、多くの場合は、筆記具など他の事務用品と一緒にされます。次に説明する「事務用消耗品費」などの勘定科目で処理されます。

▶ 消耗品費

　「消耗品費」とは、会社で事業用に使用されるボールペン、のりなどの文房具や、ティッシュ・ペーパー、電球、蛍光灯などの消耗品を処理するための勘定科目です。

　本来、これらの物品は、購入時に「消耗品」などの名称で資産計上し、使用に応じて費用を認識して「消耗品費」に振り替

■ 通信費・消耗品費と貯蔵品

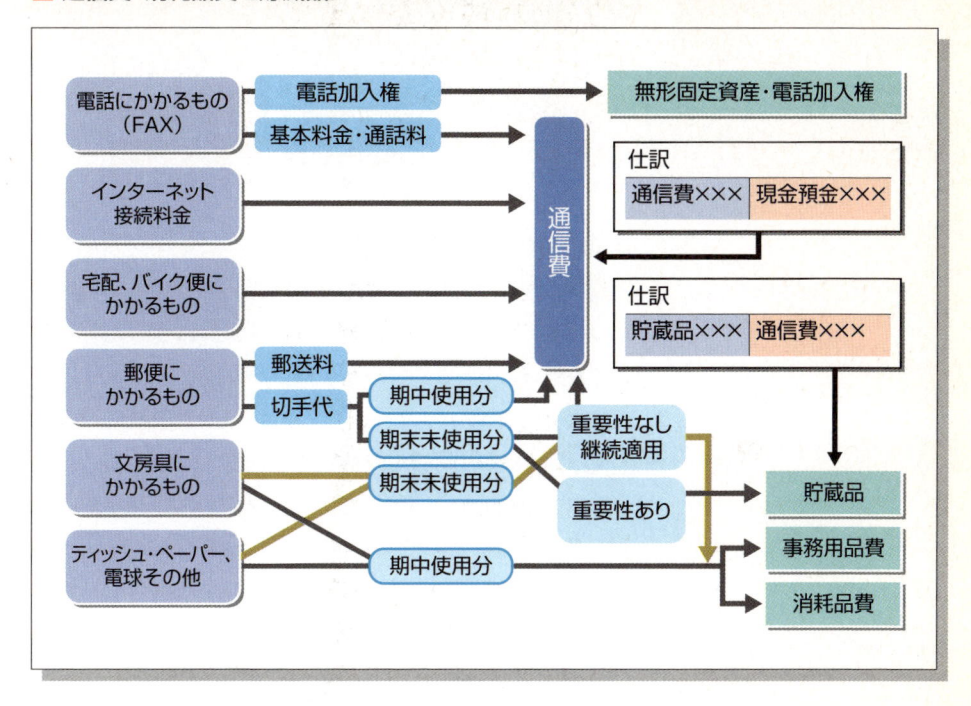

```
電話にかかるもの ──┬── 電話加入権 ──────────→ 無形固定資産・電話加入権
  (FAX)         └── 基本料金・通話料 ──┐
                                        │         仕訳
インターネット ──────────────────────────┤        通信費××× │ 現金預金×××
接続料金                                 │
                                        ├── 通信費
宅配、バイク便に ────────────────────────┤
かかるもの                               │         仕訳
                                        │        貯蔵品××× │ 通信費×××
郵便に ──┬── 郵送料 ────────────────────┘
かかるもの └── 切手代 ──┬── 期中使用分 ──┐
                        └── 期末未使用分 ─┤── 重要性なし継続適用
文房具に ──┬── 期末未使用分 ─────────────┤── 重要性あり ──→ 貯蔵品
かかるもの │                                                 事務用品費
           │                                                 消耗品費
ティッシュ・ペーパー、└── 期中使用分 ──────┘
電球その他
```

える処理が理論的です。しかしながら、これらの物品は、使用期間が短期であり、ひとつひとつの物品の購入価額に金額的重要性がないことから、購入時点でただちに「消耗品費」として費用処理する方法が一般的です。

この方法は、継続的適用を前提とし、また、期末の未使用残が毎期同額程度の少量である場合に限って認められる簡便的な処理方法です。従って、期末に未使用の消耗品が大量に残っているような場合には、原則に戻って、その在庫分は、その期の費用から除き、資産計上する必要があります。この場合の資産科目としては「貯蔵品」勘定が用いられます。

消耗品には、主として事務のために使用するものと、事務とはまったく関係のないものがあり、これらを区分する処理も可能です。この場合は、前者を「事務用消耗品費」または「事務用品費」、後者を「消耗品費」という勘定科目とすることとなります。

Memo

「租税公課」で処理する収入印紙や、「通信費」で処理する切手についても、「消耗品費」と同様の考え方で、購入時に費用処理し、期末の未使用残高を「貯蔵品」に振り替えることがある。

Section 70

第4章
経常損益項目

減価償却費

固定資産の取得価額を、使用期間にわたって各期に費用配分する手続き

Point

固定資産の取得価額を、その資産の使用期間にわたって、費用配分していく会計手続を「減価償却」という。

Keyword

定額法・定率法

「定額法」とは、取得価額から残存価額を控除した金額に、定額法償却率を乗じて減価償却費を計算する方法。
「定率法」とは、期首帳簿価額に定率法償却率を乗じて減価償却費を計算する方法。定率法では、取得した会計期間の減価償却費がもっとも多く、その後、毎期の減価償却費は逓減していく。

▶ **減価償却とは**

　建物や機械などの設備の購入は本来、会社にとって費用となるべき支出です。ところが、その使用期間が長期にわたることから、購入額のすべてを購入した期だけに費用として負担させるのではなく、使用期間にわたって費用化させる必要があります。そこで、会社が固定資産を購入した場合には、まず取得価額をもって資産に計上し、この資産の取得価額を各期に費用配分することとなるわけです。

　しかし、設備の利用による毎期の費用を客観的に計算することは不可能で、使用だけでなく時の経過によっても価値が下落することを考慮して、毎期の費用配分は、「減価償却」という計算方法により計画的、規則的に行うこととなったのです。

　従って、「減価償却」とは、建物、機械装置などの固定資産の使用に伴う価値の減少分をその使用の期間にわたって、毎期、計画的、規則的に配分する計算手続をいい、その毎期の費用配分額を処理する勘定科目が「減価償却費」なのです。

▶ **減価償却の方法**

　減価償却は、実際の価値の費消を客観的に計算できないという事情から成立したものですから、ある意味では、仮定にもとづく見積計算という性質を持っています。このため、会社の恣意的な経理による利益操作や租税回避行為を防ぐために税法では、資産の種類ごとに、減価償却の方法、取得価額の算定方法、残存価額の計算方法、耐用年数の算定方法などを細かく定めています。

　まず、減価償却の方法ですが、代表的なものとしては、「定率法」と「定額法」があります。「定率法」とは、毎期一定の割

■ 減価償却のしくみ

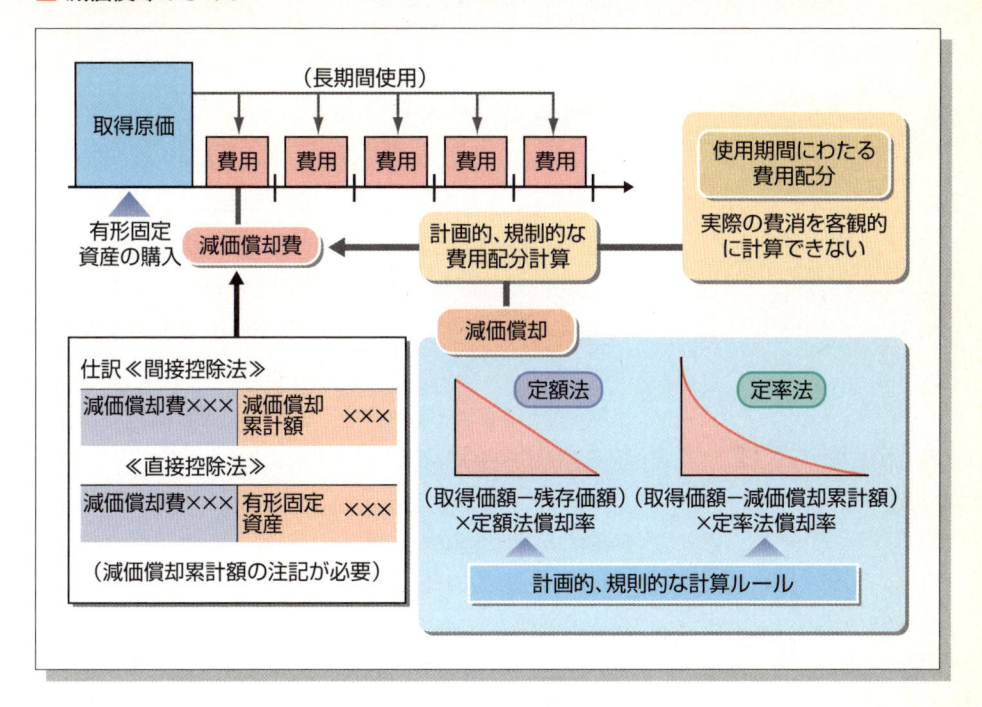

```
取得原価 ──(長期間使用)──→
  │        ↓    ↓    ↓    ↓    ↓
  │       費用  費用  費用  費用  費用
  ▼
有形固定     ←── 計画的、規制的な ──  使用期間にわたる
資産の購入   減価償却費    費用配分計算      費用配分
                                         実際の費消を客観的
                                         に計算できない
                         減価償却

仕訳《間接控除法》              定額法        定率法
減価償却費×××  減価償却   ×××
             累計額
《直接控除法》
減価償却費×××  有形固定   ×××    (取得価額-残存価額) (取得価額-減価償却累計額)
             資産                 ×定額法償却率      ×定率法償却率
(減価償却累計額の注記が必要)
                                     計画的、規則的な計算ルール
```

合で費用化する計算方法であり、「定額法」とは、毎期一定額を費用化する計算方法です。

　減価償却の方法は、継続適用を条件として、会社がいずれかの方法を自由に選択することが原則ですが、資産の種類によっては償却方法を限定しています。主な資産の減価償却方法は次のとおりです。

(1) 建物……定額法のみ
(2) 建物以外の有形固定資産……定額法、または定率法
(3) 無形固定資産……定額法のみ

▶ 残存価額と耐用年数

　従来、有形減価償却資産の残存価額はその取得価額の10%と決められていましたが、平成19年度税制改正により残存価額は0とされ、取得価額の全額が減価償却対象とされました。

Memo
1998年3月31日以前に取得した建物については、定率法も認められている。

Memo
会社がいったん採用した減価償却の方法は、3年間は変更が認められない。
このことは、「法人税基本通達」7-2-4により定められている。

Section 70

耐用年数は、「減価償却資産の耐用年数等に関する省令」によって、詳細に定められています。

▶ 減価償却計算の開始

　減価償却計算は、その資産が事業の用に供された時点より開始することとされています。従って、単に購入しただけで使用可能な状態として設置されず、倉庫に保管されているような場合には、減価償却することはできません。

　また、事業年度の途中で資産を取得して、事業の用に供した場合は、1年分の「減価償却費」を計上するわけにはいきません。その資産を事業の用に供した月から、期末までの月数によって月割計算を行うこととなります。

▶ 償却可能限度額

　従来、減価償却計算を行うにあたっては、資産の残存価額を取得価額の10%とし、実際の減価償却は、資産の取得価額の5%に達するまで認められていました。これを「償却可能限度額」といいます。

　平成19年度税制改正により、残存価額は0とされたことに伴い、償却可能限度額という考え方も廃止されています。

▶ 少額減価償却資産の特例

　減価償却資産の取得価額が10万円未満のものを「少額減価償却資産」といいます。少額減価償却資産は、取得時に一括して費用化しても、期間損益計算に重大な影響を与えるとは考えられませんので、特例として、取得価額の全額を取得した期に費用化することが認められています。

▶ 一括減価償却資産

　取得価額が10万円以上、20万円未満の資産を「一括減価償却資産」といいます。このような資産は、取得価額の合計額を一括して償却することができますし、その償却期間も、資産の種類にかかわらず、36カ月とされています。

Ref.

期中に事業供用した資産
期中に事業供用した資産については、「法人税法施行令」第59条により定められている。

Ref.

少額減価償却資産の特例
少額減価償却資産の特例については、「法人税法施行令」第133条により定められている。

Memo

使用可能期間が1年未満の資産についても、長期的な費用配分の必要性がないため、少額減価償却資産と同様の処理が認められており、これらの費用は、「消耗品費」勘定で処理される。

■ 減価償却資産の耐用年数

種類	構造又は用途	細目	耐用年数
器具及び備品	1 家具、電気機器、ガス機器、家庭用品（他の項に揚げるものを除く。）	事務机、事務いす及びキャビネット 主として金属製のもの	15
		その他のもの	8
		応接セット 接客業用のもの	5
		その他のもの	8
		ベッド	8
		児童用机及びいす	5
		陳列だな及び陳列ケース 冷凍機付又は冷蔵機付のもの	6
		その他のもの	8
		その他の家具 接客業用のもの	5
		その他のもの 主として金属製のもの	15
		その他のもの	8
		ラジオ、テレビジョン、テープレコーダーその他の音響機器	5
		冷房用又は暖房用機器	6
		電気冷蔵庫、電気洗濯機その他これらに類する電気又はガス機器	6
		氷冷蔵庫及び冷蔵ストッカー（電気式のものを除く。）	4
		カーテン、座ぶとん、寝具、丹前その他これらに類する繊維製品	3
		じゅうたんその他の床用敷物 小売業用、接客業用、放送用、レコード吹込用又は劇場用のもの	3
		その他のもの	6
		室内装飾品 主として金属製のもの	15
		その他のもの	8
		食事又はちゅう房用品 陶磁器製品又はガラス製のもの	2
		その他のもの	5

出典：「減価償却資産の耐用年数等に関する省令」

　この償却計算は、事務処理の手間に配慮した簡便的な方法ですから、たとえ会計期間の途中で、それらの資産の一部を譲渡しても、当初の減価償却を続けなければなりません。

▶ 遊休資産の減価償却費

　「減価償却費」は、その資産の使用に伴う減価と考えられますので、使用を休止している資産については、「減価償却費」を計上すべきではないと考えられます。
　しかしながら、通常の手入れが行われていて、いつでも稼動が開始できる状態である場合には、遊休資産であっても、その資産からいつでも収益を生み出せる状態にあるわけです。従って、時の経過による減価を費用として認識するために、減価償却費の計上を認めています。

> **Ref.**
> **一括償却資産**
> 一括償却資産については、「法人税法施行令」第133条の2により定められている。

Section 71

第4章
経常損益項目

修繕費

修繕費と資本的支出の区分には注意が必要である

Point
固定資産の維持管理、修理のための費用を「修繕費」という。固定資産に対して支出した金額には「修繕費」と「資本的支出」があり、資本的支出は取得価額に計上されるため、その区分には十分な注意が必要である。

Memo
資産の通常の修理や管理を行わなかったことにより、その資産が著しく損耗し、その使用可能期間が、法定耐用年数に比して著しく短いこととなった場合で、耐用年数を短縮することについて納税地の所轄国税局長の承認を受けたときは、その承認を受けた耐用年数を採用することが認められている。

▶ 修繕費とは

「修繕費」とは、固定資産の維持管理や修復のために支出された費用をいいます。

前項で説明した法定耐用年数は、資産の種類ごとの使用可能年数を表していました。これは、その資産に対して通常予定されている修理や手入れを行うことを前提として定められたものです。

このため、「修繕費」となる支出は、その資産を法定耐用年数の間、使い続けるために必要な費用であるとして、損金への算入が認められています。

▶ 資本的支出

ところが、修理に要する支出とはいっても、その修理を行うことによって、明らかに以前のものよりも機能や性能を高めることとなるような支出があります。また、法定耐用年数を超えて使い続けられるように改造するための支出が含まれている場合もあります。

このように、通常の修繕の範囲を超えた支出については、その資産を法定耐用年数の間、使い続けるためのものとは考えられません。従って、「修繕費」として支出した期の費用とするのではなく、固定資産の取得価額に算入され、減価償却の対象となることが定められています。このような支出を「資本的支出」といいます。

「資本的支出」に対し、「修繕費」として費用処理される支出は、「収益的支出」とも呼ばれます。

■ 修繕費と資本的支出の区分

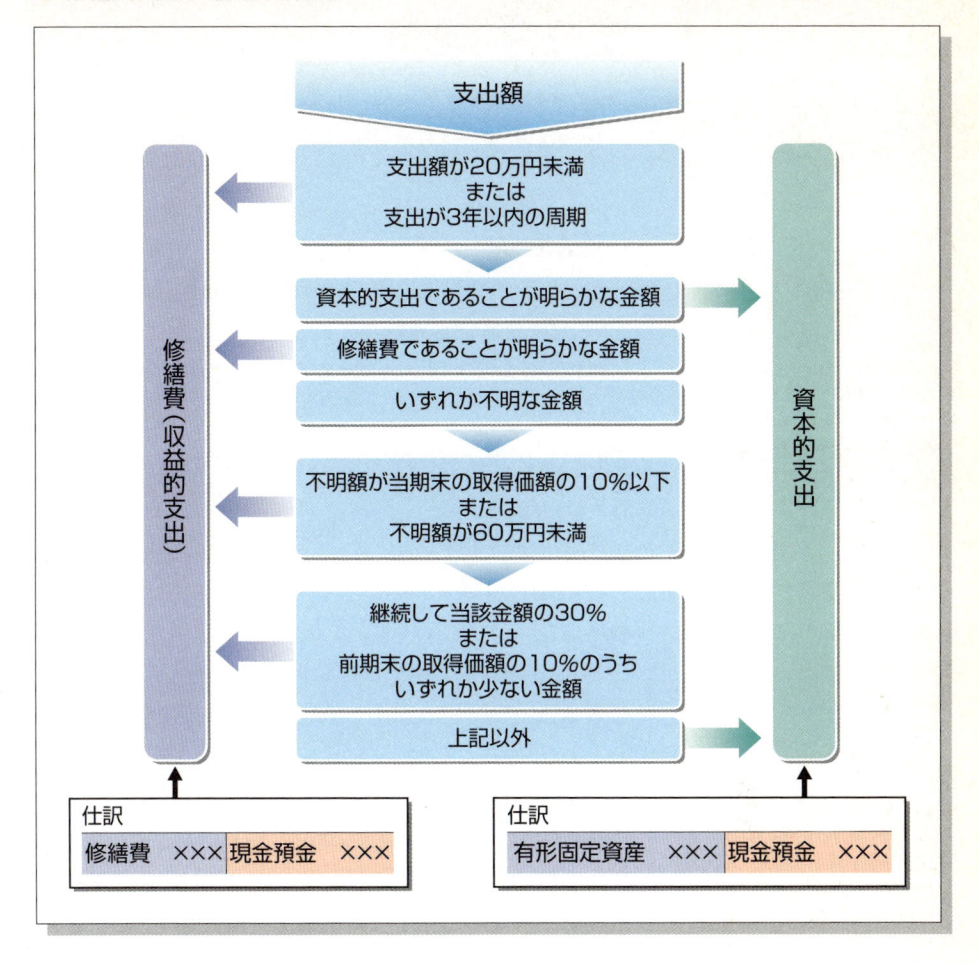

```
                         支出額
                           ↓
修繕費         ┌──────────────────────┐        資本的
(収益的支出)   │ 支出額が20万円未満    │        支出
   ←─────────│       または          │
              │ 支出が3年以内の周期   │
              └──────────────────────┘
              ┌──────────────────────┐
              │ 資本的支出であること  │──────→
              │ が明らかな金額        │
              └──────────────────────┘
              ┌──────────────────────┐
   ←─────────│ 修繕費であることが    │
              │ 明らかな金額          │
              └──────────────────────┘
              ┌──────────────────────┐
              │ いずれか不明な金額    │
              └──────────────────────┘
              ┌──────────────────────┐
              │ 不明額が当期末の取得  │
   ←─────────│ 価額の10%以下        │
              │      または           │
              │ 不明額が60万円未満    │
              └──────────────────────┘
              ┌──────────────────────┐
              │ 継続して当該金額の30% │
   ←─────────│      または           │
              │ 前期末の取得価額の10% │
              │ のうちいずれか少ない  │
              │ 金額                  │
              └──────────────────────┘
              ┌──────────────────────┐
              │      上記以外         │──────→
              └──────────────────────┘
```

仕訳			
修繕費	×××	現金預金	×××

仕訳			
有形固定資産	×××	現金預金	×××

▶ 修繕費と資本的支出の判断基準

「修繕費」は、資産の維持管理、現状回復のための費用であり、一方、資本的支出は、資産の価値を高め、耐久性を増すための費用ということになります。しかし、このような漠然とした基準では、実務が困難で、恣意的な処理による租税回避のおそれもあります。そこで、税法では、その判定基準を明確に定めています。これについては上図を参考にして下さい。

Section 72 水道光熱費・新聞図書費・支払手数料

第4章
経常損益項目

さまざまな費用の計上方法を覚える

Point
水道、電気、ガスに要する費用を「水道光熱費」、新聞、雑誌、書籍に要する費用を「新聞図書費」、銀行の手数料や専門家に対する報酬を「支払手数料」として処理する。

Memo
暖房用の灯油代も「水道光熱費」として処理する。

Memo
原価計算では、製造原価の正確な月次発生額を求める必要があるため、検針基準による「水道光熱費」の計上も行われている。

Keyword
現金主義
実際に現金の支出時に費用を計上する考え方。財務会計上は、費用を発生主義により計上するのが原則であるが、税務会計では一部、現金主義が認められている。

▶ 水道光熱費

　水道料金や電気料金、ガス料金などを処理する勘定科目を「水道光熱費」といいます。

　これらの費用は、あらかじめ定められた締日ごとに、検針が行われ、その後に納付書によって支払うという手続きとなっており、しかも、水道料金は、2カ月ごとの支払いとなっています。このため、「水道光熱費」の計上時期が問題となります。

　費用は、発生の時点で計上することが原則となりますので、本来であれば、毎月末に社内的な検針を行って、発生金額を計算し、「未払費用」を計上することになります。しかしながら、このような処理は非常に煩雑ですので、税務上は、継続適用を前提として、「現金主義」による費用計上を認めています。

▶ 新聞図書費

　新聞や雑誌、業界誌などの購読料、書籍の購入費用などを処理する勘定科目が「新聞図書費」です。

　雑誌や業界誌などは年間契約も多いもので、1年分の購読料を一括して支払うことにより、割引サービスが受けられるようなケースも少なくありません。このような年間購読料については、当期負担分のみを費用として計上し、翌期以降の負担分については、「前払費用」として資産計上しなければなりません。

▶ 支払手数料

　会社が支払う手数料や報酬を処理する勘定科目を「支払手数料」といいます。「支払手数料」の具体的な内容としては、金融機関の送金手数料、為替手数料などの他、税理士、弁護士、

■ 水道光熱費の計上時期

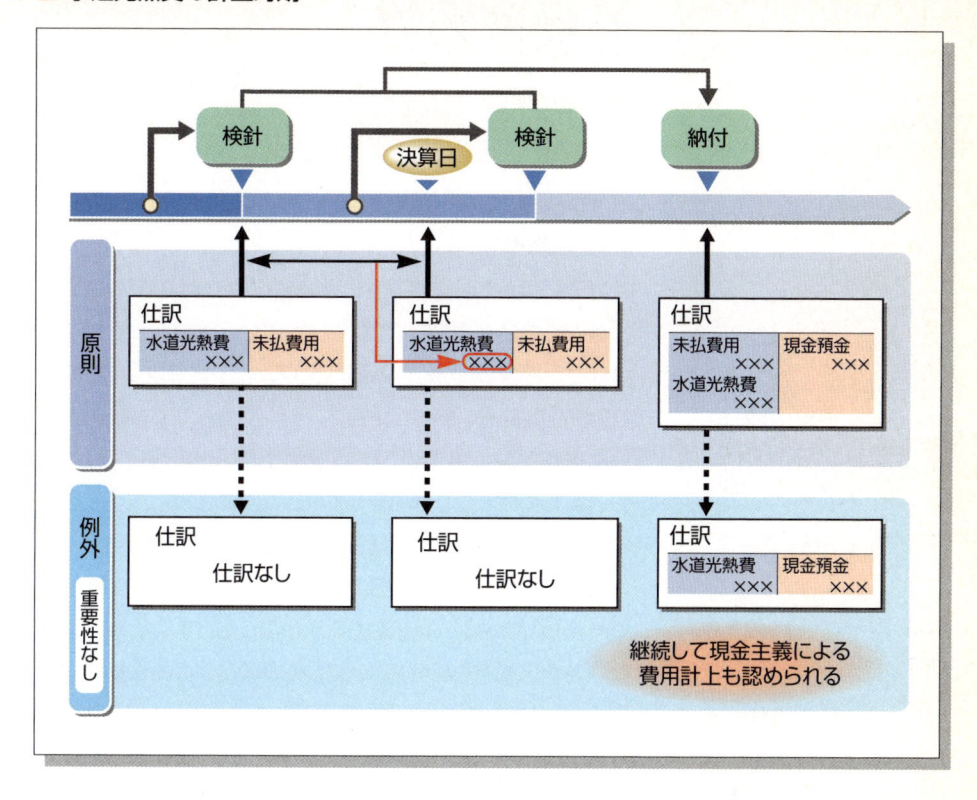

```
         検針         検針        納付
              決算日
┌─────────────┬─────────────┬─────────────┐
│    仕訳     │    仕訳     │    仕訳     │
│ 水道光熱費│未払費用│ 水道光熱費│未払費用│ 未払費用│現金預金│
原則│  ×××  │  ×××  │  ×××  │  ×××  │  ×××  │  ×××  │
│             │             │ 水道光熱費  │
│             │             │  ×××        │
└─────────────┴─────────────┴─────────────┘

┌─────────────┬─────────────┬─────────────┐
│    仕訳     │    仕訳     │    仕訳     │
例外│  仕訳なし  │  仕訳なし  │水道光熱費│現金預金│
重要性なし│             │             │  ×××  │  ×××  │
└─────────────┴─────────────┴─────────────┘
                            継続して現金主義による
                            費用計上も認められる
```

社会保険労務士、司法書士などの専門家に対する報酬が含まれます。ただし、販売手数料のように、支払手数料の中でも重要性のあるものや、金額的に多額となるようなものは、独立した勘定科目を設けて処理することが望ましいと考えられます。

また、税理士などの専門家に対する報酬については、所得税法の規定により源泉徴収の対象とされますので、原則として10％をいったん預かり、納付しなければなりません。ただし、「外注費」の項で解説したケースと異なり、納期の特例を受けている場合には給与と同様に、6カ月ごとの納付が認められています。

なお、弁理士等に対する報酬のうち、特許権、意匠権、実用新案権などの知的所有権の取得に直接要した費用は、無形固定資産の取得原価としなければなりません。

Memo

税理士や会計士、弁護士などに対する報酬は、「支払手数料」として処理せずに、「支払報酬」という勘定科目を設ける場合もある。

Memo

報酬の源泉所得税については、Sec.64を参照のこと。

支払保険料

生命保険や損害保険の掛金のうち掛け捨て部分を費用処理する

第4章 経常損益項目

Point
「支払保険料」とは、生命保険や損害保険の掛金を処理する勘定科目であるが、掛金の中には、資産計上しなければならないものもある。

Keyword
中小企業退職金共済
中小企業の従業員退職金を積み立てるための共済保険制度。積み立て型の保険ではあるが、政策的に、掛金全額の損金算入が認められており、この掛金の支払いも、「支払保険料」として処理することができる。

Keyword
保険積立金
積立保険料を資産計上するための勘定科目。投資等として表示される。

Memo
保険料は、消費税法上は非課税取引とされる。

▶ 支払保険料とは

　会社の自社ビルや工場が、火災や災害などで滅失したり、損壊した場合は、早急に、修理を行ったり、代わりの建物や工場などを取得したりして営業活動が継続できるようにしなければなりません。そこで会社は、自分のビルや工場を対象とした損害保険に加入しておくことで、万が一の場合にこれらの補償を受けることができます。この損害保険に対する掛金を「支払保険料」として処理します。

　また、会社は役員や従業員の死亡による経済的な損失をカバーしたり、彼らの退職金をまかなったりするために生命保険を利用する場合もあります。この場合の生命保険に対する掛金も「支払保険料」として処理します。

　しかしながら、損害保険や生命保険の中には、その掛金が積み立てられ、運用された後に、返戻金として会社に戻されるしくみとなっているものもあります。このような場合、その保険に対する掛金は、預金や投資商品に預け入れられているのと同様の経済効果があるわけですから、「支払保険料」として費用処理を行うわけにはいきません。

　「支払保険料」として、費用処理が可能となるのは、いわゆる「掛け捨て」といわれる保険料部分だけであって、積み立てに利用される保険料は、資産に計上しなければなりません。

▶ 生命保険のしくみ

　生命保険には、そのしくみから大きく3種類に分けることができます。「定期保険」「終身保険」「養老保険」です。

　（1）定期保険
　　　　あらかじめ満期の定めがある生命保険で、満期まで

■ 生命保険の種類

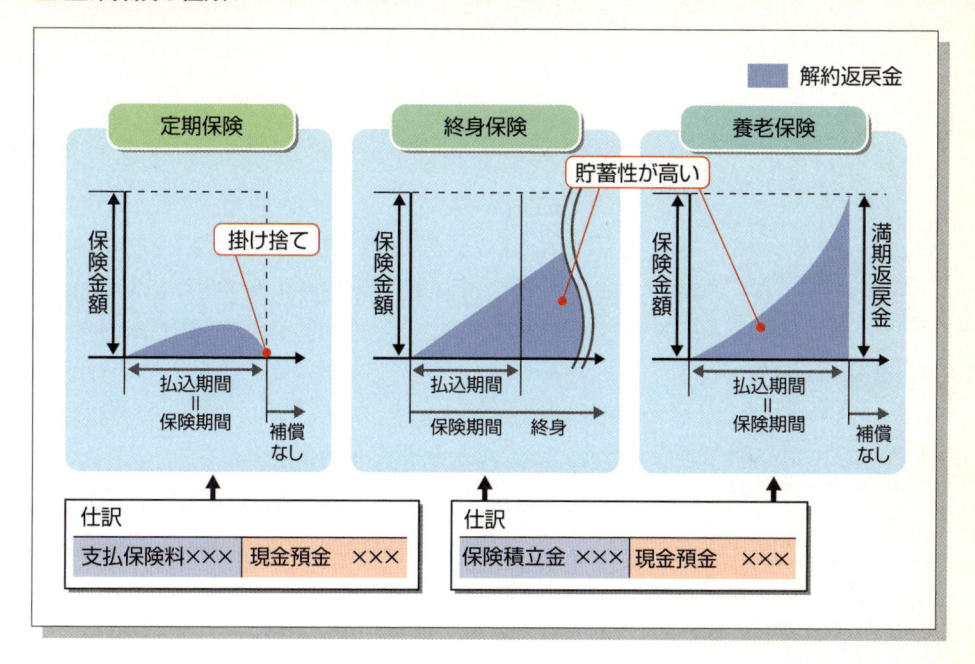

```
解約返戻金
```

【定期保険】
保険金額 / 掛け捨て / 払込期間＝保険期間 / 補償なし
仕訳：支払保険料 ××× ／ 現金預金 ×××

【終身保険】
保険金額 / 貯蓄性が高い / 払込期間 / 保険期間 終身
仕訳：保険積立金 ××× ／ 現金預金 ×××

【養老保険】
保険金額 / 満期返戻金 / 払込期間＝保険期間 / 補償なし

の期間に死亡した場合には、保険金を請求することができますが、満期まで生存した場合には、それまでに支払った保険料は戻ってきません。このため、定期保険の掛金は「支払保険料」勘定で費用処理されます。

(2) 終身保険

被保険者がいつ死亡したとしても、終身の間、保険料を請求することができる生命保険です。人間は、いつか必ず死ぬわけですから、そういう意味では、必ず保険金を受け取ることができるしくみとなっていますので、掛け捨てとはいえません。従って、終身保険の掛金は、「保険積立金」などの勘定科目によって、投資その他の資産として資産計上されます。

(3) 養老保険

あらかじめ満期が定められており、満期までの期間に死亡した場合に保険金を請求できる点では、定期保険と似ていますが、満期まで生存した場合であって

Memo

掛け捨ての保険であっても、解約時には、解約返戻金が戻ってくることがあるが、通常の定期保険の場合は、金額的に重要性に乏しいため、その部分も含めて損金処理が認められている。

Memo

がん保険は、がんによる死亡の場合や、がんによる加療、入院、通院の場合に限って保険金を受け取ることができる。がん以外の理由による死亡等では、保険金を受け取ることができないため、契約期間が終身であったとしても掛け捨て保険とみなされる。

Section 73

Ref.

主契約・特約

いくつかの生命保険を組み合わせているものの場合、基本となる契約を「主契約」と呼び、付随的な契約を「特約」と呼ぶ。
また、資産計上すべき保険料の金額は、保険証券等に明記されている。

Keyword

長期平準定期保険

その保険期間満了時における被保険者の年齢が70歳を超え、かつ被保険者の年齢に保険期間の2倍に相当する数を加えた数が105を超えるもの。
この場合の、保険掛金の資産計上は、「前払金」もしくは「長期前払費用」などの勘定科目を使う。

Ref.

逓増定期保険

保険期間の経過に伴い、保険金額が増加していく定期保険を「逓増定期保険」というが、「長期平準定期保険」と類似した取り扱いが定められている。

Ref.

保険差益

受け取った保険金の方が、滅失した資産の簿価よりも大きい場合に、その差額を「保険差益」という。保険金額が再取得価額によって決められているために発生する。
代替資産のすみやかな取得のために、課税の繰延べが認められている。

も、満期返戻金として保険金相当額を受け取ることができる生命保険です。死亡しようが生存しようが保険金相当額を受け取ることができるわけですから、養老保険の掛金は、「支払保険料」として費用処理することはできません。

最近の生命保険プランは、いくつかの保険商品が組み合わされたパッケージ商品となっていることが多く、その機能は多岐にわたっています。会計処理は、それぞれの保険種別に分解した上で、上記のルールに従わなければなりません。

▶ 生命保険料の注意点

（1）長期平準定期保険・逓増定期保険

　　生命保険料は加入年齢が若いほど安く、高齢者ほど高くなるしくみとなっています。しかし、契約期間のあいだは、掛金が一定とされていますので、契約期間が長くなれば、前半の掛金は、後半の掛金を前払いしている部分が含まれていることとなります。

　　このような保険を、税務上は「長期平準定期保険」と呼び、前半の掛金の一部を損金とはせずに、「前払費用」として処理することを求められています。

（2）給与となる保険料

　　特定の役員や従業員を被保険者とする定期保険契約で、保険金の受取人を会社とせず、その遺族としていた場合に対象となります。会社が彼らのための保険料を肩代わりしているようなものですから、給与として取り扱われ、源泉徴収の対象です。

（3）養老保険の福利厚生プラン

　　本来、養老保険の掛金は資産計上すべきものです。しかし、会社が契約者となり、役員や従業員を被保険者とする養老保険で、死亡保険金の受取人を遺族、満期保険金の受取人を会社としている場合には、掛金の半分の損金算入が認められています。

　　このような養老保険が、従業員全員に均等の加入

■ 長期平準定期保険

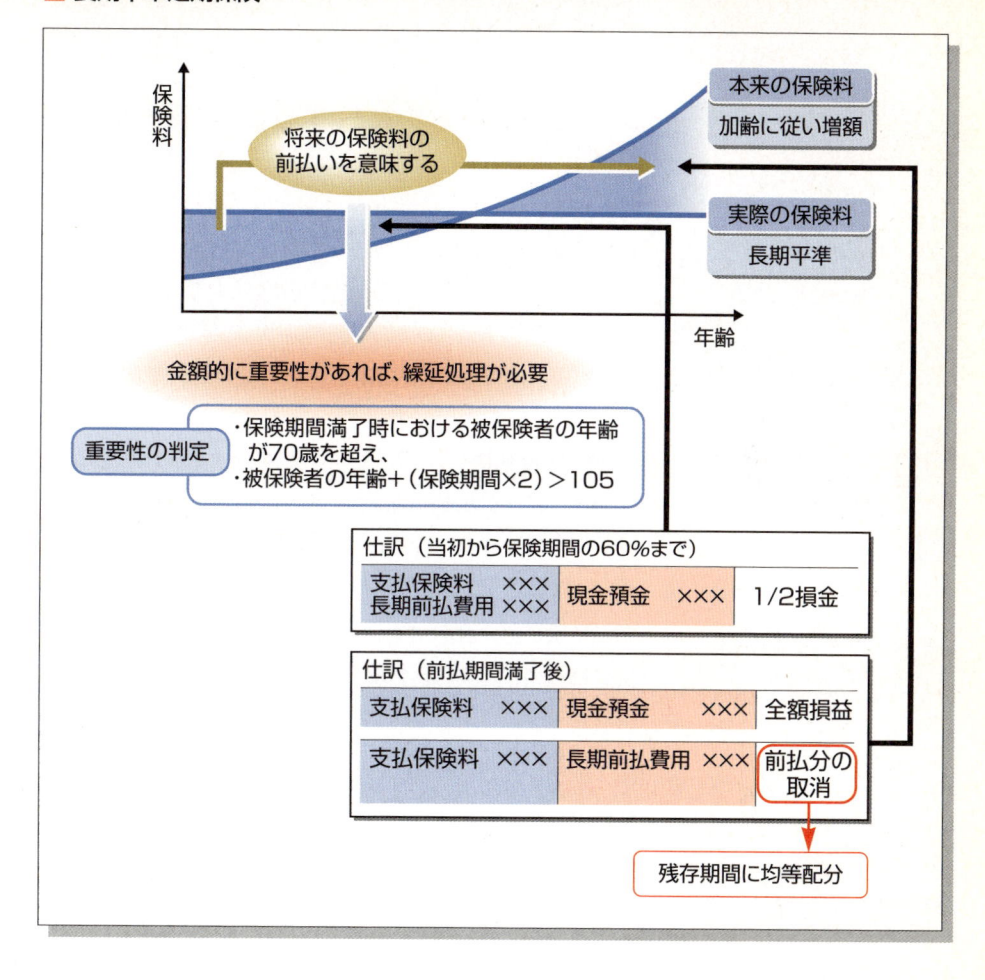

```
保険料 ↑
        将来の保険料の        本来の保険料
        前払いを意味する      加齢に従い増額

                              実際の保険料
                              長期平準
                                    → 年齢
```

金額的に重要性があれば、繰延処理が必要

重要性の判定
・保険期間満了時における被保険者の年齢が70歳を超え、
・被保険者の年齢＋（保険期間×2）＞105

仕訳（当初から保険期間の60％まで）

| 支払保険料 ××× | 現金預金 ××× | 1/2損金 |
| 長期前払費用 ××× | | |

仕訳（前払期間満了後）

| 支払保険料 ××× | 現金預金 ××× | 全額損益 |
| 支払保険料 ××× | 長期前払費用 ××× | 前払分の取消 |

→ 残存期間に均等配分

機会を与えて行われた場合には、掛金は半分を「福利厚生費」として費用計上し、半分を資産計上する処理となります。

▶ 損害保険料の処理

損害保険も掛け捨て部分のみが費用処理されますが、保険契約期間が3年以上で、満期返戻金の定めのあるものは、積立保険料の部分を資産計上しなければなりません。この積立保険料は、保険証券等に明記されています。

Section 74

第4章 経常損益項目

地代家賃

土地や家屋の賃借料を支払った場合の費用科目

▶ 地代と家賃

　会社が本店や店舗として不動産を賃借したり、土地を賃借したりして、その上にこれらの建物を建築して使用する場合に支払われる家賃や地代を処理する勘定科目が「地代家賃」です。

▶ 地代と権利金

　我が国には、「借地借家法」という法律があり、借地人や借家人の権利が手厚く保護されています。なかでも、土地の賃貸借については、土地の利用権が、貸主である土地所有者から借地人に譲渡されたものとみなされます。このため通常、契約締結時に、地代とは別に、土地の利用権の譲渡対価に相当するお金のやり取りが行われ、これを「権利金」と呼びます。

　この権利金は、土地の利用権であり、その対象となる土地が減価しないことから、権利金もまた減価しないものと考えられており、費用として処理することはできません。このため、「地代家賃」勘定では処理せずに、「借地権」という勘定科目によって無形固定資産として計上しなければなりません。

▶ 家賃と保証金

　会社が土地を借りる場合に権利金を支払うのと同様に、ビルや部屋を借りる場合にも、敷金や保証金、あるいは借家権利金や礼金といったものが発生します。

　まず、敷金や保証金は、賃貸契約の解約の際には、賃借人に返還されるものですから、「差入保証金」という勘定科目によって投資等として資産計上しなければなりません。

　次に、借家権利金や礼金ですが、これらは、解約時に戻ってきませんので費用として処理したいところですが、その費用は契

Point

「地代家賃」とは、土地や家を借りるための地代や家賃を処理する勘定科目である。不動産の賃借には、地代や家賃以外のお金のやり取りがあるため、注意して会計処理を行わなければならない。

Memo

消費税法では、地代は非課税取引、家賃は事業用のものは課税取引であるが、居住用のものは非課税取引とされる。このため、社宅家賃には注意が必要。

Memo

「地代家賃」については、所得税法で「不動産の使用料等の支払調書」を暦年で作成し、翌年1月末までに税務署へ提出することとされている。

Ref.

借家権利金

法人税法上は、「法人税基本通達」8-1-5（1）により、繰延資産として規定されている。
会計上の繰延資産は、商法で限定的に規定されているために、「長期前払費用」として処理しなければならない。

■ 地代家賃と類似取引

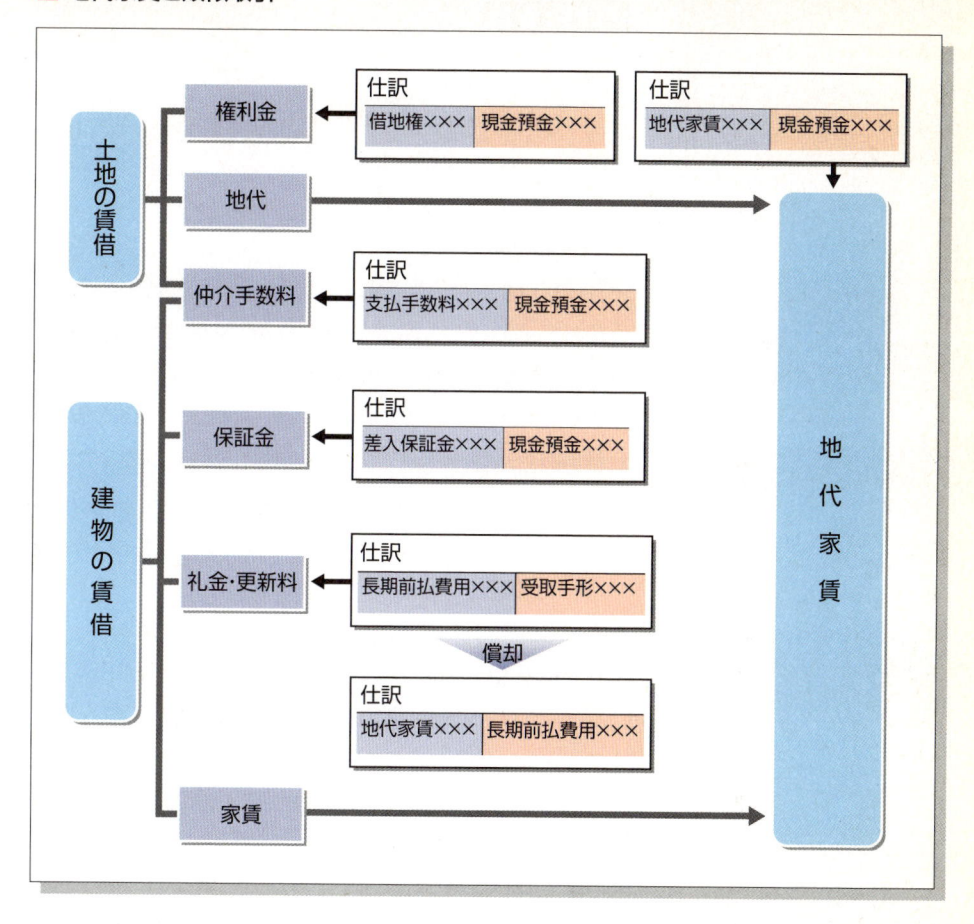

土地の賃借		仕訳	
	権利金 →	借地権 ××× / 現金預金 ×××	
	地代 →		→ 地代家賃
			仕訳：地代家賃 ××× / 現金預金 ×××

建物の賃借		仕訳	
	仲介手数料 →	支払手数料 ××× / 現金預金 ×××	
	保証金 →	差入保証金 ××× / 現金預金 ×××	
	礼金・更新料 →	長期前払費用 ××× / 受取手形 ×××	
		↓ 償却	
		地代家賃 ××× / 長期前払費用 ×××	
	家賃 →		→ 地代家賃

約期間にわたって計上すべきものとされています。いったん資産計上した後に、償却計算によって費用配分を行います。

これらの資産計上科目としては「長期前払費用」が、費用計上科目としては「地代家賃」がふさわしいでしょう。

▶ 社宅家賃

会社が従業員のために、建物や部屋を借り、それを社宅として転貸する場合があります。この場合の転貸家賃が、著しく安かったり、ただである場合には、会社からその従業員への経済的利益の供与とみなされて、「給与」として取り扱われます。

Memo

従業員からの社宅家賃収入は、営業外収益として、「雑収入」「家賃収入」などの科目によって処理される。
従業員の社宅家賃は、その物件の、通常の家賃のおおむね50％以上であれば、給与認定されないが、役員の社宅家賃は、高額であることが多いため、やや複雑な計算によって判定される。

Section 74

賃借料

リース取引の会計処理に注意が必要

▶ 賃借料とは

　会社が資産を利用する場合には、その資産を購入するという方法と、借りるという方法の2つがあります。資産を購入すれば、その購入対価は、固定資産として資産計上することになりますが、借りた場合の対価は「賃借料」として処理します。

　賃借料で処理されるのは、コピー機や車両、パソコンやプリンターなどの固定資産のリース料という場合が多いようです。

▶ リースの会計処理

　リース契約については大きく分けて「ファイナンス・リース」と「オペレーティング・リース」の2つがあります。

　ファイナンス・リースは、そのリース期間終了後に購入選択権が付されているか、または無料に近い料金での再リースが予定されている場合が多いため、資産の取得と考えた方がよい場合があります。

　このため、ファイナンス・リースのうち、資産の取得とみなされた取引については、通常の資産の売買として処理を行います。リース物件のリース会社における取得価額を、そのままリース資産の取得価額として資産に計上し、同額をリース債務として負債に計上します。

　リース料の支払いは費用ではなく、リース債務の返済として処理するとともに、リース資産について「減価償却費」を計上することとなります。

　一方、オペレーティング・リースおよび、ファイナンス・リースのうち、資産の取得とみなされないものについては、支払ったリース料を「賃借料」として費用処理するとともに、右頁の図のような財務諸表への注記が求められています。

Section 75

第4章
経常損益項目

Point

資産を賃借している場合の使用料の支払いを「賃借料」勘定で処理する。
リース取引の中には、原則として資産の取得とみなして処理すべきものがある。

Keyword

ファイナンス・リース
リース期間の中途で契約の解除ができない取引で、その資産からもたらされる経済的利益を、借手が実質的に享受することができるとともに、その資産の使用に伴って生ずるコストを、借手が実質的に負担することとなるリース取引。

Keyword

オペレーティング・リース
ファイナンス・リース以外のリース取引。リース期間満了時の資産の残存価値を設定し、その残存価値を事前に差し引いて、それに見合ったリース料を提供する。リース期間の中途解約も可能である。

■ リースに関する注記

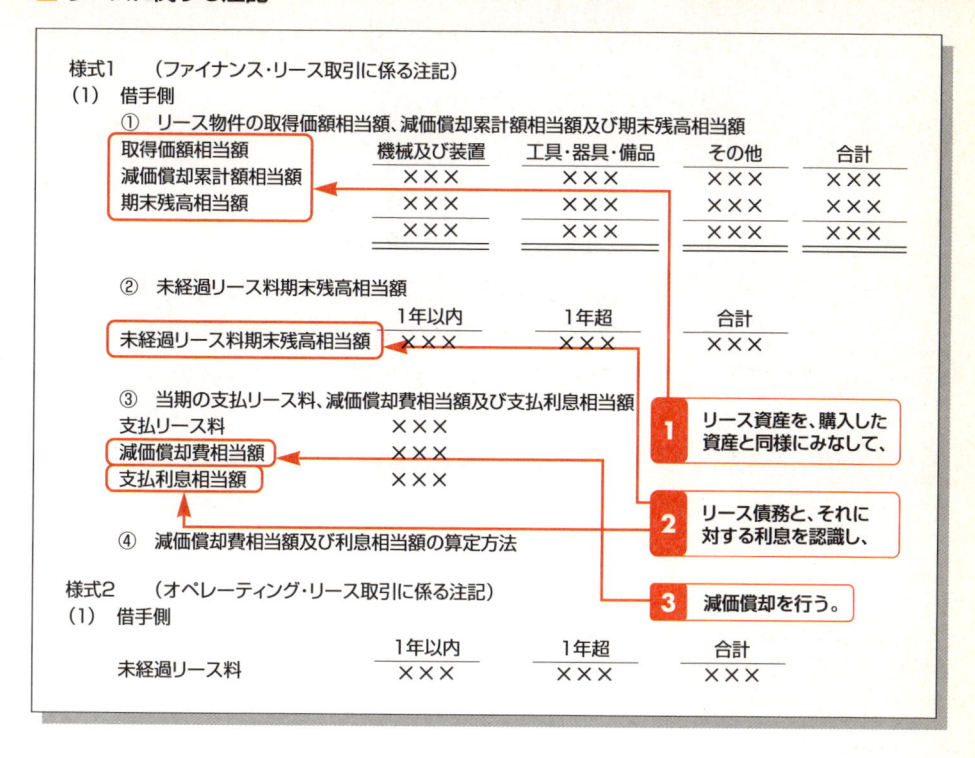

```
様式1　（ファイナンス・リース取引に係る注記）
(1) 借手側
　① リース物件の取得価額相当額、減価償却累計額相当額及び期末残高相当額
```

	機械及び装置	工具・器具・備品	その他	合計
取得価額相当額	×××	×××	×××	×××
減価償却累計額相当額	×××	×××	×××	×××
期末残高相当額	×××	×××	×××	×××

　② 未経過リース料期末残高相当額

	1年以内	1年超	合計
未経過リース料期末残高相当額	×××	×××	×××

　③ 当期の支払リース料、減価償却費相当額及び支払利息相当額

支払リース料	×××
減価償却費相当額	×××
支払利息相当額	×××

　④ 減価償却費相当額及び利息相当額の算定方法

```
様式2　（オペレーティング・リース取引に係る注記）
(1) 借手側
```

	1年以内	1年超	合計
未経過リース料	×××	×××	×××

1 リース資産を、購入した資産と同様にみなして、
2 リース債務と、それに対する利息を認識し、
3 減価償却を行う。

▶ リース取引に関する税制改正

　平成19年度の税制改正により、法人税法でも、2008年4月1日以降に契約締結されたファイナンス・リース取引は、原則として売買として取り扱うこととされました。

　このため、リース資産を資産に計上し、減価償却を行わなければなりませんが、リース期間を償却期間として均等償却する「リース期間定額法」という償却方法が認められましたので、毎期の損金の額には大きな影響がないように配慮されています。

　しかしながら、これまで毎月のリース料は消費税の課税取引として取り扱われていましたが、これを売買として処理する以上、資産の受け渡しがあった事業年度において、リース料総額に対する消費税額が仕入税額控除の対象となりますので、注意してください。

Memo

以下のいずれかに該当する場合には、従来の通り、リース料を費用として処理する方法が認められる。
①リース期間が1年未満のリース契約
②リース料総額が300万円以下のリース契約
③中小企業が締結するリース契約

寄附金

見返りを期待しない金銭の贈与をいう

第4章 経常損益項目

Point
見返りを期待しない金銭の贈与を「寄附金」といい、法人税法では、その損金算入に制限を設けている。また、税務上の「寄附金」の範囲には、経済的利益の供与も含まれる。

Memo
「寄附金」は、消費税の不課税取引である。

Memo
特定公益増進法人の具体例としては、日本原子力研究所、宇宙航空研究開発機構、日本育英会、日本赤十字社、日本芸術文化振興会などの他、一定の条件を満たす学校法人などがあげられる。

▶ 寄附金とは
　赤い羽根募金や交通遺児に対する募金、地震や水害、火山の噴火などの自然災害の被害者に対する義捐金の他、神社などの祭礼等に対する寄附など、いずれもその支出に対する見返りを期待しない、一方的な金銭の贈与にあたります。このような費用を処理する勘定科目が「寄附金」です。

▶ 寄附金の分類
　法人税法では、「寄附金」の損金算入について右図のような限度額を設けています。これは、寄附に名を借りた租税回避行為を防止するためのものですが、本来の公益目的のための「寄附金」までも損金として認めないわけにはいきませんので、税法は、「寄附金」を次の4種類に分類しています。
（1）国等に対する寄附金
　　　国、または地方公共団体に対する寄附金のことで、全額損金算入が認められている。
（2）指定寄附金
　　　公益法人等に対する寄附金のうち、公益のための一定の要件を満たすものとして財務大臣が指定した寄附金のことで、全額損金算入が認められている。
（3）特定公益増進法人に対する寄附金
　　　その支出額と一般の寄附金の損金算入限度額とのいずれか低い金額までが、一般の寄附金とは別枠で損金算入が認められている。
（4）一般の寄附金
　　　その支出額の合計額と損金算入限度額とのいずれか低い金額までが損金算入できる。

■ 寄附金の損金算入

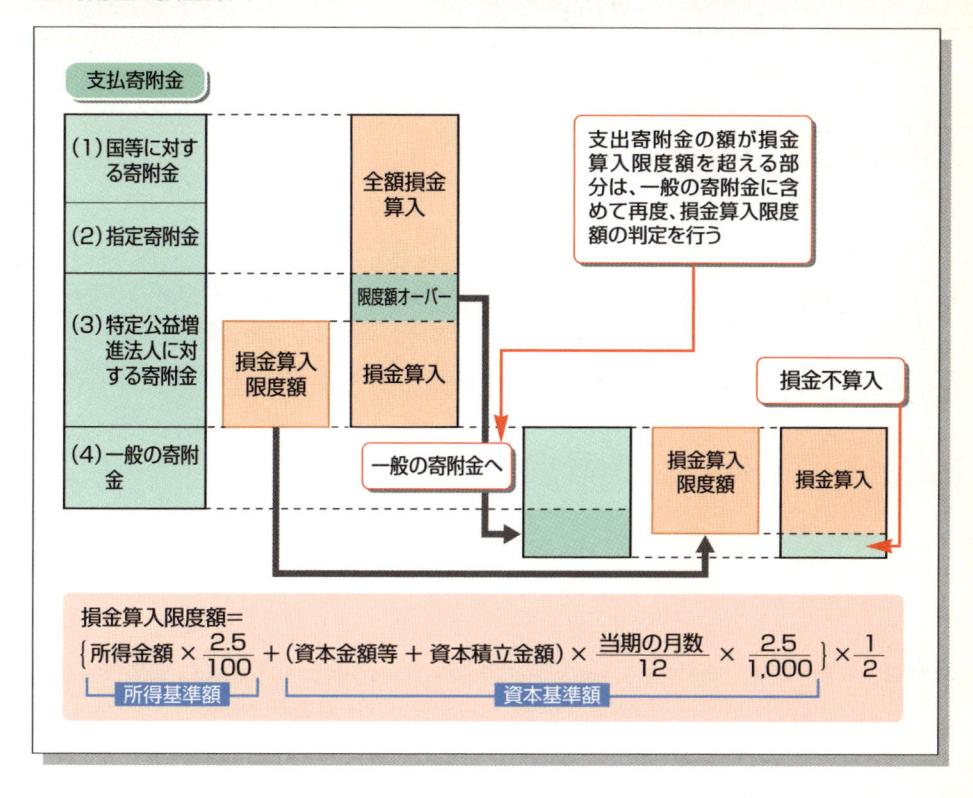

支払寄附金
- (1) 国等に対する寄附金 → 全額損金算入
- (2) 指定寄附金 → 全額損金算入
- (3) 特定公益増進法人に対する寄附金 → 損金算入限度額／損金算入（限度額オーバーは一般の寄附金へ）
- (4) 一般の寄附金 → 損金算入限度額／損金不算入

支出寄附金の額が損金算入限度額を超える部分は、一般の寄附金に含めて再度、損金算入限度額の判定を行う

$$損金算入限度額 = \left\{ 所得金額 \times \frac{2.5}{100} + (資本金額等 + 資本積立金額) \times \frac{当期の月数}{12} \times \frac{2.5}{1,000} \right\} \times \frac{1}{2}$$

（所得基準額）（資本基準額）

▶ 寄附金と認定される取引

　税務上の「寄附金」は、寄附という形式をとった金銭の贈与に限られるわけではありません。

　債権放棄を行った場合や、資産を無償、あるいは著しく安い価格で譲渡した場合などのように、相手からの見返りを期待しない経済的利益の供与についても、「寄附金」として取り扱われることとなります。

　この場合は、債権放棄の額、譲渡資産の時価と譲渡対価との差額が「寄附金」と認定されて、損金算入限度額の判定を受けることとなります。しかし、財務会計上は、「寄附金」勘定で処理する必要はありませんので、「貸倒損失」や「固定資産売却損」として処理されることとなります。

Keyword

低廉譲渡
資産などを時価と比較して、著しく低い価格によって譲渡すること。時価のおおむね50％未満の価格による取引を指す。

Memo

子会社の整理に際して、債務の引き受けや、債権の放棄、その他の損失の負担を行った場合、その方法によらなければ、今後より以上の損失を蒙ることが明らかな場合は、これらの損失を「寄附金」として取り扱わない。

Section 77

第4章
経常損益項目

貸倒損失

債権の貸倒れによる損失は、
計上時期に注意

▶ 貸倒損失

相手先の破産などによって、売掛金や受取手形、貸付金といった債権が、回収不能になることがあります。

これを「貸倒れ」といい、回収不能となった債権は、損失として処理することとなります。この貸倒れによる損失を「貸倒損失」という勘定科目で処理します。

▶ 貸倒損失の計上基準

債権の回収が滞るということは、別に珍しいことではありませんが、同じ不良債権とはいっても、不良の度合いはさまざまです。このため、回収不能とはいったいどのような状態を指すのかということが問題となり、この判定については、法人税法で一定の基準が設けられています。

まず、1つめの基準は、法律によって債権が消滅する場合です。これは、会社更生法や、民事再生法にもとづく再建計画の認可決定などにより、債権の一部が、法律的に切り捨てられることとなった場合や、債権放棄によって、法律的に債権を消滅させるような場合が該当します。従って、これらの場合は、債権消滅が決定した日をもって、「貸倒損失」を計上します。

2つめの基準は、債権者の債務超過の状態が長期間継続し、実質的にその債権の全額が回収不能と考えられる場合です。この場合に注意しなければならないのは、その債権の全額を「貸倒損失」に計上しなければならないということで、債権の一部だけを「貸倒損失」に計上することはできません。

その債権に担保が設定されている場合、担保を処分した後でなければ「貸倒損失」は計上できません。この場合は、担保処分後の損失を「貸倒損失」として計上しなければなりません。

Point

債権の貸倒れにより生じた損失を「貸倒損失」という。
「貸倒損失」は、税務上の基準に従って処理される。

Keyword

会社更生法・民事再生法
会社が債務超過になり、自主再建が不可能になった場合に会社の再建を図るための法律。

Memo

「法律上の債権の消滅」といった場合、破産の申し立ての段階では、「貸倒損失」を計上することはできない。破産の決定がなされ、配当の精算が行われなければならないが、ここまでたどり着くのに2～3年かかる。

■ 貸倒損失の税法基準

区分	要件		処理金額
法律上の手続による債権消滅「法人税基本通達」9-6-1	会社更生法	更生計画認可決定	法令による切捨額
	会社法	特別清算の協定認可、整理計画決定	
	民事再生法	再生計画認可決定	
	債務者の債務超過が相当期間継続し、弁済不能のため書面で債務免除		書面により通知した額
	関係者協議決定による債権消滅	債権者集会の合理的な協議決定	協議、契約による切捨額
		公正な第三者の斡旋で切り捨てを契約	
事実上の貸倒れ「法人税基本通達」9-6-2	債務者の資産状況、支払能力等からみて、全額が回収できないことが明らかになった場合		債権全額(ただし、担保物がある場合には、担保処分後の残額)
売上債権の特例「法人税基本通達」9-6-3	取引停止後1年以上経過		債権全額(ただし、備忘価額を残す)
	同一地域の債務者に対する債権の合計額が取立費用に満たない		

▶ 売上債権の特例

3つめの基準は、売上債権についてのみ適用される基準で、
（1）債権金額が少額であるにもかかわらず、債務者が遠隔地にいるなど回収コストの負担が大きいという場合
（2）取引停止から一定期間経過した場合
に、備忘価額を残して残額の貸倒損失が認められています。

まず、（1）は、これ以上の回収努力によって、債権額以上の損失発生を招くことから、「貸倒損失」の計上を認めるもので、一般的には「少額債権基準」と呼ばれることもあります。実際の運用にあたっては、回収コストを事前に見積もり、それにもとづく社内基準を設け、継続的にその基準よりも債権金額が少ない場合には、「貸倒損失」を計上するというしくみとしているケースが多いようです。

（2）の基準は、大量かつ反復的な販売取引の中で、できるだけ迅速に「貸倒損失」を計上させようとするものです。最終取引日、最終支払期日、最終弁済日のいずれもが、1年以上経過している場合に、「貸倒損失」の計上を認めることとされています。

Keyword

備忘価額
税務上は、債権の貸倒処理の事実を帳簿に残すために最低1円の評価額を付すこととされており、この評価額を「備忘価額」という。

Ref.

税務上の貸倒損失
税務上の貸倒損失については、「法人税基本通達」9-6-1、9-6-2、9-6-3により定められている。

Memo

「貸倒損失」があった場合には、その債権に含まれていた消費税を、当期の預かり消費税から控除してよいこととされている。

Section 78

第4章
経常損益項目

貸倒引当金繰入額

翌期以降の貸倒れによる損失にそなえるため、引当金を設定する

▶ 貸倒引当金繰入額とは

　将来の貸倒れによる損失にそなえるために設定される引当金が「貸倒引当金」で、その「貸倒引当金」への当期繰入額を費用処理するための勘定科目が「貸倒引当金繰入額」です。

　債権に貸倒れの事実が発生した場合には、「貸倒損失」を計上します。また、いまだ貸倒れの事実は発生していないが、将来の貸倒れの危険が高いものについては、「貸倒引当金繰入額」によって、当期の費用負担額を処理します。

▶ 貸倒引当金の税法改正

　現在の「貸倒引当金」には、2つの内容が含まれ、1つは、債務者が会社更生法にもとづく更生手続開始の申立てを行ったような場合です。貸倒れの事実はまだ発生していないが、貸倒れるであろう原因事実の発生が明らかな債権に対する「貸倒引当金」で、これは「個別評価の貸倒引当金」と呼ばれます。

　もう1つは、債務者に債務超過や経営悪化など貸倒れるであろう原因事実はまったく発生していない場合に、単に、将来の危険にそなえるために設定する「貸倒引当金」です。こちらは「一括評価の貸倒引当金」と呼ばれます。

　従来の税法では、「個別評価の貸倒引当金」を「債権償却特別勘定」として規定し、「一括評価の貸倒引当金」と区別していました。1998年の税法改正によって、「債権償却特別勘定」が「貸倒引当金」に含められることとなったので、この勘定科目は現在では使用されず「貸倒引当金」として処理します。

　また、従来の税法では、「一括評価の貸倒引当金」の算定方法として、業種ごとの法定繰入率と過去3年間の実績繰入率を、並列的に認めていました。しかし、現在では、法定繰入

Point

会社の債権には常に貸倒れのリスクが伴うため、「貸倒引当金」によって将来の損失にそなえるが、1998年の税制改正により、「貸倒引当金」の取り扱いが変わった。

Ref.

民事再生法
会社の再建を、より速やかに行うために、従来の和議法に代わり制定された法律。

Memo

会社更生法にもとづく再建の場合、まず当該会社の役員や株主などが会社更生法にもとづく更生手続開始の申立てを行い、その後、更生計画案を作成する。そして、裁判所がその計画案による更生が可能と判断を下した場合に、更生計画案の認可決定となる。従って更生計画案での債権の切り捨てや長期棚上は更生計画案の認可決定を受けるまで確定しない。

■ 貸倒引当金繰入の税法基準と会計基準

税法基準				会計基準	
貸倒引当金	一括評価	過去3年間の貸倒実績率により繰入れ		一般債権 ＝経営状況に重大な問題が生じていない	税法上の貸倒実績率等により繰入れ
	個別評価（旧債権償却特別勘定）	認定申請による繰入れ		貸倒懸念債権 ＝経営破綻には至っていないが、債務弁済に重大な問題が生じている、または生じる可能性が高い	①担保がある場合には、その処分見込額、保証がある場合には、その回収見込額を控除した後の債権残高に対して、実態を考慮して算定し繰り入れる
		形式的に50％繰入	①商法上の整理、特別清算の申立て ②破産申立 ③民事再生法の再生手続開始申立 ④更生手続の申立 ⑤手形交換所の取引停止		②割引キャッシュフロー法によって債権評価を行い、簿価との差額を繰入れ
		債権者集会における長期たな上げ決定		破産更生債権等 ＝経営破綻に陥っている	担保処分見込額、保証回収見込額をもって債権評価を行い、簿価との差額を繰入れ

率を廃止し、実績繰入率による繰入れのみとなっています。

なお、中小企業については、従来どおりの法定繰入率による計上が認められます。

▶ 財務会計上の貸倒引当金

企業会計原則などの会計基準では、税務上の個別評価による「貸倒引当金」を、より広い範囲に適用させています。

税法では法的手続の開始など貸倒れとなることが明らかとなる原因事実の存在を要件としています。一方で、財務会計では、債権を一般債権、貸倒懸念債権、破産債権・更正債権等に分類し、貸倒懸念債権と破産債権・更正債権等について、回収可能額にもとづいた個別的な債権評価を行い、帳簿価額と評価額との差額を「貸倒引当金」に繰り入れるものとしています。

このため、税法の要件を満たさない有税の「貸倒引当金」が発生することとなります。

Memo

営業債権に対する「貸倒引当金繰入額」は、販売費及び一般管理費として処理されるが、金銭債権に対する「貸倒引当金繰入額」は、営業外費用として処理される。

Memo

税法では「貸倒引当金」に洗替処理を求めており、その際に発生する「貸倒引当金戻入益」と、「貸倒引当金繰入額」は相殺表示する。Sec.87を参照のこと。

Section 79

第4章
経常損益項目

租税公課・雑費

会社を取り巻く税金には、実にさまざまな種類がある

▶ 租税公課とは

「租税公課」とは、会社が支払う「租税」や「公課」のことをいいます。「租税」とは、簡単にいえば税金のことで、「国税」と「地方税」の総称です。具体的には、印紙税や登録免許税といった「国税」と、固定資産税、自動車税といった「地方税」の他、延滞税、加算税などの「附帯税」が含まれます。

一方、「公課」とは、租税以外の国や地方公共団体に対する金銭の交付をいいますが、主なものとしては、印鑑証明書や住民票の発行手数料のような公共サービスに対する手数料や交通反則金などの罰科金が含まれます。

▶ 租税公課として処理しない税金

税金といった場合、忘れてならないのが法人所得に対して課される「法人税」です。また、道府県民税、市町村民税といった住民税や事業税、消費税も馴染みの深いものです。

これらの税金は、営業経費とは考えられていませんので、販売費及び一般管理費の内訳である「租税公課」として処理することはできません。法人税、住民税、事業税は「法人税、住民税及び事業税」という勘定科目によって処理され、損益計算書では、当期純利益の直前に表示されます。

▶ 法人税法上も特別な取扱い

「租税公課」は、法人税法上も会社の費用と認め、原則は損金算入です。しかし、懲罰的性格を有する延滞税、加算税といった附帯税や交通反則金などに、損金算入を認めれば、その懲罰的意味合いが薄れるため、損金算入できないこととされています。

また、法人税、住民税は費用とは考えられていませんので、

Point

会社に課せられる税金のうち、法人税、住民税、事業税を除いたものは、「租税公課」として処理する。「租税公課」の中には、損金に算入できないものもある。

Keyword

附帯税

本来の税金ではないが、納税が遅れたり、申告税額が少なかったり、あるいは申告そのものがないような場合に罰金、もしくは納税完了までの利息として課される税金。

Memo

消費税は、売上に対する消費税をいったん預かり、そこから仕入や経費と一緒に支払った消費税を差し引いて、差額を納税するだけというしくみであり、会社には税負担はなく、根本的に費用にはならない。

■ さまざまな税金と会計処理

税金の種別	仕訳				損金の扱い
印紙税、登録免許税、自動車税、固定資産税など	(納付時) 租税公課 ×××	現金預金 ×××			損金算入
延滞税、加算税など					損金不算入 (事業税のうち支出した部分については損金算入)
法人税 住民税 事業税	(予定納付時) 法人税、住民税 及び事業税 ×××	現金預金 ×××			
	(期末) 法人税、住民税 及び事業税 ×××	未払法人税等 ×××			
	(確定納付時) 未払法人税等 ×××	現金預金 ×××			
消費税	(受取、支払時) 仮払消費税 ××× 売掛金など ×××	現金預金など ××× 仮受消費税 ×××			損金は無関係
	(予定納付時) 仮払消費税 ×××	現金預金 ×××			
	(期末) 仮受消費税 ×××	仮払消費税 ××× 未払消費税等 ×××			
	(確定納付時) 未払消費税等 ×××	現金預金 ×××			

もともと損金算入はできません。ただし、事業税は、その期に納税した部分については、損金に算入することができます。

▶ 雑費

販売費及び一般管理費のうちで、どの勘定科目にも当てはまらないものを「雑費」として処理します。すべての費用の内容に応じて、勘定科目を設けることが理想的ですが、すべての費用に独立した勘定科目を設けるとなると、勘定科目ばかりが増えて、損益計算書が読みづらくなってしまいます。

このため、他の勘定科目で処理することがふさわしくないものに限って、「雑費」勘定を使用するようにしてください。

Memo

金額的に重要性のある費用は「雑費」で処理せず、独立の勘定科目を設けなければならない。

Section 80

第4章
経常損益項目

受取利息・受取配当金

利息や配当金の受取は税務処理に注意する

Point

預金や債券からの利息は「受取利息」「有価証券利息」、株式等からの配当金は「受取配当金」勘定で営業外収益として処理する。法人税法の取り扱いに注意したい。

Ref.

所得税額控除
所得税法の規定により、支払いの段階で源泉徴収される利子等にかかる所得税は、法人税の前払いとして法人税の額から控除することができる。
このことは、「法人税法」第68条により定められている。

Memo

受取利息配当金から源泉徴収された法人税、住民税については、期中の間は、仮払金や租税公課などで処理することも多いが、決算で「法人税、住民税及び事業税」に振り替えておくようにしたい。

▶ 受取利息と受取配当金

　会社は通常、資金を預金に預け入れています。すると、当座預金のような例外はあるものの、ほとんどの場合、利率と預入期間に応じて利息を受け取ることができます。

　また、会社は余裕資金を運用するために、株式や債券を購入する場合があります。株式の購入目的は将来の値上がりによるキャピタル・ゲインです。ところが、保有時期によっては、配当金を受け取ることができる場合がありますし、債券からは利息を得ることができます。

　これらの利息を「受取利息」有価証券からの利息を「有価証券利息」といい、これらの配当金を「受取配当金」といいます。これらは営業外収益として表示することとなります。

▶ 源泉所得税は法人税の前払い

　これらの受取利息、受取配当金は、総額がそのまま支払われるというわけではありません。会社が給料や報酬を支払うときに源泉所得税を天引きして支払ったのとちょうど正反対で、利息を支払う銀行や配当金を支払う投資先の会社で、税金が源泉徴収され、残りの金額を手取額として受け取ることとなります。

　差し引かれる税金としては、利息の場合が、所得税15％と住民税5％、配当金の場合が、所得税のみ20％と定められています。これらの税金は、法人税、住民税の前払いですから、期末に税額が確定した段階で、原則として、これらの前払い分を差し引いて残りを納税するしくみとなっています。

　このため、受取や利息や受取配当金は、源泉徴収前の総額によって「受取利息」「受取配当金」勘定に収益計上をし、源

■ 受取利息配当金の税務と処理

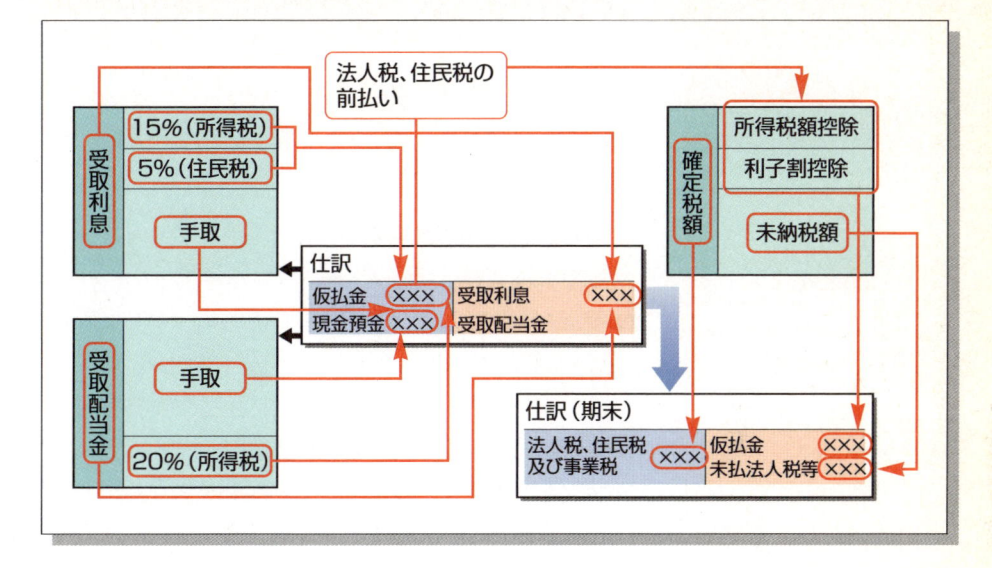

```
受取利息 ─┬─ 15%（所得税）
          ├─ 5%（住民税）
          └─ 手取

法人税、住民税の前払い

確定税額 ─┬─ 所得税額控除
          ├─ 利子割控除
          └─ 未納税額

仕訳
 仮払金    ×××  │ 受取利息    ×××
 現金預金  ×××  │ 受取配当金

受取配当金 ─┬─ 手取
            └─ 20%（所得税）

仕訳（期末）
 法人税、住民税  ×××  │ 仮払金       ×××
 及び事業税            │ 未払法人税等 ×××
```

泉徴収されたそれらの税金については、「法人税、住民税及び事業税」として処理することとなります。

▶ 受取配当金の益金不算入

　会社は、獲得した利益に法人税を課税し、残った利益を株主に分配しています。このため、配当金は課税後の利益分配ということになり、受取配当金への課税には二重課税の問題があります。そして、この二重課税を排除するために、法人税法上は、原則として、受取配当金を益金に算入しないこととされています。

　ただし、借入金によって株式を取得し、借入金の支払利息を損金としながら、その株式からの受取配当金を益金に算入しないことによって、租税回避を行うことが可能になってしまいます。そのような理由から、受取配当金からこれらの借入金利息を引いた残額に限って、益金としないことを認めることとしています。

Ref.

受取配当金の益金不算入
受取配当金の益金不算入については、「法人税法」第23条により定められている。

Memo

受取配当金の収益計上は、原則として、配当等の決議があった日とされ、確定配当については株主総会の決議日、中間配当については取締役会の決議日となる。しかし、継続して現金を収受したときに収益計上を行っている場合には、配当金を収受した期に収益計上を行うことも認められている。

支払利息

借入金利息、保証料はいずれも借入資本の調達コストである

第4章 経常損益項目

Point
借入による資本調達のコストとして、借入金利息、保証料は「支払利息」勘定で、営業外費用として処理する。

Memo
保証会社としては、それぞれの都市銀行の系列信用保証会社や、各都道府県の信用保証協会などがある。

Memo
当座借越についても、約定利率、借入期間などから未払利息を厳密に計算し、期末に計上する方法が正しい。
しかしながら、当座借越は、借入期間中の平均借越残高にもとづいて計算されるため、面倒な計算が必要となる。

Memo
物品を割賦で購入した場合に支払う割賦手数料も、その実態は、割賦期間にわたる利息であるため、「支払利息」勘定で処理される。
社債利息の支払いは「社債利息」勘定で処理される。

▶ 借入金利息と手形割引料と保証料

　金融機関や取引先などから借入による資金調達を行った場合に、支払わなければならない利息のことを「借入金利息」といいます。

　また、借入に際して、外部の保証会社などに保証料を支払って、会社の保証人となってもらう場合もあります。この保証料も資金調達コストであることに変わりはありません。

　このため、借入金利息、保証料をまとめて「支払利息」という勘定科目によって、営業外費用として処理することになります。

▶ 支払利息の計上時期

　利息の支払方法は、借入金の種類によって異なります。

　「当座借越」の利息は、返済時に後払いとなりますが、通常は、数日間という超短期の借入であることから、支払った日に利息計上すればよいこととされています。

　「手形借入」の場合には、原則として、利息を前払いすることとなっています。従って、利払日に支払利息を計上していたとすれば、期末に利息の未経過部分がある場合には、「前払費用」として処理しなければなりません。

　「証書借入」の場合は、月単位などで約定した利払いがありますが、原則として、後払いというしくみとなっています。このため、利払日に支払利息を計上していても、期末には「未払費用」として、当期分の支払利息を追加計上することとなります。

　「保証料」は通常、借入の全期間に対応する保証料を一括して、借入実行の際に前払いします。このため、保証料はいったん「前払費用」に計上し、借入期間にわたって費用配分す

■ 支払利息割引料の経過計算

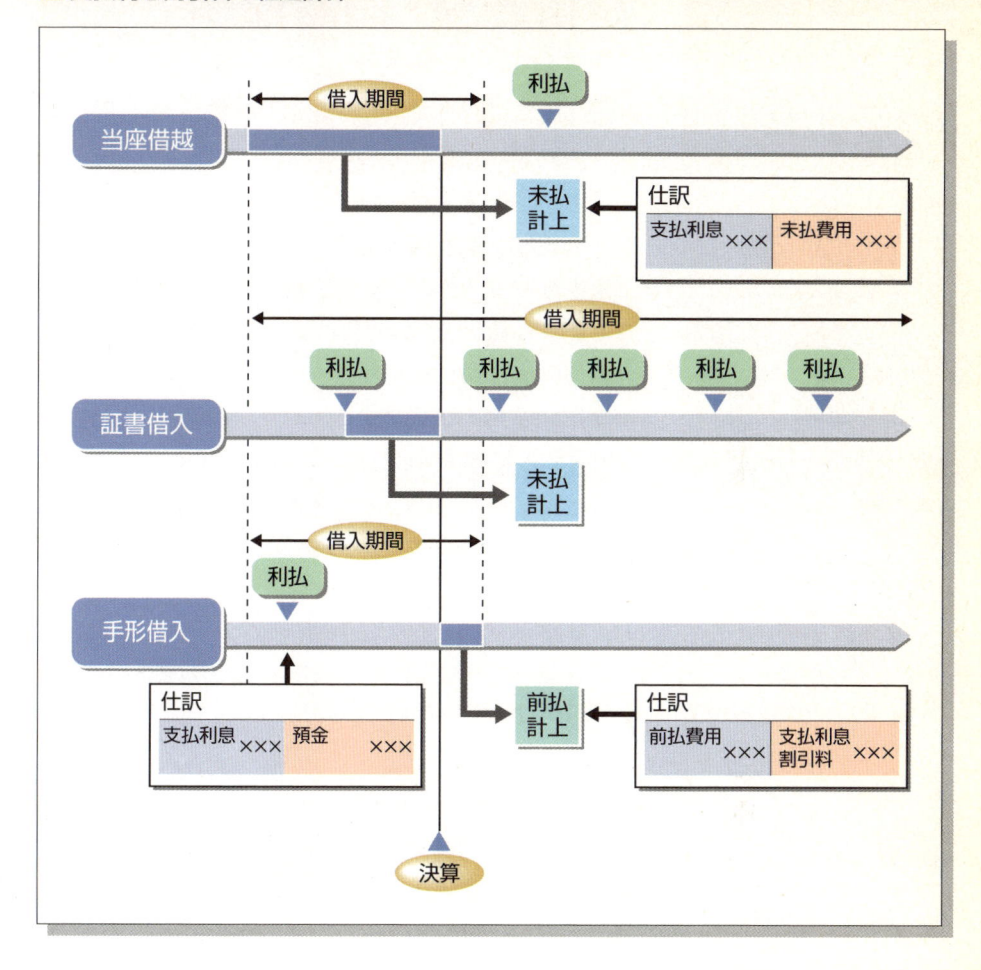

【当座借越】借入期間中に利払があり、期末で未払計上する。
仕訳：支払利息 ××× ／ 未払費用 ×××

【証書借入】借入期間中に複数回の利払があり、期末で未払計上する。

【手形借入】借入期間の最初に利払があり、期末で前払計上する。
仕訳：支払利息 ××× ／ 預金 ×××
仕訳：前払費用 ××× ／ 支払利息割引料 ×××

ることになります。期末において、保証料の当期負担分を計算し、「前払費用」から「支払利息」に振り替える処理が必要となります。

借入期間が長期にわたる場合には、保証料も「長期前払費用」として処理することとなります。

なお、資金調達の手段として利用される手形の割引に関する割引料は「手形売却損」で処理されますので注意が必要です。

Memo

「支払利息」は、消費税の不課税取引とされる。

為替差益・為替差損

取引時と決算時の為替相場をどのように使い分けるか

Section 82
第4章 経常損益項目

Point
外貨建取引や外貨建資産、負債は円換算額によって会計処理しなければならないが、為替相場の変動によって換算差額が発生する。「為替差益」「為替差損」は、この換算差額を処理するための勘定科目である。

▶ 外貨建取引等会計処理基準

　企業の活動が世界規模に広がってくると、外貨建取引が増えてきます。しかしながら、我が国の会計は本邦通貨である「円」によって記録されていますので、外貨建の取引についても、何らかの方法で円に換算しなければなりません。

　ところが、変動相場制の下では、為替相場は秒単位で変化していますので、このような為替相場の変動は、企業会計ばかりでなく、企業経営そのものに大きな影響をもたらします。

　そこで、外国通貨で表示され、その取引の支払いが外国通貨でなされることとされている取引である外貨建取引の会計処理について、企業会計審議会により「外貨建取引等会計処理基準」が制定されています。

▶ 為替相場変動による損益

　為替相場の変動によって、外貨建の資産や負債に発生する損益を「為替差益」「為替差損」といいます。そして、これらは「為替差益」勘定、「為替差損」勘定によって、営業外損益として処理されます。

　そして、期末時点で「為替差益」と「為替差損」の両方が発生している場合にはお互いを相殺して、「為替差益」、もしくは「為替差損」のいずれか一方だけを表示することとされています。

　「為替差益」や「為替差損」の発生には、外貨建債権、債務の決済によるものと、これらの「期末評価替」によるものとがあります。

　たとえば、1ドルが110円のときに1,000ドルの売上があったとすれば、売上は、そのときの為替レートによって、

　　1,000ドル × 110円 = 110,000円

と円換算され、「売上高」と「売掛金」が計上されます。もしも、

■ **換算差額の発生**

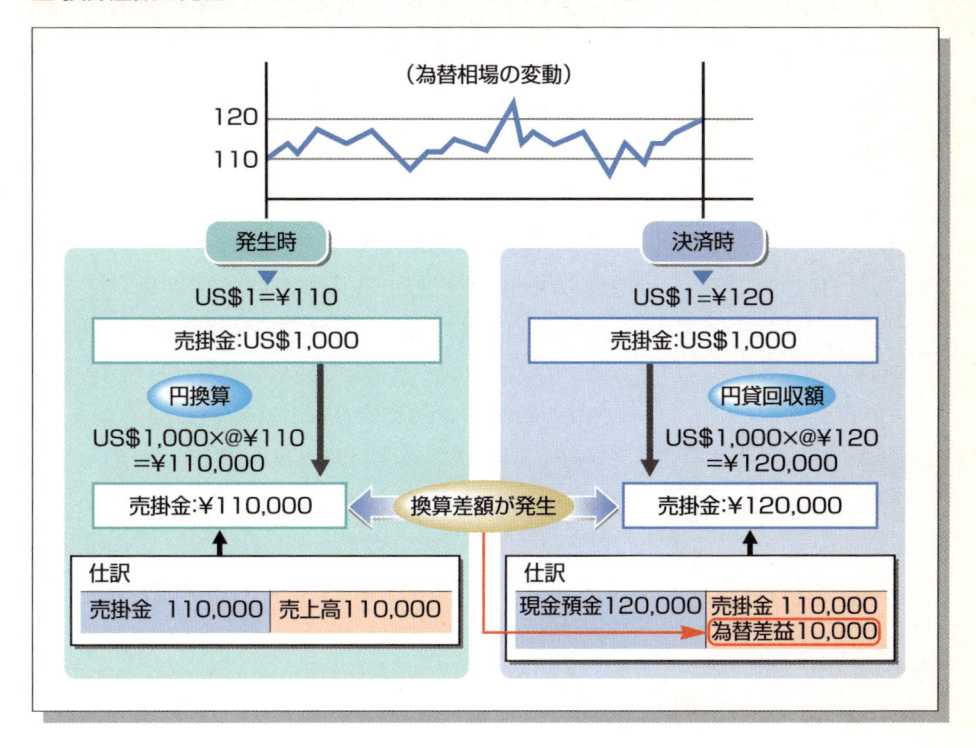

```
（為替相場の変動）
120
110
```

発生時	決済時
US$1=¥110	US$1=¥120
売掛金：US$1,000	売掛金：US$1,000
円換算	円貸回収額
US$1,000×@¥110 =¥110,000	US$1,000×@¥120 =¥120,000
売掛金：¥110,000	売掛金：¥120,000

←→ 換算差額が発生

仕訳
| 売掛金 110,000 | 売上高 110,000 |

仕訳
| 現金預金 120,000 | 売掛金 110,000 |
| | 為替差益 10,000 |

　その後の決済時点で、1ドルが120円と円安になっているとすると、回収された1,000ドルは、

　1,000ドル × 120円 ＝ 120,000円

と円換算されます。すると、当初「売掛金」として計上していた金額よりも10,000円多く回収されたことになりますので、この差額である10,000円を「為替差益」勘定で処理します。

　一方、「期末評価替」とは、期末時点で保有する外貨建資産、負債の帳簿価額を、期末レートで換算し直すことをいいます。

　たとえば、先の例で、1,000ドルの売掛金を決済する前に期末日を迎えたとしましょう。現在の帳簿価額は、当初の売上計上時の金額のまま、110,000円とされています。

　もしも、期末時点のレートが1ドル105円と円高になっていたとすれば、その「売掛金」は、105,000円の価値しかないということになりますので、期末に換算替の処理を行い、

Section 82

Memo

法人税法の期末評価では、外貨建債権債務については、取得時の為替相場による換算と、決算時の為替相場による換算との選択適用を認めている。
このことは、「法人税法」第61条の9により定められている。

Keyword

為替予約

将来の特定の日における為替レートをあらかじめ予約しておくこと。そうしておくことで、その日の実勢為替相場がどのような状況であろうと、予約レートによって、外貨を購入、売却することができる。

「売掛金」の残高を105,000円に修正するとともに、差額である5,000円を「為替差損」勘定で損失処理を行うのです。

▶ 外貨建債権・債務の換算

「外貨建取引等会計処理基準」では、まず、

（1）取引発生の処理
（2）決算時の処理

を定めています。

取引発生については、原則として、その取引発生時点における為替相場による円換算額で記帳することとしています。

また、決算時には、すべての外貨建資産、負債を期末レートで換算替する必要はありません。まず、為替変動のリスクの重要性を考慮します。

そのリスクから見た財務諸表利用者にとっての時価情報の必要性を勘案した結果、原則として、外国通貨、外貨建金銭債権債務、外貨建有価証券およびデリバティブ取引について、その種類ごとに次のような換算替を行うこととしています。

（1）外国通貨
　　決算時の為替相場による換算替が必要となります。
（2）外貨建金銭債権債務
　　決算時の為替相場による換算替が必要となります。
（3）外貨建有価証券
　　　a. 満期保有目的の外貨建債券については、決算時の為替相場による換算替が必要となります。
　　　b. 売買目的の有価証券および、その他の有価証券については、決算時の為替相場による換算替が必要となります。
　　　c. 子会社株式および、関連会社株式については、決算時の為替相場による換算替は行わず、取得時の換算額を貸借対照表への計上額とします。
　　　d. 外貨建有価証券に強制評価減を行う場合には、その時価もしくは実質価額は決算時のレートで換算します。

■「外貨建取引等会計処理基準」の期末換算替

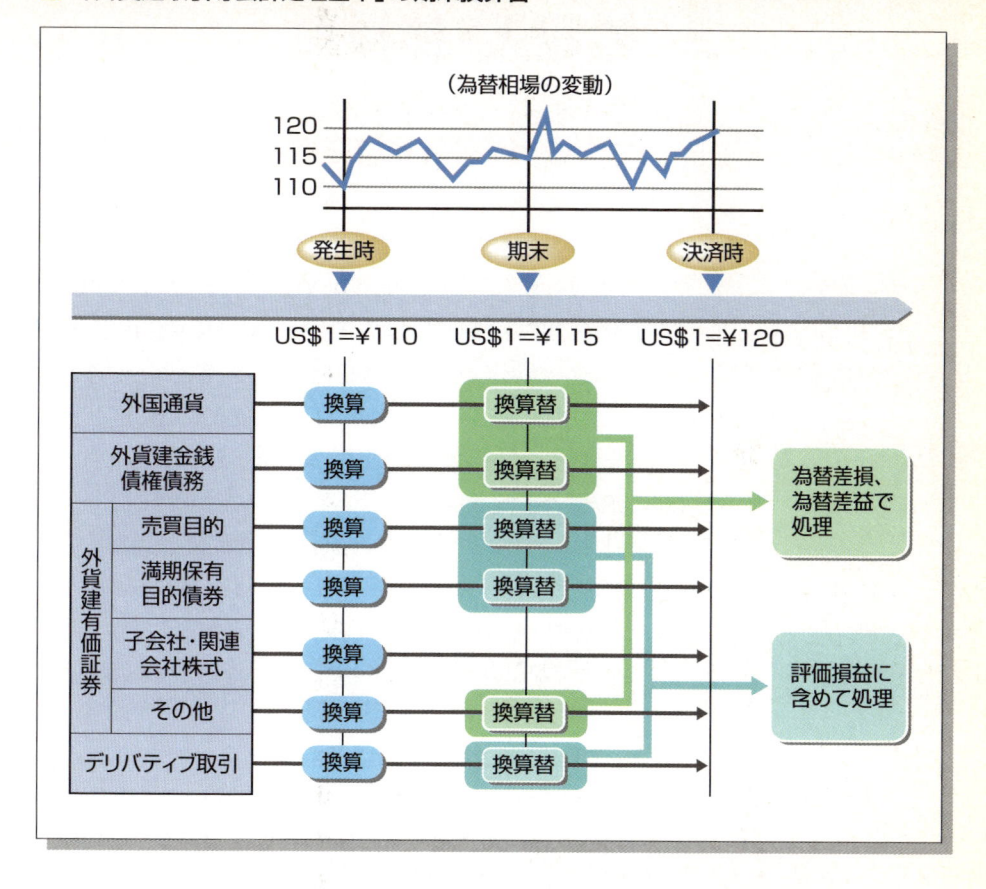

(為替相場の変動)

	発生時	期末	決済時
	US$1=¥110	US$1=¥115	US$1=¥120
外国通貨	換算	換算替	
外貨建金銭債権債務	換算	換算替	
外貨建有価証券 売買目的	換算	換算替	
外貨建有価証券 満期保有目的債券	換算	換算替	
外貨建有価証券 子会社・関連会社株式	換算		
外貨建有価証券 その他	換算	換算替	
デリバティブ取引	換算	換算替	

→ 為替差損、為替差益で処理

→ 評価損益に含めて処理

(4) デリバティブ取引

　　決算時の為替相場による換算替が必要となります。

　なお、決済時の換算差額については、「為替差損益」として処理することとされています。期末換算替による換算差額については、「為替差損益」として処理することを原則としながらも、左記(3)d.の外貨建有価証券に強制評価減を行う場合については、換算差額を「有価証券評価損」に含めるものとされます。また、左記(3)b.のうち、その他の有価証券の換算差額については、外国通貨による時価の変動にかかわる部分を除いて、「為替差損益」として処理することとしています。

仕入割引・売上割引・雑収入・雑損失

Section 83

第4章 経常損益項目

売上割引、仕入割引は、売掛金、買掛金の早期決済に伴う利息に相当する

Point

売上債権や仕入債務の早期決済による利息相当の代金割引は、「仕入割引」「売上割引」という勘定で、営業外損益として処理される。

Memo

「仕入割引」や「売上割引」は、利息としての性格を有することから、消費税の非課税取引とされる。

Memo

仕入金額や売上金額を調整する役割上、「仕入割戻」は「仕入高」から、「売上割戻」は「売上高」から、それぞれ直接控除する処理が認められているのに対し、「仕入割引」や「売上割引」を、「仕入高」や「売上高」から控除するという処理は認められない。

▶ 仕入割引と売上割引

掛取引では、あらかじめ締日と支払日が約束されています。これらの取り決めとともに、支払日よりも早い期日に決済を済ませた場合には、代金を割引くことが約束されていることもあります。このような約束によって、仕入代金の割引を受けた場合を「仕入割引」、売上代金の割引を行った場合を「売上割引」といいます。

「仕入割引」は仕入代金の割引ですから、本来支払うべき金額が少なくなるため、この割引額を「仕入割引」勘定によって営業外収益として処理します。「売上割引」は、その反対に「売上割引」勘定によって営業外費用として処理します。

▶ 割戻しとの違い

「仕入割引」や「売上割引」は、上記のように債権債務の早期決済に伴うものです。企業会計では、販売や購買という取引と、その代金の決済取引とを区分して考える習慣がありますので、「仕入割引」や「売上割引」は、早期決済の期間に対する利息としての性質があると考えられます。

このため、「仕入割引」や「売上割引」は、金融損益と考えられ、営業外損益として処理されることとなるわけです。

一方、「仕入割戻」や「売上割戻」は、多額の取引に伴う報奨金としての性格を持っており、仕入金額や売上金額を調整するという役割を果たしています。このため、これらは「仕入高」や「売上高」の一部とみなされ、営業損益として処理されます。

▶ 雑収入と雑損失

営業外収益、営業外費用のうち、取引金額も少額で、独立

■ **仕入割引・売上割引**

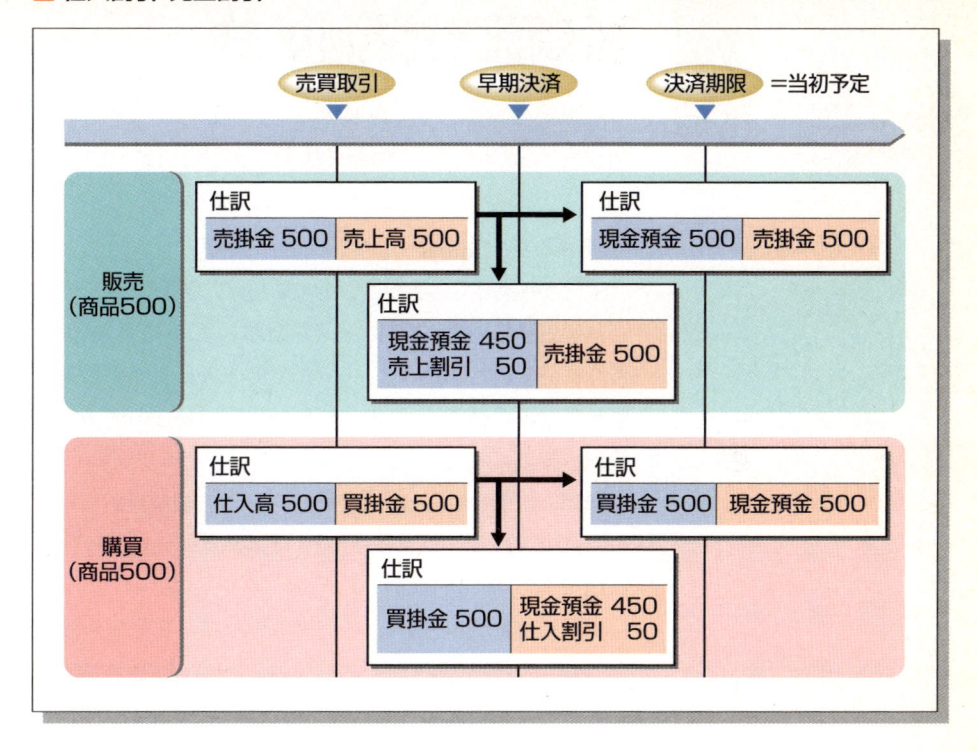

```
                売買取引      早期決済       決済期限 ＝当初予定
                  ▽           ▽             ▽
─────────────────────────────────────────────────────────────▶

販売              仕訳                        仕訳
(商品500)    売掛金 500 | 売上高 500     現金預金 500 | 売掛金 500

                          仕訳
                    現金預金 450  | 売掛金 500
                    売上割引  50  |

購買              仕訳                        仕訳
(商品500)    仕入高 500 | 買掛金 500     買掛金 500 | 現金預金 500

                          仕訳
                    買掛金 500 | 現金預金 450
                               | 仕入割引  50
```

した勘定科目を設定するまでもないというものについては、「雑収入」もしくは「雑損失」として計上することとなります。

営業外損益として処理されるためには、

(1) 本業による損益ではなく、付随的な活動による損益であること

(2) 毎期の経常的な発生が見込まれる損益であること

という2つの基準を満たす必要があります。従って、本業に伴う損益であれば、売上高や売上原価に含めるか、「雑費」としなければなりませんし、経常性が認められない場合は、特別損益として処理しなければなりません。

ただし、特別損益とすべきものであっても、金額が僅少な場合には、営業外損益として処理することが認められていることに注意が必要です。

Memo

「雑収入」の中に、営業外収益の総額の10％を超えるものが含まれている場合には、独立した勘定科目によって表示しなければならない。また、「雑損失」も同様に、営業外費用の総額の10％を超えるものが含まれている場合は、独立科目表示が求められている。

Memo

金額が僅少な特別損益の取り扱いは、「企業会計原則」注解12(2)により定められている。

Section 84

第4章
経常損益項目

有価証券売却損益・有価証券評価損益

時価会計導入により、
大幅に変わった有価証券の処理

Point

有価証券は、その性質によって4つのグループに区分しなければならず、それぞれのグループごとに評価方法が定められている。

Memo

我が国では、約定日の4営業日後が受渡日となっていた。このため、約定日を基準とした新基準では有価証券の取得、売却の認識がそれだけ早められたということになる。

▶ 有価証券売却損益

　会社が保有している有価証券を売却した場合に、売却価額が有価証券の帳簿価額を上回る場合は、その差額を「有価証券売却益」に計上します。逆に売却価額が有価証券の帳簿価額を下回る場合には、その差額を「有価証券売却損」として処理します。

　すでに説明したとおり、有価証券は、その保有目的に応じて、流動資産としての「有価証券」と、投資等としての「投資有価証券」「関係会社株式」などに区分されます。

　営業外損益項目である「有価証券売却益」「有価証券売却損」として処理できるのは、そのうち、流動資産とされた売買目的の有価証券にかかるものに限られるのです。投資有価証券や関係会社株式とされたものにかかる売却損益は「投資有価証券売却益」などの科目で、特別損益として表示されることとなります。

▶ 有価証券評価損益

　「有価証券評価損益」は、有価証券の期末評価において認識された有価証券の評価損益を処理する勘定科目です。

　有価証券は、その所有目的に応じて、時価の変動によるリスクの重要性を考慮します。そして、そのリスクから見た財務諸表利用者にとっての時価情報の必要性を勘案し、それに応じた段階的な時価会計導入を求めています。

▶ 時価会計の方法

　具体的には、有価証券を以下にあげるとおり、その所有目的に応じて4つに分類し、そのグループごとに評価方法を定

■ 有価証券売却損益の処理（新旧比較）

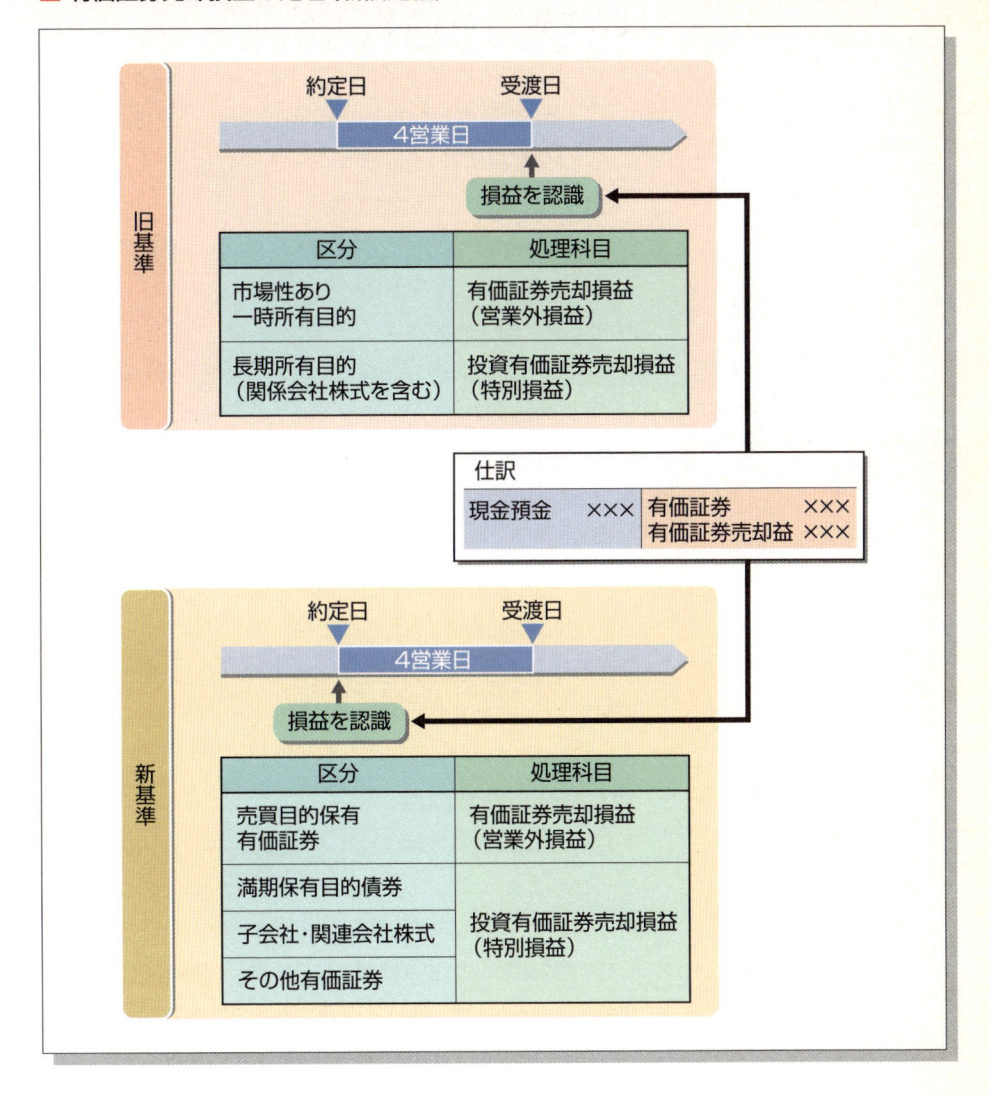

旧基準

約定日 ── 4営業日 ── 受渡日
損益を認識（受渡日）

区分	処理科目
市場性あり 一時所有目的	有価証券売却損益 （営業外損益）
長期所有目的 （関係会社株式を含む）	投資有価証券売却損益 （特別損益）

仕訳

現金預金	×××	有価証券	×××
		有価証券売却益	×××

新基準

約定日 ── 4営業日 ── 受渡日
損益を認識（約定日）

区分	処理科目
売買目的保有 有価証券	有価証券売却損益 （営業外損益）
満期保有目的債券	投資有価証券売却損益 （特別損益）
子会社・関連会社株式	
その他有価証券	

めています。

（1）売買目的有価証券

　　時価の変動により利益を得ることを目的として保有する有価証券のことで、その評価額は時価によるものとされています。

Section 84　**201**

Memo

低価法では、有価証券の帳簿価額と時価との比較は行うものの、評価益を計上することは認められていなかった。
これは、低価法が保守主義の要請にもとづくものであり、時価会計を積極的に導入しようとするものではないからである。

Ref.

強制評価減

強制評価減については、「企業会計原則」貸借対照表原則五Bにより定められている。

Keyword

償却原価法

債権、または債券の取得価額と額面価額との差額の性格が、金利の調整として認められるときは、この差額を弁済期、または償還期に至るまで、毎期一定の方法で貸借対照表価額に加減する方法をいう。

Keyword

持合株式

会社が、取引先金融機関や得意先、仕入業者との間で相互に相手の会社の株式を持ち合うこと。安定株主作りの一環として、我が国で慣習的に発達した。

---

(2) 満期保有目的債券

　　満期まで所有するという積極的な意図をもって保有される社債、その他の債券のことで、時価の変動によるリスクを認める必要性が少ないとの判断から、「償却原価法」で評価するものとされています。

(3) 子会社株式、関連会社株式

　　売却を目的としていないため、取得原価で評価するものとされています。

(4) その他有価証券

　　上記以外の有価証券のことで時価により評価されます。

しかし、持合株式などの有価証券は、換金に制約があるなど、評価差額をただちに損益として処理することは適当でない場合が多く、その点への配慮も必要です。

そこで、評価損益は純資産の部に直接計上することとされています。すなわち、その期の損益計算書に計上しないものとされているのです。具体的には純資産の部の「評価換算差額等」に「その他有価証券評価差額金」として記載されます。

▶ 強制評価減の明確化

なお、有価証券の時価が著しく下落した場合には、回復の見込があると認められる場合を除き、子会社、関連会社株式を含めて時価への評価替えをしなければなりません。

この処理を「強制評価減」もしくは「減損処理」といいます。

「時価の著しい下落」については、

(1) おおむね時価が取得原価の50％以上下落した場合を指し、

(2) 30％未満の下落は著しい下落には該当しないものとされ、

(3) 30％以上の下落については、その合計金額が保有会社にとって金額的に重要な影響をおよぼす場合に限り、

■ 有価証券評価損益の処理

区分	評価法	計上	
売買目的有価証券	時価評価	評価損	P/Lへ計上
		評価益	
満期保有目的債権	償却原価法による評価	受取利息	
子会社株式、関連会社株式	取得原価法による評価	強制評価減	
その他有価証券	時価による評価	評価損	B/Sへ計上
		評価益	

純資産の部へ直接計上

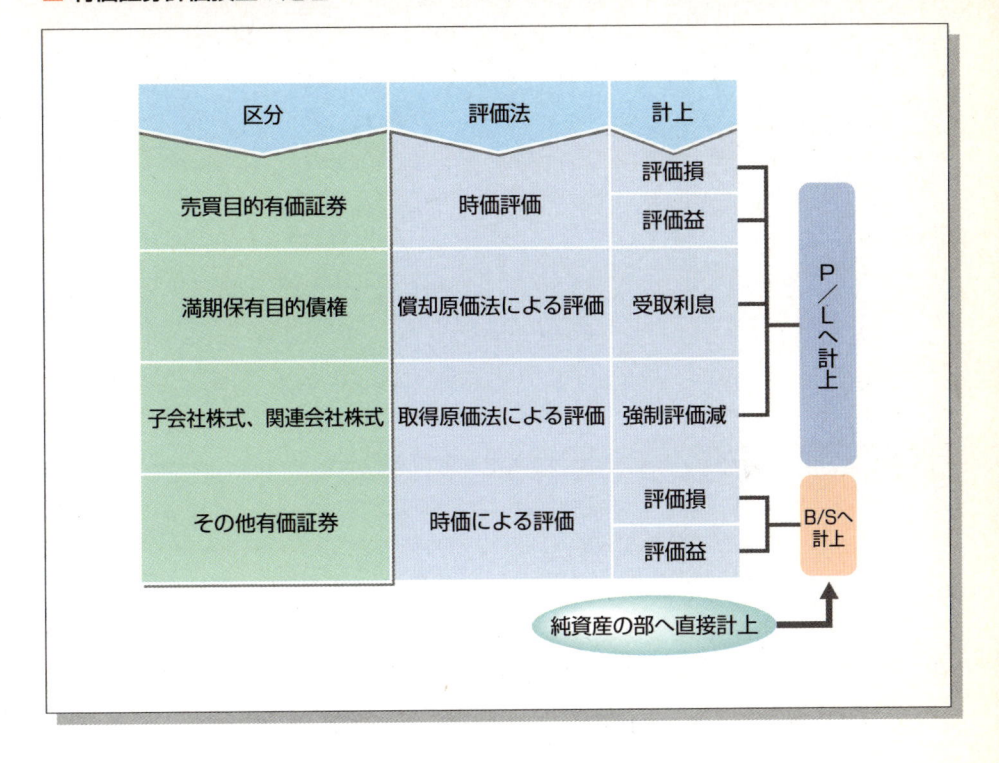

「著しい下落」として判定されます。

さらに、「回復の見込み」についても、従来は、公認会計士等が、回復の見込みのないことを証明した場合に、強制評価減が適用されていました。この度、会社側が回復の見込みがあることを証明しえた場合に限って、強制評価減を免れるものとされました。

これによって、これまでのような強制評価減逃れはできなくなり、より積極的に適用されることとなります。

また、市場価格のない有価証券についても、その有価証券の発行会社の財政状態から実質価額を計算し、その実質価額の著しい下落について、同様の評価損を計上するものとされています。

Ref.

税効果会計
税効果会計については、Sec.93を参照のこと。

Section 84

第5章

特別損益項目と特殊な勘定科目

Sec.
- 85 固定資産売却益・固定資産除売却損
- 86 減損損失
- 87 償却債権取立益・貸倒引当金戻入益
- 88 その他特別損益・固定資産圧縮損
- 89 法人税、住民税及び事業税
- 90 製造業の仕訳と勘定科目
- 91 建設業の仕訳と勘定科目
- 92 連結会計に関する仕訳と勘定科目
- 93 税効果会計の仕訳と勘定科目

Section 85

第5章
特別損益項目と特殊な勘定科目

固定資産売却益・固定資産除売却損

固定資産の処分に伴う損益は特別損益として取り扱われる

Point
固定資産の売却に伴う損益を「固定資産売却益」「固定資産売却損」として処理し、固定資産の廃棄に伴う損失を「固定資産除却損」として処理する。

Memo
固定資産の売却は、消費税法の課税取引に該当するが、売却価格に対して5％の消費税が課税されるのであって、売却損益に課税されるわけではない。

Keyword
固定資産除売却損
「固定資産売却損」と「固定資産除却損」をまとめて、「固定資産除売却損」という勘定科目で処理してもかまわない。

Memo
固定資産の除却を証明するために、廃棄業者から廃棄証明書などを入手しておく必要がある。

▶ 固定資産の売却

　会社が使用していた固定資産を売却した場合には、その資産の帳簿価額と売却価額との差によって損益が発生します。この損益を「固定資産売却益」または「固定資産売却損」として処理します。

　そもそも固定資産は、長期的に使用することを目的とした資産ですから、固定資産を途中で売却するというのは、日常的に頻繁に行われるものではありません。会計上は臨時的な取引として取り扱われます。このため、「固定資産売却損益」は、原則として、特別損益として取り扱います。

▶ 売却損益の計上金額

　「固定資産売却損益」は、売却価額と帳簿価額との差額ですが、この帳簿価額とは、売却直前の帳簿価額ということになりますので、減価償却との関係が問題になります。

　本来であれば、減価償却資産の売却直前の帳簿価額は、売却をした期の期首から、売却時点までの「減価償却費」も計上しなければならないということになります。しかし、中小企業の会計実務では、このような厳密な処理が行われないケースが多く、期首時点の帳簿価額により売却損益が計算されます。

▶ 固定資産除却損

　不要となった固定資産があれば、可能な限り売却によって処分すべきですが、買い手が見つからないような場合には、その資産は廃棄するしかありません。このような固定資産の廃棄を「除却」といい、その資産の除却直前の帳簿価額を損失計上することとなります。

■ 固定資産の売却処理

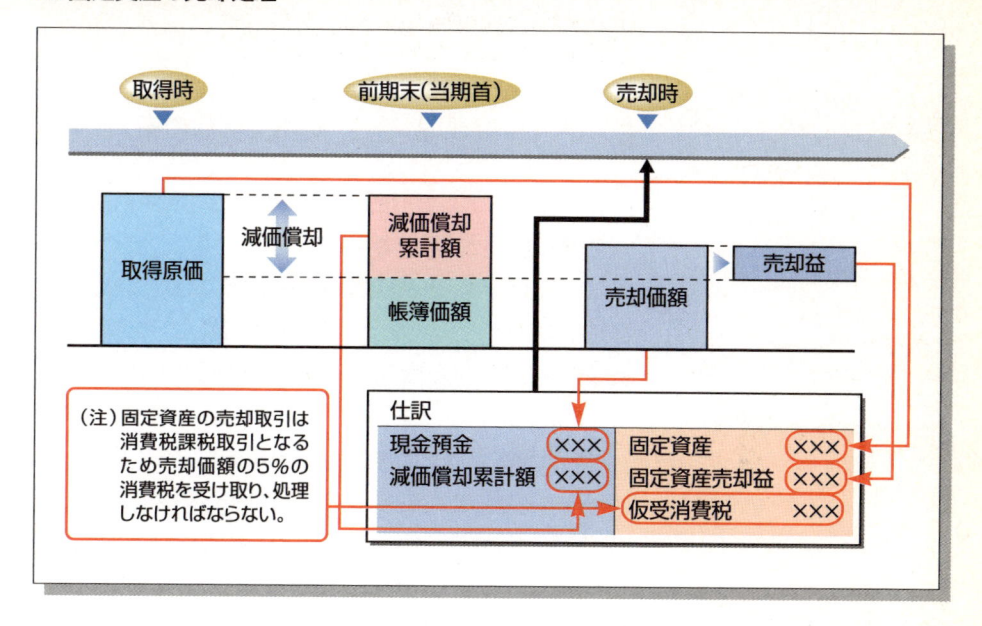

```
取得時          前期末(当期首)        売却時
  ▼                ▼                ▼
━━━━━━━━━━━━━━━━━━━━━━━━━━━━━━━━━━━━━━━━▶

        ┊ 減価償却 ┊  減価償却
        ┊ ↕      ┊  累計額
 取得原価 ┊        ┊
        ┊        ┊  帳簿価額     売却価額        売却益

（注）固定資産の売却取引は     仕訳
消費税課税取引となる
ため売却価額の5%の       現金預金      ×××    固定資産       ×××
消費税を受け取り、処理     減価償却累計額  ×××    固定資産売却益   ×××
しなければならない。                         仮受消費税     ×××
```

　このような固定資産の除却に伴う損失を「固定資産除却損」として処理します。「固定資産除却損」も「固定資産売却損」と同様に、特別損失として取り扱われます。除却のために費用がかかった場合には、その費用の額を除却損に加算します。

▶ **実際の廃棄を行わない場合**

　現実には使用していない資産であっても、実際の廃棄は行わずに、保有し続けている資産というものもあります。

　本来は廃棄によって、初めて除却損を計上することとなるわけでしょう。ところが、今後も通常の方法での使用の見込みがないことが明らかな場合には、実際に廃棄していなくても、その資産の帳簿価額から処分見込額を控除した金額を除却損として費用に計上することができます。このような処理を「有姿除却」といいます。

　これは、資産の除却には多額の費用がかかることなどから、実際の除却は行われていないが、実質的に除却と同じ状況にある資産についても除却損の計上を認めようとするものです。

Memo
タクシー会社のように所有する車両台数が多く、それらの車両の売却も毎期継続的に発生が見込まれるようなケースや、広告用什器のように除却が頻繁なケースでは、「固定資産売却損益」や「固定資産除却損」を営業外費用として処理すべきとする議論もある。

Ref.
有姿除却
有姿除却については、「法人税基本通達」7-7-2により定められている。

Section 86

第5章
特別損益項目と特殊な勘定科目

Point
一部の金融資産、繰延税金資産、前払年金費用など、減損処理の定めがある資産を除いた資産の価値を収益性によって評価した場合の損失を処理する。

Memo
減損処理を実施した以降は、その減損後の簿価にもとづく減価償却計算を行わなければならない。
減損損失は法人税法上、ほぼ損金不算入とされるため、減損損失の計上した年度のみならず、その後の減価償却費についても毎期の税務調整が必要となる。

Ref.
減損会計の対象資産
減損会計は固定資産に分類される資産を対象資産とするが、他の基準に減損処理の定めがある資産は除外する。一部の金融資産、繰延税金資産、前払年金費用などが除外される。

減損損失

固定資産は収益力で資産評価する

▶ 固定資産の減損会計の必要性

　固定資産の減損とは、資産の収益性が低下したことにより、投資額の回収が見込めなくなった状態を指します。この固定資産の減損を損益計算書に損失として計上するための勘定科目が「減損損失」です。

　固定資産については、従来より物理的な滅失があれば臨時損失を計上したり、耐用年数が当初の見積もりより短くなった場合に臨時償却を行うといったことはありました。ところが、「固定資産の価値や収益性が著しく低下しているにもかかわらず、物理的な変化がない場合には、それが帳簿価額に反映されていない」という現状に対応して、日本でも固定資産の減損に対する処理基準を明確にする必要が出てきたのです。

▶ 減損会計のポイント

　もともと、事業のために使用する固定資産からは、その固定資産の価値以上の見返りがなければなりません。次の例で、減損会計のポイントをつかみましょう。

(1) 固定資産の購入と減価償却の開始
　　A社が新製品を製造するために500万円の設備を購入したとします。毎年の減価償却費を50万円とすると、1年後のこの設備の簿価は450万円です。

(2) 固定資産の価値の低下
　　ここで、この製品のライバル製品が市場を席巻し、A社の製品がまったく売れなくなったと仮定します。従来の会計基準では、そのまま450万円として貸借対照表に計上されることになりますが、この設備には

■ 減損会計の基準の処理手続き

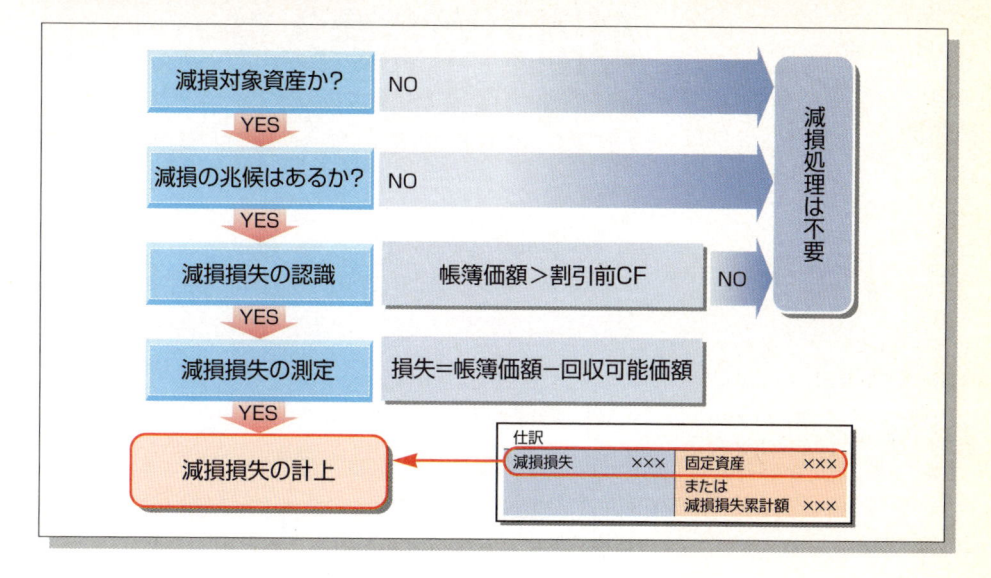

```
減損対象資産か？ ──NO──┐
    │YES              │
減損の兆候はあるか？ ──NO──┤→ 減損処理は不要
    │YES              │
減損損失の認識  帳簿価額＞割引前CF ──NO──┘
    │YES
減損損失の測定  損失＝帳簿価額－回収可能価額
    │YES
【減損損失の計上】 ← 仕訳
                   減損損失 ×××／固定資産 ×××
                               または
                               減損損失累計額 ×××
```

それだけの価値があるのでしょうか？

(3) 固定資産の価値の再評価

　　もし製品を製造し販売したとしてもまったく売れず、この設備も他の用途にまったく使用できないとしたら、この設備の価値はゼロです。もし、この設備が200万円で売れるのだとしたら、この設備の価値は200万円ということになります。

　　また、製品を製造販売したら150万円は回収でき、その後設備を売却したら100万円で売れるとしますと、この設備は250万円の価値があるということになります（厳密には現在価値に割り引くことになります）。

▶ 直接控除と間接控除

　減損損失を計上した場合の、相手勘定の処理としては、対象資産の科目残高を直接減額する「直接控除方式」と、直接の減額を避けるために「減損損失累計額」という資産の控除科目を用いる「間接控除方式」の二つの処理方法が認められています。

Memo

重要な減損損失を認識した場合には、損益計算書（特別損失）に係る注記事項として、以下の項目を注記する。

(1) 減損損失を認識した資産または資産グループについては、その用途、種類、場所などの概要
(2) 減損損失の認識に至った経緯
(3) 減損損失の金額については、特別損失に計上した金額と主な固定資産の種類ごとの減損損失の内訳
(4) 資産グループについて減損損失を認識した場合には、当該資産グループの概要と資産をグルーピングした方法
(5) 回収可能価額が正味売却価額の場合には、その旨及び時価の算定方法、回収可能価額が使用価値の場合にはその旨及び割引率

Section 87

第5章
特別損益項目と特殊な勘定科目

償却債権取立益・貸倒引当金戻入益

過年度の貸倒処理の修正は特別利益として取り扱われる

Point

過年度において「貸倒損失」として処理した債権について回収がなされた場合、あるいは期首の「貸倒引当金」が期末まで未使用で残った場合には、特別利益を計上することとなる。

Memo

当期において貸倒れが発生しなかったとしても、その債権の回収可能性が回復していないのであれば、本来は貸倒引当金残高を取り崩すべきではないが、税務のルールに従って、戻入処理を行わなければならない。

▶ **償却債権取立益**

　回収不能の債権について一定の要件を満たせば、「貸倒損失」として処理することができることは前に述べたとおりです。この場合の「貸倒損失」として処理された債権は、切り捨てられ、帳簿上は存在していません。

　ところが、この切り捨てられた債権について、その後、回収が行われることもあります。この場合には、回収を処理すべき債権がすでに帳簿上に存在していないわけですから、その回収額は収益として計上されることとなります。

　このような収益を処理するための勘定科目が「償却債権取立益」です。この「償却債権取立益」は、過去における貸倒損失処理が誤りであったことを示すともいえますので、過年度の損益の修正と考え、特別利益として表示されます。

▶ **貸倒引当金の過不足**

　債権について、翌期以降の貸倒れによる損失に備えて「貸倒引当金」を設定しますが、これはあくまでも見積もり計算ですから、実際の貸倒金額とは一致しません。

　もしも、期首の貸倒引当金残高よりも、実際の貸倒金額の方が多いという場合には、まず、「貸倒引当金」の全額を取り崩す処理を行います。それが不足する部分については、「貸倒損失」を計上することとなります。

　一方、その反対に、期首の「貸倒引当金」の残高よりも、実際の貸倒金額の方が少ない場合には、期末まで「貸倒引当金」が余っていることとなります。この場合の「貸倒引当金」の余りは、前期末に設定した「貸倒引当金」が多すぎたことを意味します。従って、決算において全額を取り崩し、「貸倒引当金戻

■ 貸倒引当金戻入益の処理

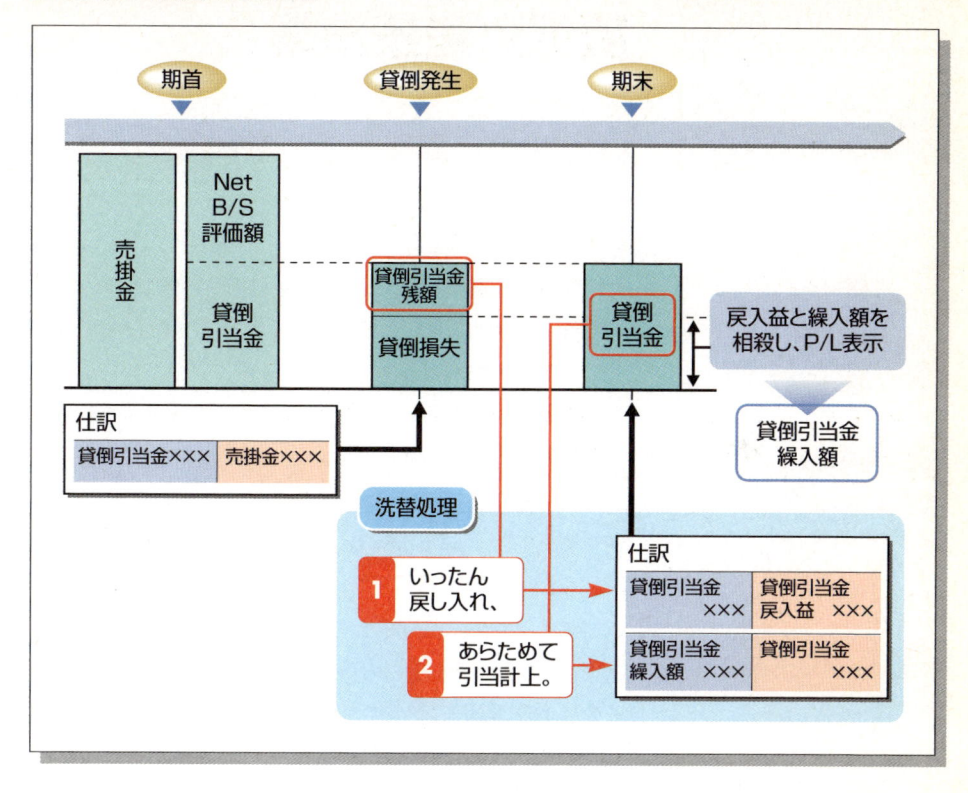

[図：期首・貸倒発生・期末の流れ図]

- 期首：売掛金、Net B/S評価額、貸倒引当金
  - 仕訳：貸倒引当金×××／売掛金×××
- 貸倒発生：貸倒引当金残額、貸倒損失
- 期末：貸倒引当金
  - 戻入益と繰入額を相殺し、P/L表示
  - 貸倒引当金繰入額

洗替処理
1. いったん戻し入れ、
2. あらためて引当計上。

仕訳：
貸倒引当金 ×××／貸倒引当金戻入益 ×××
貸倒引当金繰入額 ×××／貸倒引当金 ×××

入益」という勘定科目によって収益計上し、前期の損益を修正するという意味合いから、特別利益として取り扱われます。

▶ 繰入額と戻入益の相殺表示

「貸倒引当金」の増加や減少は、債権の状態変化により発生するため、その増減部分のみを損益計算書に表示すべきです。その理由で、「貸倒引当金繰入額」と「貸倒引当金戻入益」とは相殺表示する方法がよいとされています。

従って、両者の相殺の結果、「貸倒引当金繰入額」の方が大きい場合には、相殺差額を「貸倒引当金繰入額」として、販売費及び一般管理費に表示し、「貸倒引当金戻入益」の方が大きい場合には、相殺差額を「貸倒引当金戻入益」として特別利益に表示することとなります。

Memo

「貸倒引当金」の不足分だけを追加計上する「差額補充法」による処理も認められている。

Section 87

Section 88

第5章
特別損益項目と特殊な勘定科目

その他特別損益・固定資産圧縮損

圧縮記帳は、税務上の特別な処理であり、課税繰延の効果がある

Point

特別損益では、臨時的な損益と過年度損益の修正が処理される。

Memo

各損益が、特別利益および特別損失それぞれの総額の10%を超える場合には、適切な名称を付した科目によって別掲しなければならない。
このことは、「財務諸表等規則」第95条の2、95条の3により定められている。

Keyword

更正
税務調査によって、過年度の処理の誤りと、それに伴う納税額の不足が指摘されることがある。この場合、過年度の処理を正しいものに修正し、税金の不足額を支払うことを「更正」という。
更正の内容によっては、過年度の会計処理を、更正のあった期に修正することがある。

Memo

受取保険金額が滅失資産の帳簿価額を上回るのは、保険金額を資産の再取得価額によって契約していることによる。

▶ 特別損益

特別損益項目として処理すべき会計取引とは、基本的に次のようなものです。
（1）臨時的な取引による損益。
（2）過年度損益の修正損益、もしくはそれを意味する取引による損益。

これらの特別損益には、取引の内容を示す勘定科目を設定することとなっていますが、金額的に重要性がない場合には、「その他特別利益」「その他特別損失」という勘定科目で処理することが認められています。

具体的には、（1）のケースとして、災害や盗難による損失、子会社の整理損失、債務免除益や資産の受贈益があげられます。固定資産の売却損益や除却損、投資有価証券の売却損益なども、これらの範疇に属します。

また、（2）のケースとしては、単純な過年度の処理誤りの修正の他に、税務調査にもとづく更正の処理や、引当金の戻入益などがあげられます。

▶ 圧縮記帳

災害によって滅失した資産について保険金を受け取った場合で、その保険金の額が、滅失資産の帳簿価額を上回る場合があります。この差額を「保険差益」といいます。

「保険差益」は、特別利益として処理されますが、これに対して、法人税が課税されれば、代替資産の取得の妨げとなりかねません。従って、「保険差益」に対する課税を繰り延べるために、「圧縮記帳」という税務上の特別な取り扱いが認められています。

■ 圧縮記帳と会計処理

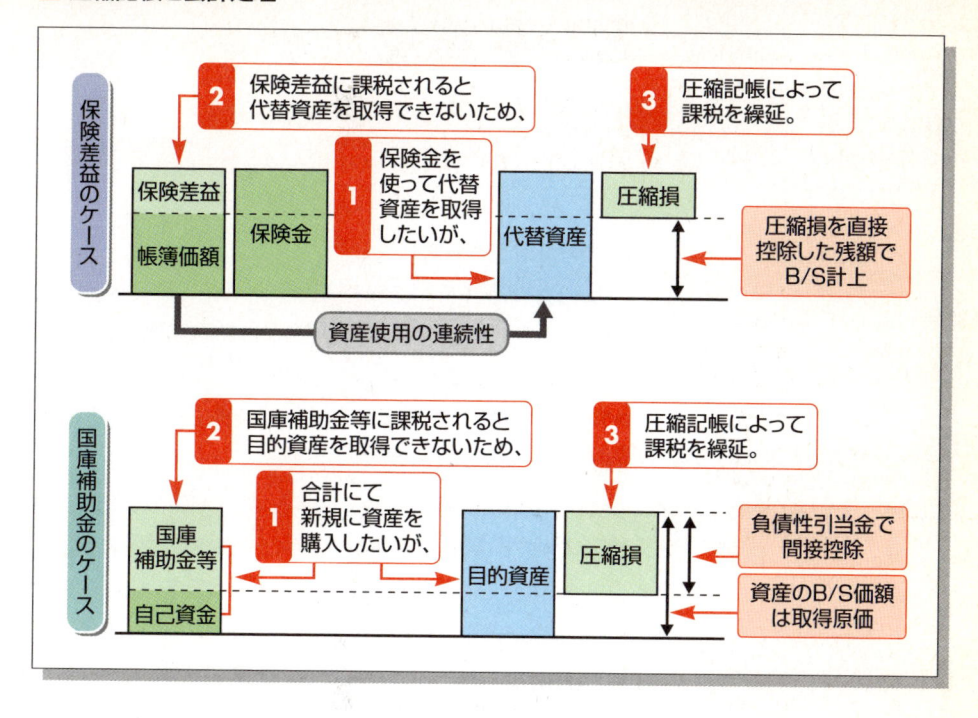

保険差益のケース
- 保険差益／帳簿価額
- 保険金
- 代替資産
- 圧縮損
- **1** 保険金を使って代替資産を取得したいが、
- **2** 保険差益に課税されると代替資産を取得できないため、
- **3** 圧縮記帳によって課税を繰延。
- 圧縮損を直接控除した残額でB/S計上
- 資産使用の連続性

国庫補助金のケース
- 国庫補助金等／自己資金
- 目的資産
- 圧縮損
- **1** 合計にて新規に資産を購入したいが、
- **2** 国庫補助金等に課税されると目的資産を取得できないため、
- **3** 圧縮記帳によって課税を繰延。
- 負債性引当金で間接控除
- 資産のB/S価額は取得原価

　すなわち、「保険差益」のうち、実際の代替資産の取得に充てられた部分については、「固定資産圧縮損」という損失を計上して、相殺することが認められているのです。

　「固定資産圧縮損」は、その代替資産の帳簿価額を減額する形で計上されます。従って、その資産の貸借対照表価額は、その分だけ小さくなり、その後の「減価償却費」が少なくなることを通じて、その償却期間にわたって課税を受けることとなります。

　このような圧縮記帳は、国庫補助金、工事負担金などで資産を取得した場合や、交換、収用換地などの場合でも認められています。その場合の圧縮損は、固定資産の取得価額から控除することとされています。

　しかし、圧縮記帳の内容は、それぞれのケースによって一様ではなく、上図のように、ケースごとに会計処理の方法を変えるべきであるとする議論があります。注意しましょう。

Memo

「企業会計原則」注解24において、圧縮損は、固定資産の取得価額から控除することとされている。
確かに、交換や保険差益、収用換地の圧縮記帳については、資産使用の連続性が認められることから、旧資産の帳簿価額を新しい資産が引き継ぐように、直接控除する方法は合理的である。一方で、国庫補助金や工事負担金の圧縮記帳については、資産を実際の取得価額で計上させるべきであるとされ、負債性引当金により間接控除する方法がよいと考えられている。

法人税、住民税及び事業税

法人税、住民税及び事業税は、会社の所得に対して課税される税金である

第5章 特別損益項目と特殊な勘定科目

Point
法人の所得に対して課税される、法人税、住民税、事業税は、従来、期間損益計算の上では費用と考えられていなかった。しかし、企業の財務会計を適正なものとするため、これらの税金を費用と同様に取り扱う「税効果会計」が始まった。

Memo
法人の事業年度は、1年を超えない範囲で、会社の任意に設定できるため、1年決算の法人であれば、1年に1度の確定申告を行うこととなるし、半年決算の法人であれば、半年に1度の確定申告を行うこととなる。

Keyword
見解の相違
税法条文の解釈や、取引の事実認定において、会社と税務当局の間で見解の違いが発生することがある。

▶ 所得に対する課税

会社は、事業年度ごとに決算を行い、そこで確定した所得にもとづいて、法人税や道府県民税、市町村民税、事業税の確定申告を行い納税することとなります。また、前年度の確定税額の半分を半期で納めるか、中間決算にもとづく申告により半期の納税を行うこともできます。

これらの法人税や住民税、事業税は法人の所得に対する課税ですので、会計の世界では、古くから、費用や損失とはまったくジャンルの異なる支出であると考えられてきました。このため、法人税や住民税は、期間損益計算の最終局面において、すべての損益計算が終わった末尾に、当期の利益から差し引かれることとされていました。

これらの税金を処理する勘定科目が「法人税、住民税及び事業税」で、税引前当期利益から差し引かれることとなります。

▶ 法人税、住民税及び事業税の概算計上

申告納税スケジュールは右図のとおりです。ここで重要な点は、これらの税金は、決算の確定を待って税額が確定し、その後に納税を行うということです。

このため、毎期の確定税額を損益計算書に計上しようとすれば未払計上せざるをえません。また、決算の確定処理の過程では、すべての損益を確定させた後でなければ税額の計算を行えないのです。時間的に余裕のない決算作業中に、正確な税金計算を行うというのは、骨の折れる作業といえます。

また、税額計算は非常に専門的な税務知識が必要となりますので、経理担当者が独力で、正確な計算を行うというのは大変な負担であるといえます。確定税額といえども、税務調

■ 申告納税スケジュールと勘定処理

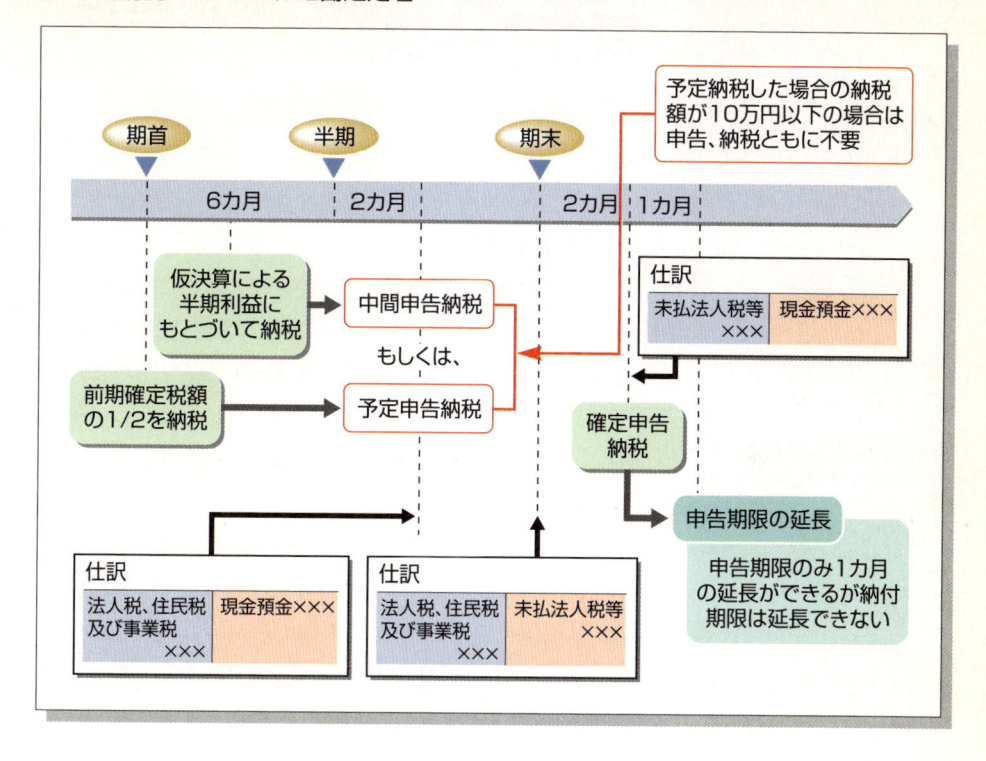

```
期首 ─── 6カ月 ─── 半期 ─── 2カ月 ─── 期末 ─── 2カ月 │ 1カ月
```

- 仮決算による半期利益にもとづいて納税 → 中間申告納税
- 前期確定税額の1/2を納税 → もしくは、予定申告納税
- 確定申告納税

予定納税した場合の納税額が10万円以下の場合は申告、納税ともに不要

仕訳

| 未払法人税等 ××× | 現金預金 ××× |

申告期限の延長
申告期限のみ1カ月の延長ができるが納付期限は延長できない

仕訳

| 法人税、住民税及び事業税 ××× | 現金預金 ××× |

仕訳

| 法人税、住民税及び事業税 ××× | 未払法人税等 ××× |

査で追加的な税負担が発生することもあります。

これらの理由から、「法人税、住民税及び事業税」は、妥当な範囲で概算計上されるケースが多いようです。

▶ 税効果会計

「法人税、住民税及び事業税」は、税務上の「課税所得」に税率を乗じることで計算されます。

しかし企業会計と税務会計との間で、処理方法に違いがある場合、会計上の利益と税金が合理的に対応せず、そのままでは企業の経営成績を正しく表現できない可能性があります。

そこで、税金も企業の費用として捉え直して、当期に負担すべき金額のみを期間損益計算に組み込みます。翌期以降に負担すべき税額は、その期間にわたって費用配分することとなっており、その処理を「税効果会計」といいます。

Ref.

税効果会計
税効果会計については、Sec. 93参照のこと。

Section 90

第5章
特別損益項目と特殊な勘定科目

製造業の仕訳と勘定科目

製造業では原価計算の勘定処理を行わなければならない

Point
製造業では、原価計算の過程を工業簿記によって記録し、「製造原価報告書」にまとめる。計算の迅速化のためには、予定原価も使用され、その場合には、原価差額の決算処理が問題となる。

Keyword
主要材料費・補助材料費
たとえるならば、主要材料費とは、ステーキを焼く場合の肉をいい、補助材料費とは、油やバターをいう。
「材料費」は、他に「購入部品費」という科目も使用される。

Keyword
賃金
製造活動に携わる従業員に対する人件費は「給料手当」という勘定科目は使わず「賃金」という科目を使う。賃金が製造に投入されたものが労務費である。

▶ **製造原価の算出**

製造業では、製品の製造原価を計算するために「原価計算」を行わなければなりません。この原価計算は、おおむね次のような手順で行われることとなります。

（1）まず、材料費、労務費、製造経費といった製造に関係する費用を集計します。これら製造関連の費用の合計を「当期総製造費用」といいます。

（2）次に、当期総製造費用に期首仕掛品棚卸高を加えます。期首の仕掛品は、当期に入ってから残りの加工工程に投入されることとなります。この計算は、その期間に投入されたすべての製造費用を集計する作業ということになります。

（3）最後に、製品の製造数量で割ることによって製品原価の単価を計算することとなります。この場合、仕掛品のまま期末を迎えてしまったものもありますので、進捗率を利用して、製品の製造量に加えます。たとえば、製品1個と進捗率60％の仕掛品が1個あった場合には、製品1.6個として計算するわけです。

このような原価計算の過程は、工業簿記によって記録され、「製造原価報告書」にまとめられることとなります。

▶ **製造費用の勘定科目**

当期総製造費用の内訳科目は大きく3つに分類されます。それは、「材料費」「労務費」「製造経費」です。場合によっては、「外注加工費」を4つめの区分とすることもありますが、通常は、「製造経費」に含められます。

さらに「材料費」は、「主要材料費」と「補助材料費」に、「労

■ 予定原価を利用した工業簿記の流れ

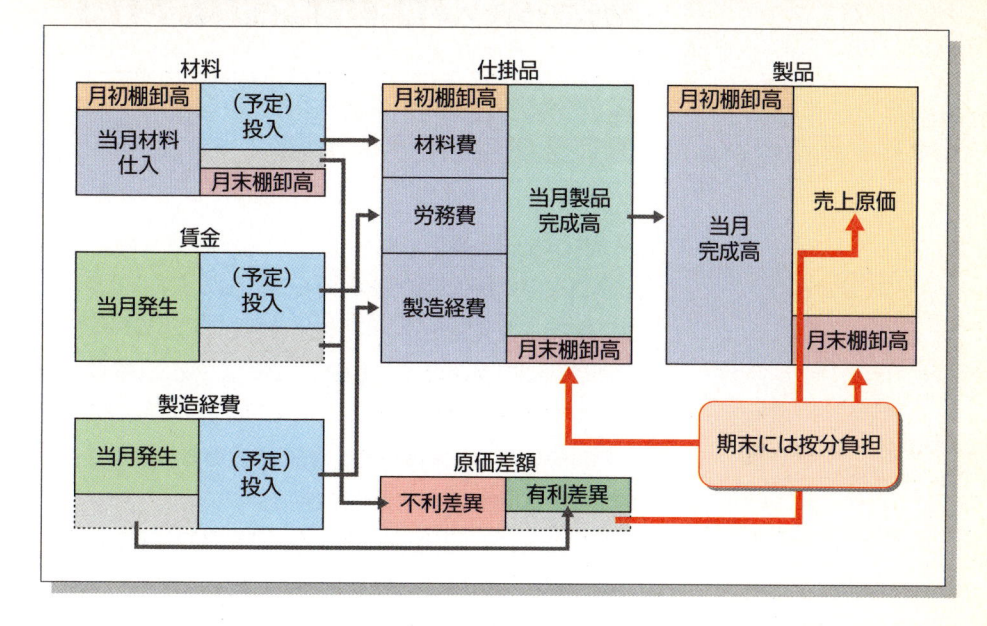

```
材料                         仕掛品                      製品
┌─────────┬─────────┐   ┌─────────┬─────────┐   ┌─────────┬─────────┐
│月初棚卸高│(予定)   │   │月初棚卸高│         │   │月初棚卸高│         │
│         │投入     │→  │         │         │   │         │  売上原価│
│当月材料 │         │   │材料費   │当月製品 │   │         │         │
│仕入     ├─────────┤   │         │完成高   │→  │当月     │         │
│         │月末棚卸高│   │労務費   │         │   │完成高   │         │
├─────────┴─────────┤ → │         │         │   │         ├─────────┤
│      賃金         │   │製造経費 │         │   │         │月末棚卸高│
├─────────┬─────────┤   │         ├─────────┤   └─────────┴─────────┘
│当月発生 │(予定)   │   │         │月末棚卸高│
│         │投入     │→  └─────────┴─────────┘         期末には按分負担
├─────────┴─────────┤
│    製造経費       │        原価差額
├─────────┬─────────┤   ┌─────────┬─────────┐
│当月発生 │(予定)   │   │不利差異 │有利差異 │
│         │投入     │→  └─────────┴─────────┘
└─────────┴─────────┘
```

務費」は「直接労務費」と「間接労務費」とに分けられます。「製造経費」は工場等の維持運営に関するすべての費用をいいますので、「修繕費」や「水道光熱費」などといった、販売費及び一般管理費の内訳となる科目と同じ名称が付されます。

▶ 原価差額

　原価計算は基本的に月単位で行うものとされていますが、実際の投入量にもとづいて計算していたのでは、勘定処理に時間や手間がかかり過ぎることがあります。そこで、計算の迅速化のために、製品の1個あたりに対する予定投入量を使って原価計算を行う方法が一般的です。

　この場合の計算はあくまでも予定ですから、実際の投入量との間に差額が発生します。これを「原価差額」といい、多くの場合、原価管理の上で有用な情報を提供してくれます。

　原価差額は、決算整理において、売上原価に負担させる部分と、期末製品や仕掛品に負担させる部分とに按分し、振替処理を行いますので、財務諸表には残りません。

Keyword

直接労務費・間接労務費
「直接労務費」は、製造ライン内で加工作業を行う者に対する賃金をいい、「間接労務費」は品質管理などに従事する者に対する賃金をいう。

Keyword

不利差異・有利差異
実際原価が予定原価を上回る場合、その原価差額を「不利差異」という。不利差異は製造過程における何らかの非効率を示しており、原価管理は、この不利差異の詳細分析から始まる。これと反対に、実際原価が予定原価を下回る場合の原価差額は「有利差異」という。

Section 91

第5章
特別損益項目と特殊な勘定科目

Point

建設業の会計は製造業に似ているが、使用する勘定科目は大きく異なる。また、建設業特有の売上計上基準が法人税法で規定されている。

Memo

「未成工事支出金」から「未成工事受入金」を引いたものを管理会計では、「立替工事高」といい、この部分の資金繰りが管理上重要な意味を持つ。

建設業の仕訳と勘定科目

建設業の会計は、製造業の会計と似ている

▶ 建設業の勘定科目

建設業の会計は、製造業の会計に大変よく似ています。考えてみれば、建物や道路という製品を製造する事業が建設業ですから、製品を製造する場合と同様の考え方で、製造原価を計算することとなります。

計算の方法は、製造業も建設業もほとんど変わりませんが、勘定科目は次のように大きく異なります。

(1) 製造業の「売上高」に対して、建設業では「完成工事高」を使います。

(2) 製造業の「製造原価」は、建設業では「工事原価」と呼びます。このため、「製造原価報告書」の代わりに「工事原価報告書」が作成されます。

(3) 製造業における「製品」は、建設業では存在しません。完成した建造物はただちに顧客に引き渡されるからです。ただし、住宅の建て売り販売をしているような場合には棚卸資産となるケースもあり、この場合は、「販売用不動産」などの勘定科目で処理されます。

(4) 製造業における「仕掛品」は、建設業では、「未成工事支出金」という勘定科目で処理されます。

(5) 製造業や一般事業会社における「売掛金」は、建設業では「完成工事未収金」という勘定科目で処理されます。

(6) 製造業や一般事業会社における「買掛金」は、建設業では「工事未払金」という勘定科目で処理されます。

(7) 建設業では、工事期間が長期にわたる場合の資金繰りを考慮して、しばしば、工事代金の一部が工事の途中で支払われることとなります。これは、一般事業会

■ 建設業の勘定科目

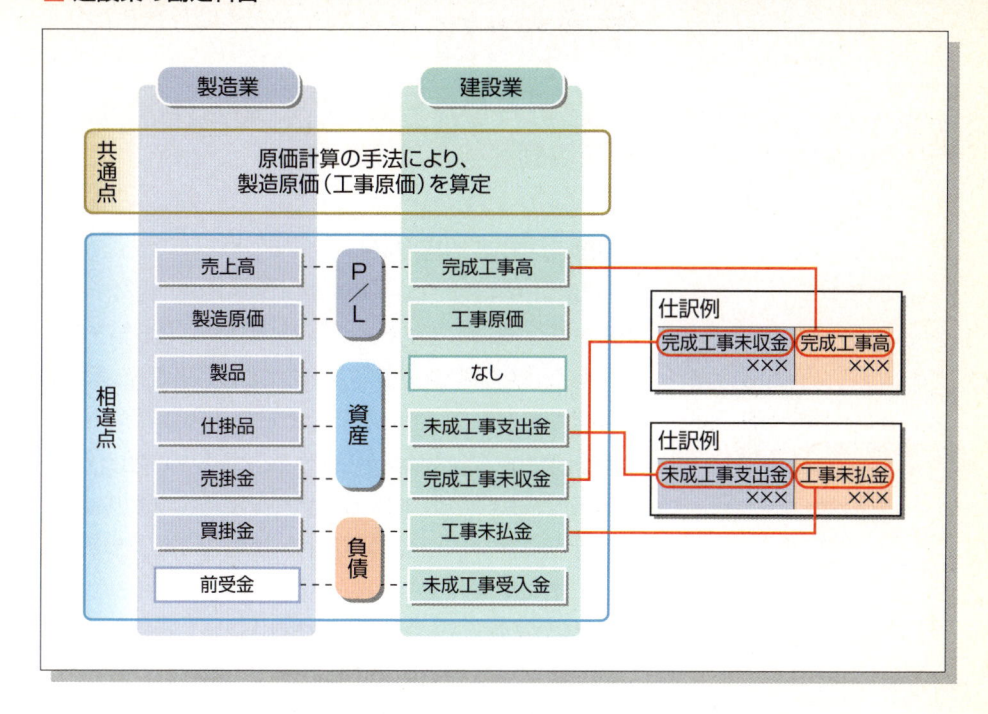

	製造業		建設業
共通点	原価計算の手法により、製造原価（工事原価）を算定		
相違点	売上高	P/L	完成工事高
	製造原価		工事原価
	製品	資産	なし
	仕掛品		未成工事支出金
	売掛金		完成工事未収金
	買掛金	負債	工事未払金
	前受金		未成工事受入金

仕訳例

完成工事未収金	完成工事高
×××	×××

仕訳例

未成工事支出金	工事未払金
×××	×××

社では、「前受金」として処理されますが、建設業では、特別に「未成工事受入金」として処理されます。

▶ 建設業の売上計上基準

　税法では、建設業も一般事業会社と同様に引渡基準によって、完成引渡しの時点で「売上高」を計上することとなります。しかし、工事期間が長期にわたる場合には、「工事進行基準」という売上計上基準もあります。

　「工事進行基準」とは、工事の進捗度合いに応じて、工事請負金額を按分し、工事がはかどった分だけの売上高を計上するという特殊な方法です。

　しかし、工期が長期にわたり、請負金額も多額である長期大規模工事については、工事進行基準を適用することになっています。

Keyword

長期大規模工事
工事着工から竣工予定日までの期間が2年以上、請負金額が50億円以上の工事で、その対価の半分以上が着工から1年を超えないと支払われないような契約の工事をいう。

Section 92

第5章
特別損益項目と特殊な勘定科目

連結会計に関する仕訳と勘定科目

企業グループを1つの企業とみなすために、特殊な勘定科目が使われる

Point

連結財務諸表とは、企業グループを1つの会社とみなし、その企業グループの財政状態、経営成績を明らかにするもので、その作成過程において、「少数株主持分」「連結調整勘定」、「持分法による投資損益」といった特殊な勘定科目が使用される。

Memo

連結子会社は持株比率による判定に加え支配力基準にもとづく判定も行われている。また影響力基準による関連会社判定が定められている。

▶ 連結財務諸表と勘定科目

「連結財務諸表」とは、企業グループを、1つの企業であるとみなして、その企業グループの財政状態や経営成績を明らかにする財務諸表のことです。国際的には、以前から連結財務諸表が重視されてきたため、我が国も国際会計基準に歩み寄り、連結重視の情報開示を行うこととなりました。

連結財務諸表では、企業グループを1つの企業とみなしますので、それぞれの企業の個別財務諸表を合算した後にグループ内の企業同士の内部取引や内部利益は消去されます。親会社の投資勘定と、子会社の資本勘定も相殺消去されることとなり、これらの調整過程において、個別財務諸表では見ることのできない勘定科目が登場することとなります。

▶ 少数株主持分

連結財務諸表では、子会社の資産をすべて、親会社の資産に合算します。しかし、親会社の投資勘定と相殺されるのは、子会社の自己資本のうち、親会社の持分に相当する部分だけですから、残りの部分をどう考えるかということが問題となります。

この資本調達は、グループ外からのものであるという点において、他人資本としての性格を有する一方で、返済不要な調達であるという点で、自己資本としての性格を有しています。そこで、この部分は、「少数株主持分」として純資産の部に、株主資本とは別項目として記載されることとなります。

▶ 連結調整勘定

親会社による子会社株式の取得価額と、子会社の資本勘

■ **連結調整勘定と少数株主持分**

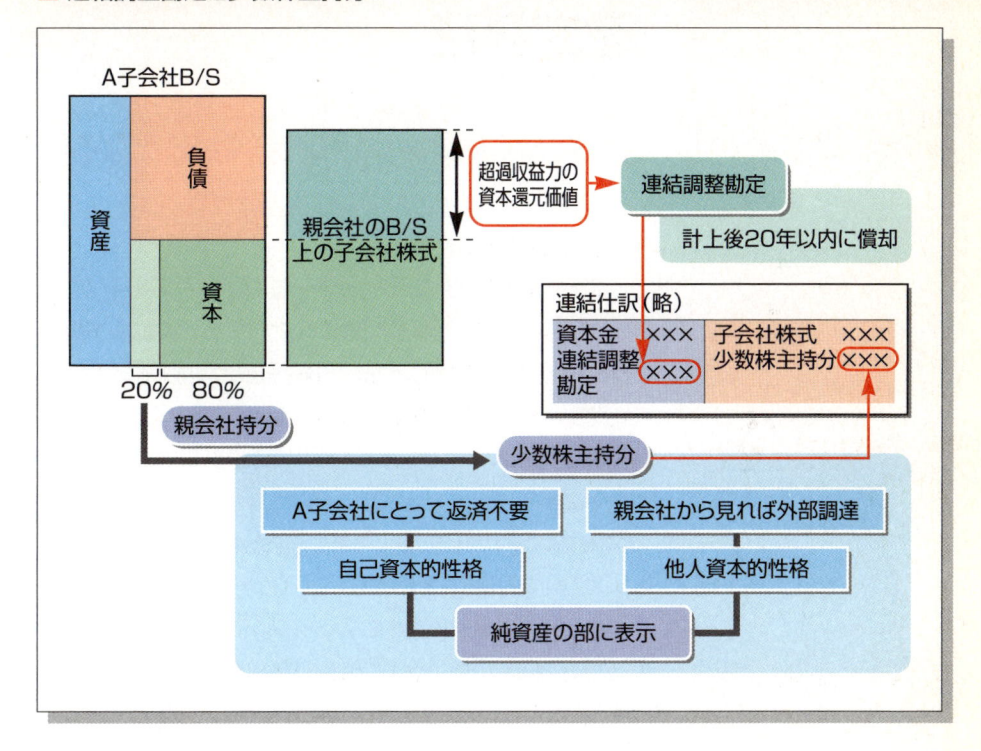

```
A子会社B/S
┌─────┬─────┐
│     │ 負債 │
│ 資産 ├─────┤   親会社のB/S      ↕ 超過収益力の   連結調整勘定
│     │ 資本 │   上の子会社株式       資本還元価値   計上後20年以内に償却
└─────┴─────┘
    20%  80%
    親会社持分 ────────────→ 少数株主持分
```

連結仕訳（略）
| 資本金 ××× | 子会社株式 ××× |
| 連結調整勘定 ××× | 少数株主持分 ××× |

少数株主持分
- A子会社にとって返済不要 → 自己資本的性格
- 親会社から見れば外部調達 → 他人資本的性格
- 純資産の部に表示

定のうち、親会社持分に対応する金額との間に差異がある場合には、「連結調整勘定」という勘定科目で処理します。

「連結調整勘定」は、「のれん」と非常によく似た性格のものですから、貸借対照表に無形固定資産、または固定負債として計上されます。原則として定額法、またはその他の合理的な方法により20年以内で償却することとなります。

▶ 持分法による投資損益

連結財務諸表では、関連会社について、財務諸表の合算は行いませんが、関連会社の利益のうち、親会社持分に相当する部分を連結損益計算書に反映させることとなります。

この会計手法を「持分法」といい、その利益は、「持分法による投資利益」または「持分法による投資損失」として、営業外損益として表示されます。

Memo

「連結調整勘定」は、子会社の超過収益力を資本還元することによって発生するが、長期的な視野に立った投資活動においては、その効果のおよぶ期間を見積もることは困難であるため、「連結調整勘定」の償却がいたずらに長期化しないように、20年という償却期限を設けることとなった。

Section 93 税効果会計の仕訳と勘定科目

第5章 特別損益項目と特殊な勘定科目

法人税等の期間配分により、利益と税金の対応関係が合理的なものとなる

Point
「繰延税金資産」「繰延税金負債」「法人税等調整額」という勘定科目は税効果会計に伴って計上されるものである。

Keyword
一時差異・永久差異
税務調整項目のすべてが税効果会計の対象となるわけではない。
将来の納税を少なくする、または多くするような損益認識時点のズレを「一時差異」といい、この一時差異にかかる税金のみに税効果会計が適用される。
一方、将来の納税に変化をもたらさない損益認識のズレを「永久差異」といい、こちらは税効果会計では無視される。

▶ 税効果会計とは

　法人税の納税額は、課税所得に法人税の税率を乗じて計算します。損益計算書で計算された利益と法人税の課税所得とは異なりますので、会計上の税引後当期利益に、そのような差異を加減算して課税所得を計算します。

　税効果会計の導入以前、課税所得と会計上の利益にそのような差異があったとしても、その差異の影響が財務諸表に反映されるということはありませんでした。しかしながら、会計上の利益と、税務上の課税所得との差異には、収益や費用の認識時点の違いが含まれています。それでは企業会計で、早期に認識した費用が、税務上の要件を満たさずに損金不算入となったとしても将来、税務上の要件を満たすこととなった時点では、損金算入されるという事態が生ずることとなります。

　すると、損金不算入とされた期に支払った税金は、その後、損金算入とされた期に支払うべき税金を前払いしていたことになります。

　そこで、法人税を適切に期間配分することで、会計上と税務上の損益認識時点のズレを調整することが必要です。税引前当期純利益と法人税等の対応関係を合理的なものとするために税効果会計が導入されることとなりました。

▶ 税効果会計の基本

　税効果会計では、上記のような将来の利益に対応すべき税額を、税金の前払いであると考えます。従って、この前払部分を貸借対照表に資産として繰り延べるとともに、その前払部分について、損益計算書の「法人税、住民税及び事業税」

■ **税効果会計の処理方法**

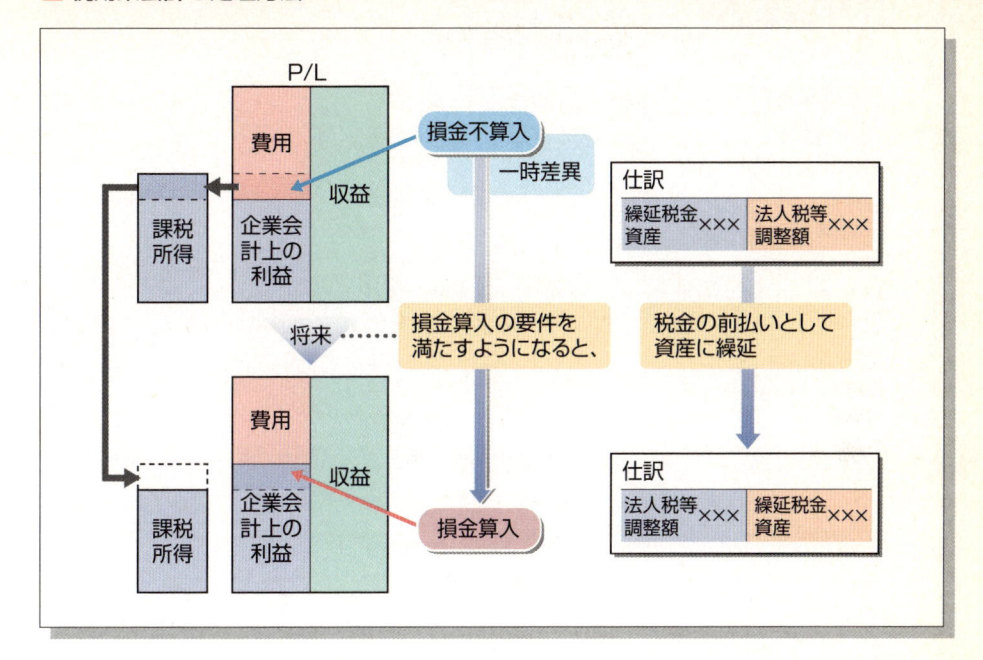

```
                P/L
         ┌──────────┐
         │ 費用 │ 損金不算入
         │──────│    一時差異      仕訳
         │ 収益 │                 ┌─────────────────┐
         │企業会│                 │繰延税金 ××× │法人税等 ×××│
         │計上の│                 │資産          │調整額      │
         │利益  │                 └─────────────────┘
課税
所得      将来 …… 損金算入の要件を    税金の前払いとして
                  満たすようになると、  資産に繰延

         ┌──────────┐
         │ 費用 │
         │──────│
         │ 収益 │                 仕訳
         │企業会│   損金算入      ┌─────────────────┐
         │計上の│                 │法人税等 ×××│繰延税金 ×××│
         │利益  │                 │調整額       │資産         │
課税                               └─────────────────┘
所得
```

の調整を行うこととなります。

　もしも、将来の税金支払の原因が当期に発生している場合には、反対に税金の未払いを認識して、貸借対照表に負債として計上し、その分を損益計算書で調整することとなります。

▶ **税効果会計の勘定科目**

　税効果会計の適用により「繰延税金資産」「繰延税金負債」「法人税等調整額」という勘定科目が計上されます。

　まず、税効果会計の適用により将来に繰り越されることとなった税金の前払いは、「繰延税金資産」という勘定科目によって資産として処理されます。また、反対に税金の未払いは、「繰延税金負債」という勘定科目によって負債として処理されることとなり、両者は、独立掲記しなければなりません。

　一方、繰延税金資産・負債によって調整される額は「法人税等調整額」という勘定科目によって区分表示しなければなりません。

INDEX

● 数字・アルファベット

1年以内償還社債	101
1年以内返済長期借入金	90, 104
3分法	48
5%除却法	63
5つの基本概念	8
B/S	7
CD現先	53
CP	42
D/A	86
NPV	111
PBO	112
P/L	6

● あ・い

預り金	94, 143
預り保証金	95
預け金	36
圧縮記帳	212
後入先出法	137
意匠権	68
委託販売	132
一時差異	222
著しい下落	202
一括減価償却資産	168
一括評価の貸倒引当金	186
一括法	102
一致の原則	27
一般債権	187
移動平均法	46
委任契約	146
インプレスト・システム	33

● う

受取手形	40, 52, 74
受取手形記入帳	43
受取配当金	190
受取家賃	96
受取利息	190
受取配当金	190

裏書き	42
裏書債務	42
裏書手形	43
売上原価	126, 136
売上総利益	126
売上高	48, 126, 130, 198, 218
売上割引	132
売上値引・返品・割戻高	132
売上返品	132
売上割引	198
売上割戻	132, 158, 198
売掛金	44, 52, 74, 89, 194, 218
売現先	53
運賃	151
運用形態	26

● え・お

永久差異	222
営業外支払手形	86
営業外収益	61, 128
営業外損益	128
営業外費用	128
営業債権	52
営業収益	126
営業年度	6
営業利益	128
益金	21
オペレーティング・リース	180
親会社短期借入金	91

● か

買掛金	88, 134, 218
外貨建取引	194
会議費	159, 160
開業費	82
会計	2
会計伝票	16
会計のテーマ	3
買現先	53
会社更生法	184, 186

外注加工費	152, 216
外注費	152
開発費	82
掛け売り	44
掛け捨て	174
加算項目	39
貸方	13, 26
貸倒れ	184
貸倒懸念債権	187
貸倒損失	183, 184, 210
貸倒引当金	56, 74, 78, 109, 110, 188, 210
貸倒引当金繰入額	74, 188, 211
貸倒引当金戻入益	210
貸付金	52
貸付金利息	52
課税取引の4要件	22
割賦販売	132
株式型会員権	78
株式交付費	80
株主資本等変動計算書	120
借入金	38, 90, 100
借入金利息	192
借方	13, 26
仮払金	56
為替差益	194
為替差損	194
為替手形	41
為替予約	196
関係会社株式	200
関係会社出資金	72
関係会社長期借入金	105
勘定科目	14
完成工事高	218
完成工事未収金	218
間接控除法	60
間接労務費	217
関連会社	73
関連会社株式	202

● き

機械装置	58, 62, 64, 86
期間帰属	124
期間損益計算	6
期間対応	127
企業会計原則	16
器具備品	64
期首商品棚卸高	136
寄附金	158, 182
期末商品棚卸高	136
期末評価替	194
給与	179
給料手当	142
強制評価減	46, 202
銀行勘定調整表	39
金銭信託	36

● く・け

区分法	102
繰越利益剰余金	120
繰延資産	30, 80
繰延税金資産	223
繰延税金負債	223
経過勘定	54
経常性	128
経常利益	128
決算書	5
欠損填補積立金	118
見解の相違	214
原価計算	50, 216
原価差額	217
減価償却	29, 58, 166
減価償却費	58, 154, 163, 166, 169, 180, 206, 213
減価償却累計額	60
研究開発費	70
現金	32, 134
現金過不足	32
現金主義	125, 172
現金出納帳	32

健康保険	148
原材料	51
現先取引	53
減算項目	39
減資	18
検収基準	135
建設仮勘定	58, 66
源泉所得税	94
源泉徴収	142
減損損失	208
権利金	178

●こ

鉱業権	68
工具	64
航空機	58, 64
工具器具備品	58, 64, 68, 86
広告宣伝費	154, 158
交際費	78, 154, 156
工事原価	152, 218
工事進行基準	219
工事未払金	218
厚生年金保険	148
構築物	58, 62
交通費	162
子会社	72
子会社株式	202
子会社株式・関連会社株式	46, 73
子会社長期借入金	104
小切手	38
国際会計基準	220
小口現金	33
固定資産	28
固定資産圧縮損	211
固定資産除売却損	206
固定資産台帳	61
固定資産売却益	206
固定資産売却損	183, 206
固定負債	28
個別償却	63
個別対応	127
個別評価の貸倒引当金	186
コマーシャル・ペーパー	42
雇用契約	146
雇用保険	148
ゴルフ会員権	78

●さ

債権償却特別勘定	186
最低資本金制度	115
財務諸表	5
債務保証損失引当金	107
材料仕入高	152
材料費	51, 151, 216
先入先出法	137
差入保証金	76, 78, 178
指図人	41
雑給	143, 152
雑口	44
雑収入	33, 179, 198
雑損失	33, 198
雑費	189

●し

仕入先元帳	88
仕入諸掛	134, 150
仕入税額控除	23
仕入高	150, 198
仕入値引	134
仕入返品	134
仕入割引	198
仕入割戻	134, 198
仕掛品	50, 216, 218
事業税	98, 188, 212
事業年度	6
自己資本	8, 27
資産	8
施設利用権	68
実現主義	125, 131
実地棚卸	49

実用新案権	68	償却原価法	73, 202
支払手形	86	償却債権取立益	210
支払手形記入帳	87	償却資産	59
支払手数料	172	商業手形割引	90
支払報酬	173	証書借入	192
支払保険料	174	少数株主持分	220
資本	3, 4, 26	譲渡性預金	36
資本金	31, 100, 102, 114	消費税	22, 185
資本準備金	31, 102, 114, 116, 121	商標権	68
資本剰余金	31, 116	商品	48
資本的支出	170	商品売上高	130
資本取引	18	商品仕入高	134
事務用消耗品費	164	商品評価損	138
締後入出金	39	消耗品費	151, 164, 168
社会保険	148	賞与	144
借地権	68, 178	剰余金	116
社債	100	賞与引当金	107, 144
社債券	100	賞与引当金繰入額	144
社債発行費	81, 102	賞与引当金戻入益	145
社債利息	101	諸会費	158
車両維持費	163	書画骨とう	59, 65
車両運搬具	58, 64	除却	206
車両費	163	所得税額控除	99, 190
収益	8, 124	所有と経営の分離	140
収益的支出	170	仕訳	12
終身保険	175	仕訳帳	16
修繕費	108, 170, 217	新株式申込証拠金	114
修繕引当金	108	新株引受権付社債	100
住民税	98, 188	新株予約権付社債	100
主契約	176	...の会計処理	102
授権資本	114	申告期限の延長	98
出金伝票	17	申告納税	20
出資金	72	新築積立金	119
出張旅費	56	進捗率	51
主要材料費	216	新聞図書費	172
純資産	10, 26, 28	人名勘定	44
少額減価償却資産	168	信用金庫	34
少額債権基準	185	信用組合	34
償還期限	100		
償却可能限度額	168		

● す・せ

水道光熱費	172, 217
水道施設利用権	69
ストックオプション	101
正規の簿記	11
税効果会計	203, 215, 222
正常営業循環	28
正常営業循環基準	28
製造経費	218
製造原価	216, 218
税引前当期純利益	128
製品	50, 216
製品売上高	130
製品保証等引当金	108
税務上の繰延資産	77
設備支払手形	86
せん脱	21
船舶	58, 64

● そ

総額主義の原則	89
総勘定元帳	16
総合償却	63
増資	18
総資本	8, 26
総平均法	137
創立費	80
租税公課	32, 164, 188
その他特別損益	212
その他資本剰余金	116
その他の投資資産	78
その他有価証券	72, 202
ソフトウェア会計	70
損益計算書	5, 6, 124
損金	21
損失	124

● た

貸借対照表	5, 6, 26
退職給付債務	112
退職給付引当金	107, 146
退職給付費用	112, 147
退職給与引当金	112, 146
退職金	146
耐用年数	29
立替金	44, 56
立替工事高	218
建物	58, 62
建物附属設備	62
棚卸減耗	138
棚卸減耗損	138
他人資本	8, 27
段階利益	126
短期貸付金	52, 74
短期借入金	38, 90, 104

● ち

地代家賃	178
地方銀行	34
着荷基準	135
中間納税	98
中小企業退職金共済	174
長期預り金	95
長期貸付金	52, 74
長期借入金	90, 104
長期性預金	37, 75
長期設備支払手形	86
長期大規模工事	219
長期平準定期保険	176
長期前受収益	97
長期前払費用	54, 70, 76, 155, 179
長期未収入金	57
長期未払金	92
調達源泉	27
帳簿組織	16
直接控除法	60
直接労務費	217
貯蔵品	154, 165
賃金	216
賃借料	180

● つ・て

通貨代用証券	32
通信費	32, 164
通知預金	34
定額資金前渡制度	33
定額法	62, 166
低価法	202
定期積金	36
定期保険	174
定期預金	36
逓増定期保険	176
定率法	166
低廉譲渡	183
手形	38, 40
手形借入	90, 192
手形の遡求	40
手形の割引	193
デリバティブ取引	197
転換社債	100, 102
転記	17
伝票会計	16
電話加入権	68, 164

● と

当期仕入高	48
当期純利益	120, 129
当期商品仕入高	134, 136
当期総製造費用	216
当座借越	38, 90, 192
当座預金	35, 38
投資その他の資産	29
投資不動産	66
投資有価証券	47, 72, 78, 200
投資有価証券売却益	200
同族会社	141
得意先	44
得意先元帳	44, 88
特別損失	128, 212
特別徴収	94
特別利益	61, 128
匿名組合	72
特約	176
都市銀行	34
土地	58, 66
特許権	68
取締役の任期	140

● な・に・ね・の

名宛人	41
荷造発送費	150
入金伝票	17
任意積立金	118
年末調整	142
年齢調べ	45
納税準備預金	36
のれん	68, 221

● は

配当可能利益	120
配当制限	120
配当平均積立金	118
売買目的有価証券	201
配賦簿価法	63
派遣人件費	152
破産債権・更生債権等	41, 78, 187
発生主義	124, 130
半製品	50
販売手数料	158
販売費及び一般管理費	128
販売用不動産	66

● ひ

非課税取引	22
引当金	30, 106
引受	41
引受人	41
非償却資産	59
備忘価額	185
費用	8, 124

評価性引当金	106, 110
費用収益対応の原則	127

● ふ

ファイナンス・リース	180
賦課課税	20
不課税取引	22
複式簿記	11
福利厚生費	149, 158, 177
負債	8, 26
負債性引当金	106
付帯税	188
普通社債	100
普通徴収	94
普通預金	35
振替伝票	17
不利差異	217
不渡り	40
不渡手形	41, 79

● へ・ほ

別途積立金	119
別表調整	20
返品調整引当金	108
報酬の源泉所得税	153
法人税	20, 98, 188, 212, 214
法人税、住民税及び事業税	188, 190, 214, 222
法人税等調整額	223
法定資本	114
法定準備金	31, 116
法定福利費	148
保険差益	176, 210
保険積立金	174, 175
保守主義	130
保証料	193
補助材料費	216
補助元帳	16

● ま・み

前受金	96, 219
前受収益	96
前払金	56
前払費用	54, 76, 154, 192
前渡金	56
満期保有目的債券	72, 202
未落小切手	39
未収収益	54
未収入金	44, 57
未償却残高法	63
未成工事受入金	219
未成工事支出金	218
未払金	88, 92, 96
未払消費税等	98
未払費用	92, 96, 172
未払法人税等	98
民事再生法	184, 186

● む・め・も

無形固定資産	28, 68
無目的積立金	118
目的積立金	118
持合株式	202
持分法	221

● や

役員賞与	141, 144, 146
役員退職積立金	119
役員報酬	140
約束手形	41
家賃収入	179

● ゆ

有価証券	46, 200
有価証券売却益	200
有価証券売却損	200
有価証券評価損	197
有価証券評価損益	200
有形固定資産	28, 58, 154

有姿除却	207
融通手形	42, 53
有利差異	217
輸入諸掛	134, 150

● よ

養老保険	175
預金	34
預金保険機構	34
与信管理	44
与信枠	44
預託金型会員権	78
予定納税	98

● り

リース取引	181
利益	3, 124
利益準備金	31, 116, 120
利益剰余金	31, 117
利益処分	18
利札	101
流動資産	28
流動負債	28
旅費	162
旅費交通費	162

● れ・ろ

連結財務諸表	220
連結調整勘定	220
労災保険	148
労働保険	148
労務費	216

● わ

ワラント債	100
割引	42
割引債務	42
割引手形	43
割引発行	102
ワン・イヤー・ルール	28, 101

■著者プロフィール

村形 聡（むらかた さとし）

公認会計士、税理士
慶応義塾大学経済学部卒。1987年より監査法人中央会計事務所にて監査業務に従事。
1995年に尾立村形会計事務所を開業。2007年に税理士法人ゼニックス・コンサルティングを設立し、中小企業を中心に、税務業務などの会計サービスを展開。また、㈱エム・ソリューションの代表取締役として、M&Aや経営に関するコンサルティング、企業研修の講師活動も展開している。
著書は『あっという間にわかる決算書』（辰巳出版）、『やさしい決算書の読み方』『やさしい総務・経理』（梧桐書院）、『個人事業の経理』（きんのくわがた社）、『スラスラ読める簿記の本』『スラスラ読める決算書』『スラスラ読める個人事業の経理』『小さな会社の税金と節税』（新星出版社）など多数。

●本書の読者アンケート、各種ご案内は下記よりご覧ください。
　小社ホームページ　http://asciimw.jp/

ポイント図解式会計
仕訳と勘定科目入門

2008年8月27日　初版 発行

著　者	村形 聡
発行者	髙野 潔
発行所	株式会社アスキー・メディアワークス
	〒160-8326　東京都新宿区西新宿4-34-7
	編集 0570-003030
発売元	株式会社角川グループパブリッシング
	〒102-8177　東京都千代田区富士見2-13-3
	営業 03-3238-8605（ダイヤルイン）
印刷・製本	文唱堂印刷株式会社

©2008 ASCII MEDIA WORKS　　Printed in Japan

本書（ソフトウェア／プログラム含む）は、法令に定めのある場合を除き、複製・複写することはできません。
落丁・乱丁本はお取り替えいたします。
購入された書店名を明記して、株式会社アスキー・メディアワークス生産管理部あてにお送りください。
送料小社負担にてお取り替えいたします。
但し、古書店で本書を購入されている場合はお取り替えできません。
定価はカバーに表示してあります。

ISBN978-4-04-867326-6　C2034

カバーデザイン	クワデザイン
DTP制作	石渡克彦
第8書籍編集部　編集長	木下修
副編集長	小暮謙作
編集	今村知子